U0523453

公法名著译丛

罗豪才 主编

主观公法权利体系

(修订译本)

〔德〕格奥尔格·耶里内克 著
曾韬 赵天书 译

商务印书馆

Georg Jellinek
SYSTEM DER SUBJEKTIVEN ÖFFENTLICHEN RECHTE
Verlag von J. C. B. Mohr. (Paul Siebeck), Tübingen 1905
Reprinted by Scientia Verlag, Aalen 1964
本书据 J. C. B. 摩尔出版社(保罗·西贝克)1905年版译出

《公法名著译丛》编委会

主　编　罗豪才
编　委　（按姓氏笔画为序）
　　　　王振民　包万超　卢建平　朱苏力　米　健
　　　　张千帆　陈弘毅　陈新民　季卫东　信春鹰
　　　　姜明安　贺卫方　夏　勇　韩大元

目 录

第二版序言 ··· 1
第一版序言 ··· 3

总 论

第一章 导论 ··· 9
主观公法权利理论史纲：自然法学说 法国大革命前的实证主义国家法学 《人权宣言》 《人权宣言》对法国行政法的影响 《人权宣言》对1850年之前德意志学术的影响 冯·盖尔博关于公法权利的专著 理论现状 本书任务

第二章 公法权利的问题 ··· 16
公法权利问题的难点 公法权利问题之解决对整个法律体系的意义

第三章 国家的法律属性 ··· 20
关于国家概念的争论 法学认识和理论性认识的区别 非法学方法在法教义学上的不可适用性 法教义学与其他学科之间的关系，尤其是国家法学与国家学之间的关系 国家的法律属性：(1) 作为以领土为基础的人的统一体的国家；(2) 作为人格人的国家，人格系纯粹的法学概念 统治者和统治状态理论 国家有机体说 有机体词源考 有机体说的价值 有机体说的错误

第四章 个人的主观公法权利 ·· 47
法律关系 作为公法权利实质要素的益或者利益、作为公法权利形式要素

的意志 主观公法权利的形式标准：能为、可为和涉法行为 主观公法权利的实质标准：源自个人成员地位的利益

第五章 公法主观权利与私法主观权利……………………59

权利的功能 请求权 公法请求权和私法请求权 公法权利和私法权利的交界：家庭法上的地位关系 公法财产权利与私法财产权利 作为国家全部财产关系之主体的国库 形式上的公法请求权与实质上的公法请求权 针对公法团体的请求权 公法权利和私法权利的交织关系

第六章 反射权利与主观权利……………………………72

问题的提出 作为个人权利之标准的个人请求权 实质上的主观权利和形式上的主观权利 实质上的反射权利和形式上的反射权利 关于具体情形的研讨：关于立法者、告发权和贫困救济等的规范，参与公开论辩的权利、使用公共物品和设施的权利和强制缔约权 站不住脚的公法物权观念 个人化的请求权的相对人

第七章 个人的公法权利体系………………………………85

人格的属性 作为公法请求权基础的公法地位关系 被动地位（服从地位） 消极地位（自由地位） 积极地位（市民地位） 主动地位（主动市民地位） 非国家团体的地位关系：(1)家庭中的地位关系；(2)拥有人格的团体中的地位关系 直接公法请求权与间接公法请求权

分　论

第一编　个人的权利

第八章 消极地位（自由地位）：个人的自由领域…………99

自由权及其起源 自由权的目的 自由权对立法的意义 法律平等原则仅针对立法者 实践中的例子：瑞士联邦法院关于法律平等原则的判决 奥地利的民族平等及与此相关的司法和行政实践 自由权和美国的

司法活动　自由权不能穷尽消极地位　消极地位原则　消极地位的保护：个人化的要求承认和不妨害消极地位的请求权　被优待的自由领域　关于具体情形的研究：消极地位之优待和减损的界限　国家成员相对于外国人享受的优待　基于创设权利的行政行为的个人优待　个人自由领域的减损　基于治安上的原因的个人自由领域之减损　基于刑罚的个人自由领域之减损　基于特殊服从关系的个人自由领域之减损　消极地位整体及其刑法保护

第九章　积极地位（市民地位）：国家成员资格 …………… 117

积极地位的属性　积极地位与反射权利的差异　国家成员资格　作为国家与个人关系的地位之性质　实质上的请求权和形式上的请求权　要求国际法上之保护的请求权只为实质上的请求权　源自积极地位的请求权对于个人以及国家的意义　承认请求权　法律保护请求权　利益满足请求权　利益关照请求权　积极地位的个别性提升和减损　现行法中的法律平等原则

第十章　主动地位（主动市民地位）：国家机关的承担者资格 … 137

第一节　概述 ……………………………………………… 137

主动地位的属性　主动地位与反射权利的差异　个人利益与主动地位　被动资格与主动资格　机关地位请求权　贝尔纳茨克的理论　盖尔博的学说　盖尔博学说的发展　对新近重构领主国家之企图的驳斥

第二节　各种主动资格（政治权利） ……………………… 147

一、君主权利 ………………………………………………… 147

君主权利的要素　君主权利与其他公法请求权在法律上的同质性　君主的免责性、荣誉权和经济性请求权

二、摄政王的权利 …………………………………………… 153

代表的属性　作为君主之代表的摄政王

三、共和国家的国家元首和法官的权利 …………………… 154

共和国家之国家元首的代表性　共和国家的元首和君主

　四、选举权……………………………………………………158
　　　选举权的属性　承认请求权　选举审查　选举能力与选举权　选举权的保护　非议会的选举

　五、当选者的权利……………………………………………164
　　　当选者之权利的属性　选举审查　承认请求权　议员的成员权利　议员的优待　议员对议会纪律权力的服从

　六、非选举的议会成员的权利………………………………171
　　　非选举议员之权利的属性　终生以及世袭非选举议员资格的放弃

　七、直接民主制度中的表决权和选举权……………………172

　八、基于国家公职的请求权…………………………………173
　　（一）国家公务员的请求权………………………………173
　　（二）国家名誉官员的请求权……………………………179
　　（三）公职义务人的请求权………………………………180
　　（四）私法劳务关系中的人的请求权……………………181

　九、公法团体的代表人和官员的请求权……………………182

第三节　主动地位在法律上对第三人的作用………………182
　　　统治家族的成员　外交人员的家庭成员和随从人员　官员的抚恤请求权

第四节　主动地位的不完全形态……………………………185
　　　贵族家族　虚衔贵族　官衔　授勋行为　不完全地位关系的创设

第五节　主动地位与国籍……………………………………188

第二编　国家与团体的权利

第十一章　国家的公法权利…………………………………190
　　　国家与其机关之间的关系　国家与其臣民之间的关系　后者才是法律

上的关系　国家的自我负担义务　权利与义务的对应关系　服从请求权　承认请求权　立法权　国家权利行使的方式　自由裁量的属性　国家职能与个人权利领域的关系

第十二章　创设权利的国家行为 …………………………………… 200
法学基本范畴的普适性：处分、协议和合同　协议的属性及其在国家法、国际法和私法上的意义　公法合同　服从合同　官员的录用　纪律权力　统治和权力　权力关系　单方面国家行为与合同的界线　单方面行政行为对合同的排斥　客观合同法

第十三章　国家机关的权利 …………………………………………… 218
国家机关、部门和国家性机构　国家和国家机关　机关的非人格性　贝尔纳茨克的理论　职权　职权对国家的分割　职权多样性中的国家统一性　英国国家法上的国王　基于此处提出之理论的结论　关于国家意志形成的规范：法律规范与行政行为　作为国家权力之主体和共同利益代理人的国家　二者之间的关系　共同利益的机关　议会的属性　作为针对个人之规定的关于国家组织的规范　法律规范和行政规范的区分　越权行为与违反职权的不作为　国家与国家机关违反职权行为之间的关系　源自国家和公职人员之违法行为的个人请求权

第十四章　国家高权的私人行使 …………………………………… 238
有义务的行使：职业权利　其他反射权利：正当防卫和临时拘捕　家庭法中具体到个人身上的权利　手续费请求权、听课费请求权　公证人的请求权　律师的请求权　强制执行　自诉　辅助起诉　征收　基于福利政策立法的国家职能之移转　上述情形的法律属性

第十五章　私法团体的公法权利 …………………………………… 248
相对的法秩序　团体的属性　个人人格和集体人格的区别　法人的被动地位和消极地位　社团的违法行为能力　社团的违法行为仅限于不服从　作为法秩序之发展目标的违法行为能力之废除　法人的积极地位　法人的主动地位　团体行为的边界

第十六章　公法团体的公法权利 ································ 255

公法团体的属性　罗辛的理论　作为统治权利主体的公法团体　公法团体的被动和主动地位　个人的间接公法请求权　私法请求权和间接公法请求权的区别　相互协作的公法团体之间的公法请求权　作为公法团体的教会　教会与国家关系可能的模式　教会权利的属性　国家对团体的统治

第十七章　市镇的公法权利 ·· 267

作为区域性社团的市镇　市镇的统治权利　市镇统治权利的起源　市镇的自有事务范围　市镇自有事务范围的法国起源　斯坦市镇法　德意志自由主义　罗特克关于市镇的学说　比利时宪法　1848—1849年的立法　自有事务范围的法律属性：基尔克的学说　统治意味着什么？　市镇统治权利的根源　现代国家和市镇　市镇的被动地位　市镇的消极地位和积极地位　市镇的主动地位　自治的法律属性　高级地方团体　市镇事务范围的三个方面

第十八章　国家联合体之成员的公法权利 ···················· 284

第一节　联邦 ·· 284

联邦的属性　成员国的地位　成员国的被动地位　成员国被动地位的两个方面　成员国的消极地位　成员国的积极地位　成员国之积极地位与反射权利的区分　成员国的主动地位：联邦国家中的机关地位请求权　联邦国家成员资格　源于成员国之消极地位的成员国之国际法属性　成员国的特别权利

第二节　邦联 ·· 294

邦联的属性　邦联向成员国赋予的资格

第三节　政合国 ··· 296

政合国的概念　联合国家相互间的请求权　针对成员国违反联合法之行为的对国家联合体的保障

第十九章　国际联合体中的国家权利 ···························· 299

关于国家之主观权利的国际法理论的不明晰性　国际法的属性：共同体和联合体　作为国际法之基础的承认　国际法权利和义务的属性　主观国际法权利的公法属性　国际联合体为国家赋予的资格　承认请求权　国家的基本权利　国家基本权利的法律内核　权利平等原则　承认对于承认国的后果　国际联合体之成员的消极和积极请求权　客观国际法和国际法上的法律行为　作为国际法上的统治权力之替代物的国家自卫　国际事务组织　国际法与个人的法律地位　国际法上的国家机关的优待　臣民的权利　臣民的义务　二者均不具有国际法属性

第三编　尾论

第二十章　公法权利的创设、消灭和变更 316

第一节　公法权利的创设 316

一、国家与公法团体的公法权利的创设 316

二、个人权利的创设 318

第二节　公法权利的消灭 319

一、国家和公法团体的公法权利的消灭 319

放弃作为统治性公法团体之公法权利消灭原因的特性

二、个人权利的消灭 321

取得权利对于公法的意义　公法权利的可放弃性　其他消灭的原因　公法权利的继承

第三节　公法权利的变更 330

国家对公法权利的处分　机关对职权的处分　机关职能之行使的可代理性　法律行为对公法权利的补充　个人公法权利和义务的不可处分性和不可代理性　例外情形　可处分的民事诉讼权利　行政合同

第二十一章　公法权利的法律保护 335

强制与法律保护　完全保护的权利和不完全保护的权利　国际法上的权

利保护　国家权利的保护:(1)针对服从者;(2)针对国家机关承担者　各种控制手段　部门的组织形式　针对公法团体的国家性权利保护　作为公法权利之保障的职权冲突　个人请求权的保障　个人请求权的司法保障　针对行政机关的个人请求权之保障　不完全保护的请求权　机关地位请求权　公法团体机关地位请求权的保障　联邦成员国之机关地位请求权的保障

术语索引 ………………………………………………………… 346

修订译本后记 …………………………………………………… 357

第二版序言

本书第一版虽问世已久，但读者的需求依然旺盛，故出版社建议笔者再版。在法学著作中，尤其是在纯理论性的国家法著作中，这种情形实属罕见。笔者或可据此认为，这本书仍富有活力，并将保持其学术影响力。

这一情况也决定了新版本的编排原则：本书必须基本保持原貌。此外，也不存在任何改动本书基本思想的理由。笔者可以当仁不让地主张，本书的基本思想为解决主观公法权利问题提供了根本思路。任何尝试解决这一问题的人，无论其立场如何、观点如何，都必然会就本书的基本思想发表意见。

自本书第一版出版以来，立法和学术已经发生了应予重视的巨大的变化，并且笔者对某些具体问题的看法也有所改变，再版的相应章节将会对这些情况加以讨论。例如，主观权利的定义（第44页*）有了新的表述，基于统治行为产生的针对国家的损害赔偿请求权被完全归入公法权利（第63页以下），关于授权性义务的学说（第184页）被清晰地表述了出来，关于个人权利之消灭的学说的一些要点（取得权利理论、放弃，第334页以下，第340页以下）得到进

---

*　此页码为原书页码，即本书边码，下同。——译者

一步的发展和补充。除了这些变动，笔者也以简洁的方式对本书进行了某些补充，例如书中也讨论了极富启发意义的美国关于劳动者保护之立法活动的司法判决（第 101 页）。

就相反观点发表的驳斥意见必须被限制在较小的范围内。本书引起了广泛的讨论，对它的批评也几乎超出了其内容。本书不宜对相反观点展开反驳，笔者只能寄希望于读者通过比较笔者的论述和相反观点得出自己的判断。只有在反对的理由分量较重或反对的学者声望较高时，笔者才会进行一定的反驳。关于相反观点，也可参见笔者所著《一般国家学》的两个版本之相关章节中的批判性评注。该书的两个版本对笔者在本书中阐发的学说进行了发展和补充。尽管新近的著作对主观公法权利问题多有论及，但自本书第一版出版以来仅有一本著作以独特的方式对这一问题进行了富有成效的和全面的探讨，即奥托·迈耶（Otto Mayer）的《德国行政法》（Deutsches Verwaltungsrecht）。

本文的立场对探索整个法学中富有研究价值的问题极富启发性。据此立场研究广泛的具体问题，具有极大的诱惑力。尽管笔者曾欣喜于本书所引出的进行特定研究的灵感，但在这一点上坚持了初衷，成功地抵御了这种诱惑。

通过这样的限制，本书才能不增加太多的篇幅并保留了原来的风貌。

格奥尔格·耶里内克
海德堡，1905 年 6 月

第 一 版 序 言 ①

在帝国建立之后，在国家法文献令人惊异的迅猛发展中，众多全面的、系统性的著作纷纷问世。帝国法，尤其是重要成员国的国家法得到了多种详尽的论述。人们或许会认为，公法学的发展早已终结，因为新的著作研究的只是细枝末节的问题，或只在立法工作有了新的进展时才能有新的论述。

然而，人们仅需概览系统性著作之外的专题著作就会发现，系统性著作的根基何其薄弱。人们在将来的研究中必须致力于建立这些难以确立的基础，但不必否定一切已经取得的成果。如今没有哪个法学学科的根基比公法学的根基更不牢靠了。在一些关于具体问题的研究中，这一问题表现得尤为突出。在处理具体问题时，人们不得不就基础问题进行深入的研究，而这些问题一般应在针对整个领域的系统性研究那里得到解决。

因此，当下公法学的持续发展，比任何时候都更加依赖于就各个问题展开的富有成效的研究。

在所有问题中，主观公法权利的问题最为重要，但至今鲜有关

---

① 作为鲁道夫·冯·耶林获得博士头衔50周年的献礼，本书第一版出版于1892年。

于主观公法权利的详尽论述。这足以表明，国家法的整个体系建构何其不可靠。

笔者在研究的过程中深刻地认识到，人们在学术讨论中必须把所有精力都投入到这一基本问题上，这一认识给了笔者出版本书的勇气，尽管任务艰巨，尽管素材棘手，尽管只有通过极为深入的研究才能全面地认识到这些困难。

本书首次系统性地论述了公法权利。这一尝试对作者而言无疑是圆满的，但是就本书处理的一些问题而言，笔者却不能持这样的看法。公法基本问题如此错综复杂，并且学界对这一问题进行的科学研究为时尚短，更何况人们在精神领域中（法是其中的一部分）也极少能够探查出终局性的、确定不移的和无须进一步深化的东西，彻底解决公法权利问题是不可能的。因此，学术作品的价值不在于认识那些永远不能确定其内容的真理，而在于推动科学的认识过程。使学术作品获得学术地位的，与其说是久经考验的结论，倒不如说是学术作品释放的科学认识的推动力。

本书主要以德意志帝国法为研究素材，当然，笔者也充分地重视了本人所讲授过的其他两个国家的公法，即奥地利公法和瑞士公法。

在研究的过程中，尤其是在关于权利的一般理论的研究中，笔者力求认真处理极为广泛的相关文献，但本人在行文中尽可能地避免了引文的堆砌，也将附带的驳斥性评论限制在了必要的范围内。在关于权利的一般理论的研究中，除了对自己的立场进行细致的论述，笔者别无选择。列举或反驳所有针对这些问题的观点将会使原本就难以理清的素材更加扑朔迷离。因此，笔者认为，为了有效地阐述本书中具有根本意义的章节，应确保最大程度的明晰性和尽可减少论辩造成的行文中断。

格奥尔格·耶里内克

总　论

第一章　导论

在所有公法问题中，**主观公法权利**＊（das subjektive öffentliche Recht）的特性问题终于步入了科学视野。

首先在法律领域尝试建构和认识现代国家的是自然法学派。在本质上，该学派将主观权利理解为自由权，并认为主观权利具有原初性，先于国家而存在。主观权利非由国家创设，而仅应由国家承认，国家则是保护此种权利之机构。由此立场出发，不可能明显地区分私法权利和公法权利。因为从表面上看，只要被视为公法权利，一切公法权利都是私法权利的附属物。厘清不同自然法学说细微之差别也许会是件很有意义的事情，但此处仅以布莱克斯通（Blackstone）的理论为典型例子。在其关于英国法的著作中，① 布莱克斯通依据英国的洛克（Locke）所表述的自然法教义，假设个人在国家存在之前被赋予了绝对的自由权，在进入市民社会的时候，他们放弃一部分天然的自由权作为"一个划算的交易之代价"。② 个人由此在社会中取得三项原初权利或主要权利：安全权、自由权以及所有权。所有权还派生出议会的赋税批准权，等等。在这些主要

＊ 全书中的着重号均为译者所加，目的是强调重要术语。——编者
① Comentaries on the laws of England I, 1.
② „as the price of so valuable a purchase" 1. c. I, p.124（10th ed.）.

权利之外，英国宪法还赋予其臣民"一些从属性的辅助权利"，[①] 以保障他们可以完整地享有这三项基本权。它们是全部的议会组织法、君主特权的限制、法律保护权和请愿权。

与自然法学派相反，在法国大革命之前的欧洲大陆，特别是在德意志地区，实证主义法学派之文献的研究对象为行将消亡的等级制国家。在这种国家中，公法权利的基本思想之所以不可能出现，是因为个人所拥有的权利一般只被理解为特权。在文献中，关于君主权限的研究习惯性地占据了最多的篇幅，而理解君主权限的方式主要还是私法式的。于国家法理念中把握君主和国家权力之本质的嬗变，也是一个有意义的、有待文献史学家深入探讨的课题。

对主观公法权利观念之变迁最具深远意义的是法国大革命。《人权宣言》构成了法国最早的三个宪法文件的开篇，其任务在于列出公民之全部权利的一个清单，所有法律都只是更进一步地精确阐述和贯彻这一权利总清单中的某个项目。如洛克和布莱克斯通所述，国家制度本身只表现为公法权利的保障机制。[②]

3 迄今为止，人权体系一直是法国公法权利理念的基础，这也使该体系饱受责难。[③] 尽管法国行政法业已形成，关于公法权利的新

[①] „certain other auxiliary subordinate rights of the subject" p. 141.

[②] 《人权宣言》第2条：任何政治结合的目的都在于保护人之自然的和不可动摇的权利。这些权利即自由、财产、安全及反抗压迫。

[③] 法国法学理论有私法权利和政治权利的区分。后者是指被法国学理所承认的个人之公法权利。然而它等同于人权和公民权。习惯上也被称为宪法所保障的权利。Vgl. Block, Dictinnaire de L'administration française v° droits civils et politiques, Batbie, Traité du droit public et administratif II, p.277 ff.; Cabantous, Répétitions écrites sur le droit administratif. 3ème éd. p. 19 ff.; Lebon, Staatsrecht der französischen Republik in Marquardsens Handbuch des öffentlichen Rechts S. 27 ff.;（接下页注释）

认识却并未随之产生。法国行政法涉及的不是公民用以对抗国家的个人权利,而是行政机关的权限,其所规定的并非主观权利(das subjektives Recht),而是客观法(das objektives Recht)。① 主观公法权利理论发展如此缓慢,法国的法律研究方法难辞其咎。其或为关于法哲学原则的抽象论证,或为迎合实践需求的公法解释。以获取较高位阶之原理为目的、以现有法律素材为对象的科学研究,直到当下才成为法国法学的任务。

德意志地区的学术在本世纪前叶也于总体上受制于法国思想体系之影响。依立宪主义原则构建的德意志邦国,也都在其宪法中按照法国模式规定了公法权利的清单。从王朝复辟到第二共和国时期,法国思想的影响力如此强大,以至于法国的个人权利理论也在德意志国家上升为主导思想。此外,仍有一股反法国大革命的思潮抵制其在国家法上的影响,但并未通过自成体系的公法权利学说取代主流思想,只是对其采取近乎视而不见的态度。此流派最重要的作品是斯塔尔(F. J. Stahl)的《国家学》,该书第二版仍未以专门章节探讨臣民的公法权利,仅在关于司法和行政之界限的章节中隐晦地和毫无体系地论及了臣民的公法权利。② 在 1815 年至 1850 年

(接上页注释)Hauriou, Précis de droit administratif et de droit public général, 5ème éd. 1903 p.39 ff.; Esmein Élements de droit constitutionnel français et comparé 3ème éd. 1903 p.387 ff.

① Vgl. O. Mayer, Theorie des französichen Verwaltungsrechts S. 157 f. 尽管在行政法文献中提到了相对于行政行为被保护的个人权利(例如:B. Aucoc, Conférences sur le droit administratif 3ème éd. N. 268),但是此种观点对于系统性认识整个问题并没有产生任何影响。近年来,在本书所持观点的影响下,此状况有所改观(vgl. Barthélemy, Essai d'une théorie des droits subjetifs des administrés dans le droit administratif français. Paris 1899)。

② Philosophie des Rechts II, 2, § 133 ff. 直至出到第三版,此书才辟出阐释权利的章节(第 518 页以下)。

这段时间里，未见总体上不落窠臼且穷尽所有相关问题的研究。

直到 1852 年，德意志地区的法学界才终于尝试在法学上严谨地把握公法权利。盖尔博（C. F. v. Gerber）① 就该课题所发表的著作是着手此项尝试之划时代的研究。个人公法权利的研究得以首次系统地在纯国家法的视角下进行。然而这一研究所探讨的仅是一个基础，尚未进行深入纷繁细节的探索。此情形可部分地归因于历史。在新时期的大多数德意志国家中，立宪政体尚未被大众的法律观念所接受，理论著作讨论的对象多是抽象的理念而非具体的法律素材。此种局面的主要原因则在于，公法权利缺乏完善的行政诉讼制度的广泛保护，以致后来之法学所要解决的一系列问题于当时尚未被提出。尽管如此，盖尔博的著作终究是国家法学史上的里程碑。

之后的学术中，再未有就整个主观公法权利问题（至今才清晰可见的范围内）进行富有成效之探讨的作品。在一般的、德意志邦联的、帝国的以及州的国家法和行政法的系统性著作中，公法权利的学说大体上得到深入的阐述，私法权利和公法权利之间的界限也得到探讨。人们或可以为，学界就基本问题已经达成一致意见并形成通说。然而，稍稍浏览相关文献就会发现，关于基本原理的论述中充斥着极大的模糊、混乱与不可调和的对立、矛盾。不同学者的理论体系正是以此为基础构建起来的。

没有什么比主观公法权利的概念本身更不确定了。国家法学中出现了一个承继盖尔博思想② 的流派，该流派总体上质疑国家之

---

① Über öffentliche Rechte.

② 初见于：v. Gerber, Grundzüge eines Systems des deutschen Staatsrechts 3. Aufl. §11.

服从者的公法权利。德意志帝国法著作的最重要成就是这一流派的巅峰。拉班德（Laband）在其所著《德意志帝国国家法》第一版中对主观公法权利的范围进行了限制。在其后来的著作中，这种限制主义愈行愈远。①受到法国法理念的影响，无疑也在盖尔博、拉班德理论的影响下，奥托·迈耶（Otto Mayer）将主观公法权利限制到了极致。②最终，伯恩哈克（Bornhak）甚至肆无忌惮地试图将公法权利从法律现象中彻底清除。③ ④

在国家法和行政法领域内还有另一学者阵营将主观公法权利作为既定概念加以承认，并重构这一权利之传统形态，从而使其具有科学确定性。总的来说，尽管在术语的使用上还存在某些差异，还是应当认为各个具体的范畴业已确定。然而，系统性的著作尚未对基本问题和大量与之关联的专门问题进行深入的讨论，⑤因此，尤其是在公法的范围问题上根本不存在共识，主观公法权利的范围问题更是如此。

---

① Vgl. namentlich I, S. 546 f. der ersten mit I, S. 137 ff. der vierten Auflage.
② Siehe S. 2 Note 2. Anders nunmehr O. Mayer, Deutsches Verwaltungsrecht I, S. 104 ff., wozu auch die französische Übersetzung dieses Werkes (Le droit adm. Allemand, Paris 1903) I, p. 132 ff. zu vergleichen ist.
③ Das preußische Staatsrecht I, S. 268 ff.
④ 从根本上否定个人的公法权利的有：Göppert, Jahrbücher für Dogmatik XXII, S. 112, 113, 118; Kohler, Der Prozess als Rechtsverhältnis S. 13 ff.; Br. Schmidt, Der Staat (Jellinek-Meyer, Staats- und völkerr. Abh. I, 6) S. 81 f. und — auf ungenügender juristischer Basis — Schuppe, Der Begriff des subjektiven Rechts S. 83 ff.
⑤ 比较而言最深入的研究见于：F. F. Mayer, Grundsätze des Verwaltungs-Rechts S. 438 ff.; v. Sarwey, Das öffentliche Recht und die Verwaltungsrechtspflege S. 102 ff., 405 ff.; sowie Allgemeines Verwaltungsrecht in Marquardsens Handbuch S. 119 ff.; E. Löning, Lehrbuch des deutschen Verwaltungsrechts S. 8 ff.

所谈及的问题之重要意义还在于,近来那些涉及其他法学学科或以之为出发点的系统性和专题性研究越来越多地触及和讨论公法权利问题。私法以公法为对立面和界限,在另一方面也以公法为条件而与之联结。民事诉讼法理论与公法权利的存在及范围之问题有着紧密的联系。① 在学理上,刑法和国家法之间的密切关联也要求国家法对主观公法权利的本质加以阐明,并引发了独立解决某些个别问题的尝试。基尔克(Gierke)② 开创的德意志法上的社团学说尝试以其特有的途径独立认识国家和被纳入国家之人格人的关系。教会法的教义也与公法权利本质的认识有着紧密的关联,这不仅是因为国家的权利,也因为教会组织在很多方面具有的与国家的相似性以及教会对其成员所行使的权力。

新近出版的一些专著在公法权利问题所引起的争议和有待阐释的现象中摘选只鳞片羽尝试加以阐明。③ 这些著作只要能够展

---

① 瓦赫详尽论述了这种相互关系(Wach, Handbuch des deutschen Civilprozessrechtstrechts I, § 8. Vgl. auch Prazák, Arch. für öff. Recht IV, S. 241 ff.)。

② 基尔克的著作对此问题尤具突出意义(Gierke, Die Genossenschaftstheoie und die deutsche Rechtssprechung)。

③ 它们将在相关的章节中被提及。对相关问题进行了更大范围讨论的有:Seydel, Grundzüge einer allgemeinen Staatslehre S. 38 ff.; Ulbrich, Ueber öffentliche Rechte und Verwaltungsgerichtsbarkeit; Dantscher von Kollesberg, Die polistischen Rechte der Untertanen; v. Stengel, Oeffentliche Rechte und öffentliche Pflichten in seinem Wörterbuch des deutschen Verwaltungsrechts II, S. 177 ff.; Tezner in seiner Kritik dieses Werkes in Grünhuts Zeitschrift für Privat- und öff. Recht XXI, 1893 S. 107-253(有人未提及我的名字,将我的学说援引为特茨纳的公法权利体系,但特茨纳的这一文献只有批判,没有自己的体系。); v. Stengel, Die Verwaltungsgerichtsbarkeit und die öffentl. Rechte, Verwaltungsarchiv III, 1895 S. 177 ff.; Layer, Prinzipien des Enteignungsrechtes (Jellinek-Meyer, Staats- und völkerr. Abhanglungen III) S. 300 ff.; A. Affolter in Hirths Annalen 1903 S. 181 ff.; Giese, Die Grundrechte(接下页注释)

第一章 导论

现些许新意，便可以凸显对其基础进行全面的多角度的研究之必要性。

鉴于此种情形，是时候呼吁学术讨论关注这些基础问题了。下文将尝试全面研究这个问题，并找到解决方案。研究之对象不仅是个人的公法权利，还包括国家对内对外的公法权利、私法团体以及公法团体的公法权利。一言以蔽之，应在主观权利的视角下对整个公法进行审视。对公法的切面观察似乎将会展示，其整体结构的全部环节均为主观权利所贯穿，而这种主观权利的特性也和人们在私法理论中提到的主观权利有着本质的区别。

此研究的理论价值已显现于上述分析之中，其实践价值也不容低估。对公法权利的性质和公法权利已有的或待扩展之范围的认识对于一个时代——一个公法权利的保障业已确立或亟待确立的时代——意义重大。

（接上页注释）（Zorn-Stier-Somlo, Abhandl. Aus dem Staats- Verwaltungs- und Völkerrecht I, 2）1905。在德意志理论的影响下，主观公法权利的学说也在意大利得到了非常深入的探讨（so von Longo, Lateroria dei diritti pubblici subbiettivi e il diritto amministrativo italiano, Palermo 1892 und namentlich von Santi Romano, La teoria dei diritti pubblici subbiettivi in Orlando, Primo trattato eompleto di diritto amministrativo italiano I, Milano 1900 pp. 108-220）。

第二章 公法权利的问题

任何主观权利都以法制的存在为前提，主观权利被法制创设、认可，并得到法制或强或弱的保护。客观法将人类的所有意愿、能力和财产从自然的生活领域中提升出来，形成法律上的行为和状态。如果将主观权利理解为原初性的东西，认为法律规范的效力和判断是从中衍生出来的，那么就混淆了事实和法律。先感知到主观权利的存在，并由此感知到主观权利所衍生、支配之法律规范的存在，在时间上是可能的，但将法制所规定的东西作为法制的逻辑起点却是令人匪夷所思的。

因此，客观公法制度是主观公法权利的基础，所以在着手研究后者之前，应该讨论一下这个问题：什么是公法制度？

回答这个问题似乎是容易的。人们可能认为，一个常常充斥于耳并被反复提及的表述早就解决了这个问题：公法是调整国家机构以及国家与其成员之间关系的法。

然而，人们在此便可诘问：公法真的是可能的吗？

私法是平等地位的、隶属于同一国家之人格人的生活领域的法律制度。互有权利义务的可能性贯穿整个私法制度。

一个更高级的整体，一个集体人格人，例如我们面对的国家，有可能与构成其基础的个人互负义务吗？

对于国家内的团体人格人而言，这一提问极易得到绝对肯定的回答。国家法制承认所有存在于国家中的社团秩序为相对性秩序，使其能够凭借国家法制的命令或权力手段得以实现。国家法制保障社团和个人之间互有请求权的可能性。

公法制度的承担者只是国家，更确切地说，主权国家是其制度的唯一缔造者。自主决定并在形式上自由规定其制度的国家，不受任何更高权力的支配。如此一来就缺乏一种确保统治者和被统治者之请求权具有同等价值的权力。的确，如果公法权利的承担者只可能是国家，那么从表面上看，国家的服从者针对国家之法律请求权的可能性就被先天地排除了。如果公法权利被分派给了个人，那么个人就成了公法权利的主体。这看起来是自相矛盾的。所有否认主观公法权利的观点，都或隐或显地建立在这个基本观点上。

然而，否认服从者公法权利之可能性的人没有意识到这一否认的后果。所有权利都是权利主体之间的关系。孤立存在的权利承担者是无法想象的。即使是国家，也只在与人格人相对时才拥有权利。只有统治者和被统治者这两个成员承认对方是相互的权利义务承担者时，事实上的统治关系才变为法律关系。奴隶主和奴隶之间的关系只是针对第三人的法律关系，如同所有存在于人格人与物之间的关系。对奴隶而言，主人的权力是纯粹事实上的权力。既然奴隶不是权利享有者，那么对他而言也就不存在法律上的权力。

因此，公法的存在完全依赖于国家成员之公法权利的存在。只将权利赋予一个人格人的法制是极为荒谬的。无论客观公法，还是国家的主观权利，都以这个事实为条件：统治者和被统治者都是权利享有者。

主观公法权利的意义更为深远。没有公法权利就没有私法权利。这是一个在随后的研究中将被更进一步论证的原理。然而该原理马上就能被下述考量揭示出来：一个保护性的、依法行为的、国家性的从而也就是公法性的组织体对所有权利之承认、续造、授予以及实现是不可或缺的。

如果国家不是权利的享有者，那么它就不具有人格，对外也不可能是权利的主体，而仅仅是纯粹的权力主体。国际法也因此变得不可能了。

如此一来，主观公法权利的问题还引发了法制之可能性问题。这个问题正是人类社会生活的科学中最艰深困难的问题之一。下面的研究以找到该问题之积极解决方案为宗旨。

自始就确定结果的属性是需要辩解一番的。学术研究可否追求纯粹的知识以外的东西？可否否定一切传统的东西？

倘使可以在某个领域适用"否定的力量较大"（Negantis maior potestas）这一原理，那么这个领域就是涉及伦理的学科。顽固的否定者总是处于优势地位，因为没有任何一个基本伦理观的证据在理论上有充分的说服力，以使绝对否定者屈服。而伦理观在一定程度上始终是一种不可推导的主观确信。这一点在国家学说和法学里表现为，时而是国际法，时而是整个国家法，时而又是主观公法权利，均被干脆地否定。这样的否定可能是严肃的科学信念的结果。但也同样可能是一个没有资格的人披挂上阵，对累世形成的思想体系进行诅咒。看看那些粉墨登场却被迅速遗忘的人物吧！他们全盘推翻过往的某个乃至所有的伟大思想家，并宣告自身陈词滥调和愚昧无知的胜利。

针对这种虚无主义行径必须指出，绝对无条件的事物在人类事务领域中是不存在的。研究者的全部知识为其设定了工作前提，无法被研究者自身摒除。一切认识就其性质而言正是由不能被孤立在外的认识主体所决定的，如同任何镜像的显现都由镜子的特性所决定，并随镜子的消失而消失一样。在很多情形中，否定伦理学、社会学、法学问题的最终原因均为对人类社会生活认识之贫乏。

关乎人类事物之科学的根本任务是构建。即便摆脱了一切偏见，学术仍是以永远不能完全破译的浩繁的人类本性之知识为其不可回避的前提的。即使在哪里进行破坏，也是在为更好的、更深的、更广阔的地基夯实土地，以于其上进行新的建设。对其而言，旧的东西仍是可用于新的建设的砖石。还应秉承这一信条，在科学的领域内完全从头开始不过是幼稚的自我欺骗。长久地固守否定态度，是目光狭隘者的特权，毕竟否定如此容易，创造如此困难。只消片刻，一个世纪的智力成果之价值就会被那些根本无法理解它的人彻底否定。

第三章　国家的法律属性[①]

国家法的一切知识都取决于国家概念之正确理解。关于国家概念之争论的激烈程度于当下并未减弱，尽管该问题可能的答案从开始就是屈指可数的，被争论的总是同样的观念、想法、理解和描述。国家作为有机体(Organismus)、作为人格人(Persönlichkeit)、作为统治主体(王侯或者人民)、作为统治客体(人民和国土)、作为实事上的或法律上的状态、作为法律关系在一切文明的民族中，首先在流行思潮中，继而在科学的研究中，都或多或少地占据了一席之地。[②]

只要人们尚未准确地界定意见交锋的战场，这个围绕着国家法律属性、总能翻出新意的旧争议就不会平息。申言之，人们基本

[①] Vgl. zum folgenden Jellinek, Allgemeine Staatslehre (Das Recht des modernen Staates I) 2. Aufl. Kap. VI.

[②] 审慎的历史研究表明，针对所有伦理学、政治学和法学的基本问题，答案的类型都是有限的。因此，只有在具体的类型中，理论的发展和续造才是可能的。特定类型的答案可能在历史的进程中因认识的进步而被推翻，新的类型的出现却是极其罕见的，除非产生了一个特别的历史形态，比如当前的联邦国家。类型的对立一方面是由人观察客体时所处的不同立场引起的，另一方面则取决于研究者的认知能力。对于这个问题，费希特(Ficht)的名言也同样适用："人选择什么样的哲学，取决于他是一个什么样的人。"如果墨菲斯托的观点成为共识，那么在科学讨论中定能平添几分平静："不论是愚者还是智者，谁不是沿着前人的足迹前进的呢？"

上没有考虑那些对理解国家的法律属性而言难以确定的逻辑上和认识论上的前提条件。然而，不准确地划定法学概念与其他知识领域的界限，就不可能对国家法的基础进行富有成效的研究。总的来说，之所以法学所有学科中的大部分争议只是在继续着无休止的废话，是因为在法学界尚未出现对法学判断力进行批判的康德。

在法学认识上，人们仅需回答这个问题：我怎样从法律的角度出发思考国家？在回答这一问题时，人们不应也不能确定地得出一个关于国家的全方位认识。同一个客体可以为不同种类的认识提供契机。即使它们之间有着巨大的差异，也并不必然因此相互抵牾。观察视角不同，对客体的认识也就不同。然而，将一个认识领域的思考方法作为另一个完全不同的认识领域之研究的基础则是严重的方法论上的错误。

一个例子或许能说明这一点。对于生理学和心理学的研究而言，作为一个不变客体的交响乐并不存在。从自然科学的立场出发，在客观外界和人类主体内部存在的只是空气的振动及其造成的对声音的感知。只有一部分人有能力通过一个非常复杂的心理过程，将曾在某个个体的心灵中漾起的旋律，按照这个人用特定符号传达的指示，在他们的乐器上重现出来。由多位艺术家同时创造的、在时间上延续的、因短暂的停顿而中断的声效之整体，再次通过一个错综复杂的心理过程，在听众的内心合为一个整体。更确切地说，这是一个因构成听众的个体天赋、能力和情绪之不同而互不相同之整体。自然科学研究者和心理学家将会以这样或类似的方式来解释在交响乐的演奏中发生的听觉心理学上的过程。然而，名为"交响乐"的可感知的或借助科研方法可阐明的客体对他们而言并不存在。他们也就有理由宣称,没有科学头脑的人才会主张,在可能的乐曲重现和表达乐曲的符号之外,还存在某个名为"交响乐"、具有与大气和空气分子及其波动同等现实性的东西。

然而,对审美活动而言,情况则完全不同。对审美活动而言,交响乐是享乐、欣赏和音乐认知的客体。审美活动将这个产生于个人、在不同时刻又在万千个体心中重现的心理过程实体化。并且,这种做法也是正确的,因为审美感受世界之真实完全不同于理论认识领域之真实。就音乐的感受和欣赏而言,贝多芬的 C 小调交响曲是最深刻、最真实和最有震撼力的现实客体,所有自然科学和心理学都不能哪怕是最细微地动摇对此种现实的感知。因此,拉斐尔和提香的画作、莎士比亚和歌德诗中的形象,在这个意义上作为美学认识的真实客体存在。然而,以自然科学理论的眼光视之,它们只是高度复杂的没有任何实体性的心理过程。用一种认识方法代替另一种认识方法是极为严重的错误,毕竟理论认识和审美感受的世界是截然分离的。这两种认识方法并不相互矛盾,因为它们要在完全不同的视角下、出于完全不同的目的去研究同一客观事实。"经验主义者"可能如此评点艺术家,认为他的艺术作品是虚构的,在客观世界里不存在哈姆雷特和浮士德,没有米洛斯的维纳斯和拉斐尔的圣母,也没有唐璜和埃洛伊卡,存在的只是在特定情况下引起某种心理过程的字母和纸张、被赋予形状的大理石、被有色物质覆盖的画布和布满弯曲音符的乐谱。艺术家则完全有理由指出,经验论者因其狭隘而未能领会到这一点:虽然美的世界就其心理和机体基础而言可以作为心理学和自然科学的研究对象,但就其内容而言却应另当别论。

同样，法学家的世界也不是由自然科学的认识客体所构成的。法学家的世界是行为和实践生活专有的世界，一个为我之物的世界，而非自在之物的世界。在自然科学的视角下，不存在作为实体的或作为属性的权利，存在的依然只是高度复杂的群体心理过程以及个体相互间的联系。它们的结果表现为特定的关系，并导致了主观权利和客观法律制度之观念的产生。所有权和占有、役权和质权、买卖和租赁、婚姻和遗产不是可触可见的物或属性，而是如此复杂的关系，以至于完全把握它们是很困难的。心理要素是法律制度的基础，但对其进行科学研究却是法学以外之学科的任务。法学既不必也不能认识自然存在，法学的任务不是证明具有无上权威的自然法，而是去理解那些有前提的、不以必然而以应然为内容的、支配着行为人之实际生活的规范。因此，法学的对象不是具体事物，而是抽象观念、概念和规则。仅在人们洞悉了实践的人类所处世界的运转机制时，它们才能为人所理解。这是一个人类利益和情感的世界，在这里，利益和情感应被约束并达致和谐；这是一个人类目的和价值的世界，在这里，法律制度才有一席之地。塑造了这个只为人类而在的主观世界的自然事件，或许是生物学和心理学研究的对象，抑或是形而上学之玄思的对象，并且所有这些学科都有自己的、由其对象所决定的研究方法。然而，自然科学、心理学或者形而上学的玄思和它们的研究方法都不适合法律教义学学者。探明那些对于人类知识的整体非常重要、导致了所有权这种法律制度产生的自然事件、个体或群体心理活动，不是法学家职责之所在。法学家仅能回答这个问题：应该如何思考所有权，以便所有与之相关的规范能构成一个没有矛盾的整体。他无须回答什么是所有权？如何思考所

有权才是科学的法学课题的研究方法。那些被纳入法律制度中并为
其所规范的生活事件是历史学和社会科学的研究对象，因为它们所
反映的是现实中的事件，所以不应将其与主宰纯粹抽象观念事务的
法律规定相混淆。因此，法学的概念不以客观实体为对象，法律的
世界是纯粹的观念世界，它之于现实世界如同审美感知的世界之于
自然科学认识的世界。① 法律的世界是一个抽象的世界，而不是虚
构的世界。抽象以内心和外部世界的事实为基础，而虚构则用臆想
的情形代替自然的情形，并把二者等同起来。抽象植根于事实，虚
构立足于臆造。对抽象和虚构之间本质区别的错误认识在很大程度
上导致了对国家法基本概念之错误理解的产生。②

如果人们明辨了法律的观念世界和自然事件的客观世界的根
本区别，就会发现将后者的认识方法施用于前者的谬误。方法论上
的杂糅主义是当代学术的陋习。自然科学的研究方法、经验的方法
和生物学的研究方法纷至沓来，人们期望借此获得石破天惊的发
现。一种方法告诉法学家，国家没头没腿，所以不可能是人；另一
种方法则揭露了一个划时代的真相：国家和细菌、牧草、哺乳动物、
社团和合作社共同构成了性质相同之个体的一个大类。

然而，另外一种尤须警惕的重要情况可能助长了方法论的杂
糅主义。法作为人类共同体（menschliche Gemeinschaft）之社会功

---

① 对这种关系的错误认识是最近国家法文献中论战毫无成果的主要原因之一。
它们都是一种徒劳的尝试：一方面把国家的自然存在直接作为构建法学理论的基础，另
一方面又把法学上的国家概念与对国家的理论认识等同起来。

② 在理论科学中，法学与数学相对应。如同后者与抽象的数值相关，前者则涉及
抽象的意识关系。尽管点和线是不可见的，但是没有任何人否认它们的存在；也不会因
为在可触可见的世界中没有相应的东西，就认为"$\sqrt{2}$"是一个虚构。

能的现象被置于一种与法律结构的系统性理解完全不同的研究方法之下。社会科学和历史学意在阐明法之社会现象的原因和发展过程,在法的具体形态中认识法的形成,把握法对经济、伦理和国家的推动力以及对日常生活的反作用。对于法律史、比较法学、政治学、政治经济学等学科而言,科学地研究人类共同体的客观历史存在所需的方法才是至关重要的。只要不涉及法教义史的研究,它们就不会在教义学的含义上,而是在法的伦理、宗教、经济和政治的前提下及其作用上思考法律。当然不言而喻的是,法学家不应片面地、在教义学上先入为主地探究法的法学含义。诚然,没有任何一个人类的认识领域中的伟大研究不以其他学科的知识为前提。研究者的眼界越开阔,知识越丰富,那么他的专业知识就越可靠和深入! 因此,了解和重视其他与法律有关的学科,对法学家的工作方式和成果是重要的。但是,研究主体内部发生的多个认识领域知识的结合却不应导致这些认识领域本身的合并。法教义学应该为法律史、经济史、文化史和社会科学的知识所充实,而不应为它们所取代。①

对国家的法律属性的认识也能从其他学科中获得启迪。这一点可以在一个重要的方面得到阐明。通过观察历史,我们知道国家是世界史上的一个现象。因此,国家形态属于更高的共同概念之下的一类社会现象。国家不是彼此完全独立而只能按其个性去理解、

---

① 拉班德极力强调法律教义学的独立性(Laband, Staatsrecht des deutschen Reiches 4. Aufl. I, Vorrede S. IX f.)。然而在其论述中,拉班德并没有正确地评价文中所提到的学科对法教义学学者工作的意义。认识法律规范的历史前提及法律规范涉及的全方位关系,对法学理论建构本身而言具有极为重要的意义。只有如此,才能保证法学远离毫无建树的经院哲学。

不能被更高概念统辖的个体。之所以并非如此，是因为人类本性的恒定性必然导致所有人类事务都具有一定的恒定属性，尽管在每种人类关系中都存在广泛的个体差异。能够适用于有着广泛差异却仍表现为确定类型的全部社会生活现象（如经济、法律、道德、宗教、语言等）的，不会单单不适用于国家。其实可以归入国家这一概念的个别现象都必然具有共同特征。因此，施托克（Störk）的"与私法上的法律关系相比，公法上的法律关系具有独特性"的观点[①]被认为是不正确的。尽管生活的丰富多样性几乎无法把握，但统辖私人关系的恒定形式在一定范围内必然会基于文化民族的素质以及国家目标的一致性，在不同的国家结构中得以显露。因此，比较具体的历史上的国家特性，将从中得出的认识作为研究的基础，一方面是国家科学的要求，另一方面也是法学的要求。在研究古希腊国家的过程中，亚里士多德以后人无法企及的大师般的方式将国家事务的整体性和丰富多样性作为科学研究的基础，此种做法在任何时代对任何研究国家的学科而言都是不可置疑的前提。这一认识也杜绝了一种特别的、与普罗伊斯（Preuss）构建"德意志国家理论"[②]

[①] Zur Methodik des öffentlichen Rechts S. 76. 这个问题与重要的方法论问题联系密切。如现代认识论和方法论的文献中（特别是历史学的）所深入讨论的那样，这些方法论问题涉及个体性与整体性的、偶然性与一般性的、特殊性与规律性的、具体性与类型化的认识之间的关系。谁从现在开始不全面地了解这些方法论上的争议问题并提出自己的见解，那他就缺乏参与解决这个问题的唯一正确的科学基础。

[②] 在他（普罗伊斯）引人注目的书中（Gmeinde, Staat, Reich als Gebietsköperschaften. Versuch einer deutschen Staatskonstruktion auf Grundlage der Genossenschaftstheorie. S.99），他提出了只能在德意志法律的基础上承认德意志国家的"归纳法"，却没有阻止一切抽象主义的反对者们把该书第 418 页得到的结论扩展到国际社会，以至于最终提出了德意志国际法。

相同的尝试,这种尝试等同于企图建立法国的伦理学和英国的解剖学。然而,是普罗伊斯首先运用了有机体的概念,也是他给这个概念附加了超越德意志帝国的意义。此外,那个失败了的、要把德意志国家如"土地负担"一般证明为独一无二的德意志国家法制度的企图,也给了人们一个重要的教训:国家学的认识必须使国家法教义学免受滋扰。

我们现在开始回答这个问题:应该如何从法学的角度思考国家?现在我们已经意识到,只需把握国家概念的一个方面,确切地说,与把握其他法律概念一样,人们只需考虑对人类行为的世界而言的内在的真实。确定国家本身或理解超越实践世界的国家的实在性,不是法学的任务,而是研究人类共同生活的自然和伦理基础的国家学的任务。生活于特定区域的、被一个统治者所统治的人民这一不可否认的自然与历史的事实是对国家概念进行法学研究的理论基础,被科学用语称为"国家"的人类共同体的所有形式均具有这一特征。法学研究得出如下结论:

1. 国家是一个以领土为基础的人的统一体。*尽管在逻辑学文献中缺乏对统一体性质的全面研究,[①]但清楚地认识统一体概念所统合的极为杂多的表象并辨明到底可以由哪些要素构成一个综合,仍具有极其重要的意义。

在外部世界,只有那些在空间上有界限的和不可再分的东西

---

* 德语"Einheit"既指直观上的单一体,又指综合的统一体(vgl. Arnim Regenbogen/Uwe Meyer, Wörterbuch der philosophichen Begriffe, 1998, S. 173)。——译者

① 相对完备的论述见于西格瓦特的著作(Sigwart, Logik 2. Aufl. II, §78)。尤其是该著作第 249 页以下对目的论上单一体的论述对于法学认识具有重要的意义。

才能被称为客观的统一体。因此，就科学认识而言，只有原子才表现为完全意义上的空间上的单一体。[①] 在人类的内心世界，客观的统一体是最简单的心理行为。从心理学角度出发，一次想象、一个意志、一次感知都是不可分割的人类意识行为。主观统一体的数量是难以穷尽的。也就是说，主观统一体仅仅是我们的观念中的统一体，在存在或事实的世界中，没有类似于在我们的意识中被归纳为在空间、时间和心理上相互分离的元素与之对应。首先，在持续流逝的时间中，只有主观统一体才可能在任意地将时间划分成时间单位的过程中产生。我们将持续性的、相同性质的行为或者现象，以及所有由时间段联结在一起而又区别于其他事物的事物称作一个统一体，例如讲座、兜风、射击、闪电、暴雨。此外，我们又按照我们的空间位置，将那些在我们看来于延续的空间里相互区分开来的东西也理解成一个统一体，例如房间、寓所、楼层、房子、街道、城市。把相互分离的东西定义为统一体也是以亚里士多德的"时间、地点、行为"三大统一体理论为基础的。即使那些非延续性的但在时间序列中规律性反复出现的东西，例如星期天、春天和东方快车车次，也在实践生活的思维中被我们简化地视为统一体，正如全体这一范畴也是通过统一体这一范畴表达出来的。逻辑学上的统一体概念，通过主观归纳共同特征统一了多数性，将我们引入了形式统一体的广阔领域。甚至在内容不断变化的情形中，形式也可作为个体化的基础。莱茵河在我们眼中始终是同一条水流，因为变换着的水体始终在同一个或者变化极为缓慢的河床上运动；尽管在成立时属于某

[①] ἄτομος（原子）等同于 individuum（个体）。

个军团的人员都不复存在,这个军团还是要庆祝它的百年诞辰。因为尽管构成它的成员不断变换,但这个军团的一些特定形式特征依然保持不变。这些形式统一体最重要的类型之一是运用目的范畴建立起来的。如康德以至今仍不可辩驳也不可超越的方式所阐述的那样,[①] 主要是那些有机生物,基于一个演化为个体的内在目的,表现为被整合而成的统一体。因此,只要自然物在空间和时间上仍被同一目的论的原理所支配,那么在形式与物质的流变中,我们就依然会看见同一个体的存在。树苗和参天大树、毛毛虫和蝴蝶、儿童和耄耋老人,这些事物均在其命运中按照内在自然目的因素表现为同一个体。甚至因精神疾病而丧失意识连续性的人,也凭借着在他身上持续起着组织作用的目的因素,在我们的思维中保持着个体性。

　　物和人之于人的目的之间的关系有意无意地成为统一体的统一原则。其在人类社会生活的实践世界中,因而也在法的世界中扮演着极为重要的角色。尽管在这里一些其他的个体性形成的根据也起着次要的作用,例如空间区分原则和数量区分原则。所以对于实践性思维而言,服务于一个或者一定数量的相关或者近似目的的外部世界之客体是一个物。通过在外部世界和人的目的之间建立关系,法学上的物的概念才得以产生。[②] 因此,当人出于不同目

---

① Kritik der Urteilskraft §§ 64, 65.
② 法学文献中缺乏对这种关系清楚的认识。所以菲廷如此惊讶:"难道物的概念的产生和消灭与自然科学无关,仅仅与心理学有关? 听起来更加奇怪和荒唐的是,事实上整个物的概念是一个纯粹心理学上的概念。"(Fitting, Die Spezifikation, Archiv f. civ. Praxis 48, S. 3.)

24 的考察同一客体时，它可能表现为不同的物。[1] 凡是不能与人的目的有直接和任何关系的东西，都永远不能被纳入物的概念中，例如天体。[2] 所以，是目的把在实体上相分离的客体统合成一个物，是目的导致分离的物之统一体的产生。的确，只有通过目的，我们才能在某一属性上理解物；只有通过目的，物才能够被定义。以自然科学的眼光视之，没有桌子、椅子和房子，只有木头、石头和金属。仅当我认识了将这些材料统合成一定形式的目的时，我才能理解这个东西在人类实践世界中的性质。在人类劳动的产物中，目的是有意识地、创造性地产生的。不仅人类劳动的产物因为人类目的而获得对人类的意义，自然形成的客体也是如此。只有与人的目的发生联系，价值才能产生；只有那些富有价值的东西才能在法律事务中占据一席之地。法律交易的标的是坐骑和役畜，而不是作为自然客体的马。一个有机的自然产物，如果根本不能服务于人的目的，就不能列入物的清单。毒蘑菇和蝙蝠不是物，除非它们被纳入博物标本的收藏中，或者以其他某种例外的使用方式和人的目的建立了联系。此外，人的意志行为只有通过目的才能获得法律上的单一性。对于我们而言，法律行为和违法行为是统一体。法律如此地认识和

---

[1] 泽利希曼由于明显混淆了自然客体和物（Seligmanns, Beiträge zur Lehre von Staatsgesetz und Staatsvertrag II S.152），而驳斥我所提出的物的概念（Gesetz und Verordnung S.193）。日常的法律实践便可以告诉我们，同一个客体在不同关系之中可以呈现为不同的物。比如刀，它可以作为工具，也可以作为武器（Str. G.B. § 223a und § 367[10]）；而书籍，只是通过目的的改变，无须变动其实质性内容，就可能变为废纸。同理，木材可以变成火柴，钻石可以变成首饰或者工具，烈酒可以是享乐品也可以是药品。随着目的的转换，涉及客体法律地位之规范也经常改变。从属性、不可抵押的特性、免税以及战争禁运都是因为目的的变化使同一客体从一种物变成另外一种物而产生的。

[2] Vgl. Bekker, System des heutigen Pandektenrechtes I, S. 287.

第三章 国家的法律属性

评价它们，是基于将一系列通常在时间上不延续的行为统合到一起的目的。如果不运用目的范畴，在人类意志表达中寻求意义和秩序是完全不可能的。

对于实践性思维而言，人的群体也为一个联结性目的所统一。实现特定目的之职能的相同性和延续性，使该职能前后承续的承担者表现为一个统一体。相互分离的物的统一体对应着前后承续的人的统一体。对于第三人而言，一个公司始终是一个统一体，尽管其所有者可能经常变换；就国家事务而言，地方法院法官、部长和君主都是不死的机关，不论曾有多少终有一死的人担当这些职务。这并不是一种"虚构"，正如发号施令的将军门前总有不间断的岗哨，这种岗哨同样不是一种"虚构"，尽管站岗的哨兵每两小时换一班岗。

如果在时间上共存的个体也能以同样的方式被共同的目的联结在一起，那么这些个体就能被统合为一个统一体。集会、家庭、社团、组织机构都是同样的法律上的目的统一体。很明显，将个体统一起来的目的越强烈、越持久，统一体的特征就越鲜明。当然，在理论认知的视角之下，在所有情况中存在的仅仅是单个的个体，这些个体处于多种多样的相互之间的关系中和相互引起的状态中。然而，这样的认识对于实践生活和完全实践性的法而言，均毫无实践价值。也就是说，对人类的目的意识而言，那些统一体不会因此而不存在。在这一层意义上，我早已主张，我们生活在一个目的和价值的世界中，绝对性的认识对其而言既不可能也无必要。①

---

① Gesetz und Verordnung S.194.

26　　前面的阐述已经可以表明，国家在法律思维中也是一个统一体。这个统一体的基础首先是物质上的：国家建立在空间上有界线的一部分土地的表层之上。在这个有限的领土上，生存的人们追求着共同的、持续的、统一的、将人们联结在一起的、只能通过持续的制度才能实现的目的。尽管国民的构成不断改变，对我们的实践性思维而言，国家基于这些不变的目的仍表现为一个目的论上的统一体。人的思维过程将前后承续、承担着同样职能之人的序列统合成一个统一体。基于这种思维过程，追求着这些目的的国家权力最终表现为一种持续性的统一的权力。那些傲慢地俯视着法理学中经院主义式虚构的现实及经验主义法学派也进行了一种虚构。该学派认为以国家为客体的统治者不是作为统治者的个人，而是作为统治者的抽象人格人。即使是该学派也必须承认的统治状态中的统一性也不过是一个客观认识价值极为可疑的思维过程之结果。[1]

27　　纯理论性研究既不忌惮任何后果，也不关心研究结论的实践结果，其所欲探求的是独立于我们的实践性世界的实存，更确切地说是自存。对于此种研究而言是不存在国家统一体的。对于将现实

---

[1]　统治者理论的创建者在其理论的最新形式中，用所谓具体的统治者意志取代了对现实主义认识而言并不存在的国家意志（Seydel, Grundzüge einer allgemeinen Staatslehre S. 1 ff. und Bayerische Staatsrecht I, S. 352 ff.）。虽然赛德尔（Seydel）毫不关心这个统治者意志是如何从个体到个体延续下去的，这个统治者是如何从统治者们中产生的，以不停变换的人为材料的国家的同一性是从何而来的，但是这并不能使这些问题消失。伯恩哈克（Bornhak）将赛德尔的学说发展到了极致，他干脆将统治者和国家等同视之（Vgl. Preuss.Staatrecht I, S. 63 f. Allgemeine Staatlehre S.13）。有关最新文献中对赛德尔-伯恩哈克学说的批判，参见：Jellinek, allg. Staatslehre S. 140 f.; Lukas, Die rechtliche Stellung des Parlamentes in der Gesetzgebung Österreichs und der konst. Monarchien des Deutschen Reiches 1901 S.35 ff.; Anschütz, Deutsches Staatsrecht in Kohlers Enzyklopädie der Rechtswissenschaft II, S. 457.

拆分为最终要素的研究而言,^① 国家就是一系列不可穷尽的心理过程。虽然它们相互衔接,结成互为因果的链条,但却发生在一个持续变化的、无法通过意识的连续性集合到一起的人类群体中,因为意识的连续性只在个体中存在。将统治关系或统治状态当作国家的本质,对于"经验主义国家法学说"而言是行不通的。因为统治者和被统治者处于不断的交替变化之中,仅存在于观念中的关系统一体已经逾越了经验主义的藩篱。^② 国家仅意味着对人类相互关系中难以分析的情形进行了一种主观缩略的状态之总和,这是经验主义在国家本质认识领域中所得出的在逻辑上唯一正确的最终结论。意识到自身局限性的法学家却不敢如此深化自身的认识,他们宁愿停留在主观的世界里。这里才是法律事务展开的地方,主导这个世界的不是理论性的认识,而是实践行为。是实践行为创造并承认了统一体,法学家不关心这些统一体能否在理论的知性面前证明自己的统一体属性。

2. 国家拥有人格(Persönlichkeit)。人格是能够成为权利承担者的能力,简言之,权利能力。人格不属于物自体的世界,根本不

---

① 林格将这个事实构成作为国家法学说的基础并运用歪曲、粗暴的手段和显而易见的矛盾加以证明(Linng, Empirische Untersuchung zur allgemeinen Staatlehre),就是为了从他的立足点出发为国家法问题找到一个解决方案。构建法学学科的"经验主义"基础之不可能性是对其再尖锐不过的批评了。虽然这本书批判的章节中包含了一些正确的评论,但其自身的持久价值却是以上述方式获得的。由此可见,斯宾诺莎(Spinoza)的名言"真理是它自己和谬误的试金石"反过来说也是对的! 关于林格,参见:die Besprechungen von Preuss Archiv f. öff. Recht VI, S. 163 ff. und namentilcih die gehaltvolle von Tezner, Grünhuts Zeitschrift f. d. Privat- und öffentl. Recht XVIII, S. 530 ff.

② 事实上,林格否认了不同时代的国家的统一性,也因此消灭了对持续性国家机构的法学认识(Vgl. Preuss Archiv 166, 167)。

是实存，而是一个主体与其他主体或与法制之间的关系。人格从来都是由法律赋予的，而非源于自然。始终把人看作权利的主体，这一道德上的要求是历经千年演进的产物。但历史却沉痛地告诉我们，不满足这一要求的法制也是存在的。奴隶拥有天然的意思能力，却无权利能力。也就是说，他不能为自己的利益运用法制中保护个人的规范。从本质上来讲，这种能力是人造的。也就是说，它不是经过有机的自然进程，而是通过有意识的人类活动所产生的。因此，·天·然·人·格(naturliche Persönlichkeit)是不存在的，存在的只是·法·律·人·格(juristische Persönlichkeit)。① "天然人格"这一称谓包含着一个语词矛盾。天然地存在着的只可能是实体及其功能，而人格，一如我们前面提到的，却是一种只能在心理层面加以把握的抽象关系。因此，人格以处于恒定关系中的人的群体为前提。进一步而言，这种关系的恒定性必须为以人为载体的稳固的法制所保障。法制又以上述方式促成了权利享有者的联合。因此，个人的人格不是法律共同体的基础，而是它的结果。关于人和国家之间的关系，亚里士多德曾经指出，后者先于前者而存在。② 这句话无可置疑地适用于权利主体和共同体之间的关系。声称国家是一种假象，只承认个人是原初的权利主体，意味着将二者之间的内在关系割裂，只截取其中的一部分。

---

① 越来越多的人主张这种流传已久的错误观念(Vgl. Gierke, Genossenschaftstheorie passim.; Preuss, Gemeinde, Staat etc. S.137; Meurer, Begriff und Eigentümer der heiligen Sachen I, S.74; Dernburg, Pandekten 4. Aufl. I, S,139; laband, Staatsrecht I, S.79 f.; Bernatzik, Kritische Studien über den Begriff der jur. Person, Archiv f. öff.R. V, S. 236 ff.; Burckhard, Zur Lehre von den jurist. Personen,Grünhuts Zeitschrift XVIII, S. 7 ff. u. A.)。

② Polit, I, 1235 Bekk.

第三章　国家的法律属性

任何权利主体都必须拥有一种能够追求其法律上的利益的意志。如果把权利主体性赋予国家，那么它又从何处获得它所必需的意志呢？既然所有的意志都是人的意志，那么国家看起来就是没有意思能力的。因此，只能为它设想一种代理，因为代理能使缺乏理性意志的人通过有意思能力的人享有权利。如此一来，国家的意志事实上不过就是个人的意志，只是基于法律的命令而非任何其他的必然性，这个意志不得不被视为意志发出者所代表之存在物的意志。这个存在物凭借自身力量根本不能对任何人进行表达，它的意志因而是一种幻象、一种虚构。

然而，事实并非如此。在这个方面，国家只是一个**集体人格人**（Kollektivperson）的特例。国家的意志不是虚构的，而是依照一种逻辑必然性存在的。按照这种逻辑必然性，依靠共同的力量追求着持续的、统一的、相互联结的目的的众多的人，在我们面前呈现为一个联合体，如前所述，呈现为一个统一体。如果由人构成的统一体的实存得到实践性思维的承认，那么只要其目的是持续的、内在统一的、相互关联的，它就在始终秉承这些目的的意志行为中，直接拥有了自己的意志。基于将多数性统合为统一性的同样的逻辑必然性，那个在统一体中以达成统一体之目的为内容的始终活跃的意志，不仅表现为意愿着的自然人的意志，也表现为统一体的意志。

因此，基于对统一体的双重认识，所有关乎统一体之目的的统一体成员的意志行为都具有双重属性。它发生在有形的自然世界里，在那里它只是个人的意志行为。在道德和法的世界里，它只是共同体的意志行为。从后一视角出发，意愿着的个人就成了统一体的意志机关。因此，与有意思能力的人代理无意思能力的人不同，这种机关不能代理共同体。相反，正如所有肢体的能力就是整个躯体的能力，意志机关就是意愿着的统一体本身。被代理人和代理人总是两个相互分离的人，然而人的统一体和机关却并不彼此独立。恰恰相反，机关正是统一体的构成部分。因而，代理人的背后另有他人，而机关的背后一无所有。

对实践性思维而言，只要人类个体形成了有组织的目的统一体，个人意志就会投射到被统一起来的人类群体上。因此，此种意志的投射完全不取决于法制的承认。有组织的强盗团伙、被禁止的团体与被许可的团体一样，都具有意志能力这一特征。因此，篡位者与合法的君主一样，也表现为国家意志的承担者。然而，事实上的意志机关只有通过法制才能被提升为法律上的机关，其途径为法制承认这个不依赖法制并作为人类统一体的内部生活秩序业已存在的组织。

法制也可以创设或预先规定这样的组织。它们必须在下述情况中为法律规定所规范：团体意志不是直接的个人意志，而是从群体的意志行为中获得的意志。①

研究法制对个人意志行为可能进行的规制，对明确法学的基本概念是必要的，但人们几乎从未进行过这种研究。法制使早已在自然中结束的意志行为仍然继续存在，直到被相对立的行为取消；法制使已经从客观事实世界中消失的意志在遗嘱和基金中继续生效，

---

① 法人拟制说的反对者完全没有认识到，按照他们的基本观念，在承认多数人意志和代理意思的可能性时，一种"虚构"就已经存在了。在现实世界中，既不能从群体的意志行为中提取出一个统一的意志，也不能添加上这样的意志。在这里，一个意志不能替代另一个意志。众多意志之间的关系以及支配这些关系的规范，只属于实践性的人类世界。不妨尝试一下，不以事物的关系为基础，而以现实为基础构建代理学说吧！

甚至不为个人寿命所限；法制使一个内在统一的意志从群体的意志中产生，这个意志高于参与构成它的个人意志。所有的选举和多数人决定都具有这一特性。经验现实主义法学理论必然一贯地将每个多数人决定解释为一种虚构，因为多数人的意志行为即便在内容上是一致的，其本身也完全未被联结在一起。那么，将它们整合为一个内在统一体的非"虚构"的因素究竟在哪里呢？顺着这种思路，在共和国里，尤其是在那些行政权力完全被掌握在委员会手中的共和国里（例如如今的瑞士和瑞士的州），所谓的"统治者"对经验性思维而言难道不是一种无法理解的虚构吗？①

　　法制也可以走上一条与承认多数人决议截然相反的道路。它可以指定少数人的意志为决定性意志，甚至使多数人的意志被某个人的反对意志消灭。例如，古罗马护民官的否决可以消灭元老院的意志，合众国总统的意志可以消灭北美国会创制法律的意志行为。它也可以把不同的权力赋予本质上强度相同的个人意志行为，以至于在机关意志上适用完全不同于心理学的规则。根据心理学规则，完全在个人身上产生的意志行为绝不可能被其他的意志行为改变或消灭。从经验和心理学的立场出发根本无法解释"否定的力量较大"这种原理，以及上级法院裁定判决无效这种事件。但它们不是虚构的，因为它们以实践性生活的事实和实践性日常直观的事实为基础。然而，在纯粹认识的审判席前，它们全都无影无踪了。

---

　　① 事实上，林格做了一番尝试：他将委员会中的某一个体，例如主席，描述为委员会决议的真正的意思载体（a. a. O. S. 193）。关于他出于这个目的所进行的法学理论的构建，参见普罗伊斯（Preuss, Archiv S. 167 f.）以及特茨纳（Tezner a. a. O. S. 534 f.）恰如其分的评论。

综上所述，国家是以有限地域为基础、由人类个体构成的目的统一体。在实践性认识的视角中，国家基于其成员的意志而拥有自己的意志机关。从这个不依赖于法制的既定事实出发，法制可以规制国家意志的形成。由此，创设自身秩序的国家就是权利主体。

只有认识到在国家中存在一个与构成它的个体之意志不同的统一体的意志，对国家人格属性的认识才具有科学的明确性。长久以来，这种认识虽然存在，但较为模糊。它在霍布斯（Hobbes）那里表现得极为清晰。他的唯物主义感觉论的世界观与国家拟人化概念的设想恰恰相反。这是一个强有力的证据，它证明了即便法学国家概念的原子式个体构成国家之理论，也必然无法抗拒地走向人格理论。① 众所周知，霍布斯使国家通过一个服从契约产生，原本被设想为孤立的人基于这一契约服从于唯一一人或多人的意志。对此，他解释道：国家或政治共同体都是如此形成的联合。因为它们都只有一个意志，所以它们都被视为一个人格人，这人格人通过统一体展现出来，区别于人类个体并拥有特别权利或特别财产。所以任何一个市民（除非其意志被视为所有人的意志）不能被视为国家，市民全体也不能被视为国家。因此，应该将国家界定为一个人

---

① 因此，就像之前常见的那样，从有机体理论中导出人格理论并不正确。同样错误的是，把黑格尔哲学作为它的出发点。从17世纪末起，它就是主流观点（Vgl. z. B. Pufendorf, de iure naturae et gentium VII, c. II, 13; Rousseau, du contrat social 1. I ch.VI），但是在德意志国家中，它被谢林（Schelling）的有机体理论所掩盖，直到阿尔布莱希特在其发表于《哥廷根学刊》上的那篇划时代关于布雷希尔（Maurenbrecher）之《国家法》的书评中再次将其阐明，并将其确立为国家的法学认识的不可动摇的出发点（Albrecht, Göttinger gelehrten Anzeigen 1837 S.1491）。此后冯·盖尔博（Gerber）在其《德意志国家法基础》的第二版中接受了阿尔布莱希特的立场。关于人格理论的发展，参见贝尔纳茨基正确的阐述（Bernatzik, Archiv für öffentl. Recht V, S. 186 ff.）。

格人。这个人格人的意志基于契约被视为所有人的意志。也因此，国家能够出于共同的安宁和共同防御的目的使用个人的力量和财产。① 除了那些对这段论述之自然法基础的驳斥，晚近的法学理论对此论述尚无值得注意的观点。

对国家人格之认识的正确性也在于，只有这一认识能够在法律上对公法现象作出令人满意的解释，例如只有凭借这一认识才能在法学上理解国际法。如果国家是一个"客体"，那么就无法理解这个客体如何能够成为权利主体，毕竟国际法的主体是并且永远都是国家。尽管在这一"作为统治者的人格人"内部总有变化发生，但国家仍是同一个权利主体。因此，其他国家完全可以有理由地驳回拉马丁（Lamartine）的"基于国家形式的变化，法兰西第二共和国应摆脱其前身所承担的旧的国际义务"的放肆主张。② 如果人们遵从林格的意见，把国家界定为"统治状态"（Zustand der Beherrschung），就更不存在国际法了。"状态"无法缔结条约，也不能发动战争。不妨尝试一下用统治者或统治状态理论去处理因缔结国际条约所带来的法律上如此错综复杂的素材吧！让我们拭目以待！一个学说如果不能对既定的法律关系进行理论构建，也就不能将其把握，因而是毫无价值的。将国家解释为法律关系的学说也是如此。它无非是国家状态说的翻版，无法向我们解释国家的统一性和延续性，因为它令国家的统一性和延续性消弭于国家权力和

---

① de cive V, 9. 范·克里肯断章取义地认为霍布斯也是有机体理论的代表人物（van Krieken, Über die sog. Organische Staatstheorie S. 41 f.），这显示出他对霍布斯世界观的认识是非常浅薄的。关于霍布斯机械论的社会理论，参见朗格的准确介绍（Lange, Geschichte des Materialismus 2. Aufl. I, S. 234 ff.）。

② Vgl. F. v. Martens, Völkerrecht I, S. 234.

个人以及国家权力和国家机关之间那无限的关系链条之中。①

一个法学理论必须能够解释法律事务中的现象。法学理论既不能是心理学的,也不能是自然科学的,既不能是经验性的,也不能是现实性的,必须仅仅是法学的。由赛德尔(Seydel)创设的统治者理论,甚至全部与其有着细微差异的理论,都没有满足这个要求。如我之前所述,借由这些理论,不仅是对统治者的法律限制,② 甚至是统治者的存在也无法为人所理解,篡位者除外。如何凭借它们理解王位继承法?这个问题早在 600 年前就将布莱克顿(Bracton)引向国王服从法律"因为国王制定法律"这一命题,这简直令人无法理解。同样令人费解的是权力服从者的公法权利这个我们现在着手研究的重要问题。就此而言,否定整个素材无论如何都比解释这些素材更符合逻辑一致性、更加简单。必须要感谢伯恩哈克,他从统治者理论的角度出发,合乎逻辑地全盘否定了个人的主观公法权利,③ 也由此自动宣告了其学说的破产。

在这个研究的结尾,应该检视一下与国家统治者说或状态说截然相反的国家有机体说的法学价值。

在所有关于国家性质的假说里,有机体的假说是最古老而又最流行的一个。美尼涅斯·哀格利巴(Menenius Agrippa)的故事就以此为基础。第一个深入地研究国家的哲学体系是柏拉图的哲学体系,这个体系已经完整建构了国家有机体学说。尤其是把国家比作

---

① Vgl. über sie Allg. Staatslehre S. 160 ff. 该学说最新的代表是:Ed. Loening, Art. Staat im Hamdwörterbuch der Staatswissenschaften. 2. Aufl. VI S. 923 ff.

② Die rechtliche Natur der Staatsverträge S. 22 ff.

③ S. oben S. 6 Note 1.

人体有机体的做法,在各个时代的著作中屡见不鲜。相反,也有作者把人比作国家。① 事实上,人们总是会接受这样的国家理论。将国家比作自然有机体,有着心理上的必然性,拒绝这种理论因而是困难的。

首先必须在此处申明一个迄今为止尚未被认识到但又不证自明的事实:历史上,有机体概念是从人与人之关系的类比中发展出来的,如同法律的概念(Gesetzbegriff)一开始只意味着法律规范,之后则通过类比移植到了自然中一样。② 这个词语产生的历史已经清晰地体现了这一点。Ὄργανον 指代工具,也就是服务于人类目的和人类行为的物体。因此亚里士多德也将 ὄργανον(工具)称为 δούλος ἄψυχον(没有灵魂的奴隶),并相应地将奴隶称作 ὄργανον ἔμψυχον(有灵魂的工具)。③ 因此,我们的有机体概念 Organismus 的前身就是晚期希腊语中的 ὀργάνωσις(被配备了工具的设备)。从本源上讲,它无非就是被配备了必要工具的、符合人类目的的设备。罗马人直接用了 organicus(工具)这个词来指代 mechanisch(机械的)。④ 起先,工具的概念被移植到了人类的肢体和"感知工具"上。通过感知工具,人的灵魂获得了感觉。确切地说,是柏拉图首次谈到 ὄργανα δι' ὧν αἰσθάνεται ἡμῶν τό αἰσθανόμενον ἕκαστον(各种

---

① "他的灵与肉的器官正在议会中磋商,整个身心像一个小小的王国,临到了叛变爆发的前夕。"——莎士比亚:《尤里乌斯·恺撒》,第二幕,第一场。

② Vgl. Jellinek, Gesetz u. Verordnung S. 37.

③ Eth. Nic. VIII, 13, 1161b, 4.

④ 维特鲁维(Vitruvius 10, 1)指出了 machina(机器)和 organum(工具)两个词语之间的不同:机器通过较多的劳动力,也就是通过较大的劳动力成本发挥自己的效用,比如弩炮和压榨机。工具则通过一个劳动力的专门操作完成自身被设定的任务,比如手弩或齿轮组。因此,organum 不过就是工具的一种类型。

感知工具),① 然后亚里士多德把这一术语运用于所有人类和动物的肢体上,并将 ὄργανα φυσικά(天然工具)和 τεχνικά(技术工具)视为对应物。② 最终,自然被承认为人类与生俱来的器官的创造者。而那些被自然以同样方式和内在目的创造出的动物和植物,也比照人类被称为有机体。当国家被等同于自然有机体时,在国家身上同样发生了观念的移植。这些观念源自实践中行动着的、借助工具使物服务于自身的人类之世界。由此可以理解,对不科学的意识而言,为何有机组织的假说本身具有如此的魅力。它就是朴素的拟人论的起源。

如果认识到这一点,人们就会发现"只要使用 Organ(器官、机关)和 organisieren(组织)就必然进入国家有机体学说的思想体系"的观点是何其的不正确。③ 国家的 Organ 指的是国家的工具,而 organisieren(组织)则意指职能的有计划分配。作为有机体之特征

---

① Theaet. 185 C.

② Vgl, Bonitz, Index Aristotelicus s. v. ὄργανα. 下面一个引文清晰地展示了工具的概念在肢体上的移植:"任何工具均有其存在的原因。为数众多的身体上的工具也因一个原因而存在,其原因为一个行为。"特伦德伦堡指出:"Organe(器官,工具)原本是指生物的身体部分,它同样是生物的工具。它的意义是服务于生物的各种目的。"(Trendelenburg, Arist. de anima bemerkt S. 331 ff.)

③ 迈耶混淆了自然组织体和法律组织体,他认为国家自然实存的概念和国家的法学概念没有区别(E.Mayer, Krit. Vierteijahrsschrift 1888, S. 578)。普罗伊斯的"只有有机体才拥有 Organ"的论断(Pruess, Über Organpersönlichkeit in Schmollers Jahrbuch f. Gesetzgebung 1902 S. 558),是基于对 Organ 概念发展史的无知。从用语习惯中也无法看出 Organ 和有机体之间有这种关系。人们习惯于把报纸和杂志称为公共意见、政党和阶级利益的 Organ,然而在普罗伊斯看来,在它们背后大概是没有有机体的。谁也不会认为,如果流言蜚语、丑闻和色情有出版机关,它们就可以被理解为有机体。关于"机械的"和"有机的"概念的历史,参见:Eucken, Geistige Strömungen der Gegenwart 1904, S. 125 ff.

的自然生成性恰恰在人类有意识的组织行为中，也因此在复杂的法律程序设立的国家机关（Staatsorgan）中被彻底地排除了。①

尽管自古以来我们关于有机体性质的认识水平随着自然科学的进步有了显著的提高，然而有机体本身仍然包含着尚未解决的、或许是永远无法解开的谜题。用康德的术语来说，"纯粹判断力"所发现的寓于有机体中的内在合目的性②与"纯粹理性"将所有表

---

① 普罗伊斯也未能正确认识法律上的组织体和自然组织体之间的根本区别（Preuss, Gemeinde S. 157）。在因果必然性之作用的盲目性这层意义上，法律事件本身从来都不是自然事件。它们与其他人类的创造物一样，属于人类能力的领域。也就是说，它们属于人造的领域。提起"人造"一词，恐怖突然降临有机体学说，仿佛只能由至高无上者创造的人类自由陷入了幽暗的自然力的泥沼。

② 普罗伊斯以谢林（Schelling）含混的自然哲学观点为依据，驳斥了有机体目的论的观点（Preuss, Gemeinde S.281），并试图借此使陈旧的国家无目的论再度发扬光大。然而这样一来，他却陷入了与全部现代认识论的巨大矛盾之中。在阐明"有机体"这一概念的时候，普罗伊斯不仅应向医学家鲁（Roux）和海尔特尔（Hyrtl）求教，更应该听取现代逻辑学研究结果的意见。任何研究有机体性质的人，都不能忽略康德以及特伦德伦堡等人的论述（Trendelenburg, Logische Untersuchungen 3. Aufl. II, S. 143, Sigwart, Logik II, S. 248 f. und Wundt, Logik 2. Aufl. II S. 537 ff.）。 然而，追问有机体外部目的是没有必要的。不接受内在目的论就试图确定"有机体"的概念，这简直令人匪夷所思。这种做法类似于在定义"海洋"的时候想要去除液体这一特征。从国家有机体理论出发，拒绝目的论就是消灭国家的存在。如果整体没有为部分设定目的，那么如何想象通过国家达成一定目的的政党呢？又如何对政府以及行政行为作出判断呢？如果在概念上国家是无目的的，那么俄罗斯和英格兰的内政便具有了同等的价值，甚至均无价值，因为价值的概念是彻头彻尾的目的论的概念。现在要是完全消灭目的，消灭国家法中"全部法律的创造者"，国家法就变得无法理解了！舒尔茨（H. Schulze）的理解非常正确：没有目的的国家是非理性的（Einleitung in das deutsche Staatsrecht S.126）。假如按照普罗伊斯的阐述，在形式法学的建构中不考虑支配着法律事务之现象的目的，那么将"有机体"的概念作为法学定义的基础就不可能了（den oben zitierten Aufsatz über Organpersönlichkeit, ferner Stellvertretung oder Organschaft? In den dogmatischen Jahrbüchern 1902 S. 429 ff. und Das städtische Amtsrecht in Preussen 1902. Darüber vgl. meine Allg. Staatslehre passim）。

面上符合目的论的自然进程分解为机械性自然进程之要求,二者之间存在着无法调和的矛盾。将有机体的客观实存,也就是完全不依赖于我们观念的有机体的实存,认定为内在目的的构造物,意味着脱离了实证研究的领域,跃入神秘主义形而上学的王国,意味着用虚构代替真相。

为了全面地评估国家有机体学说,必须首先认识到,其首要意图不在于提供法学的认识,而是解释国家的自然实存。不依赖所有有意识的人类观念和目的的国家之实存(ἐντελέχεια),以及它是如何通过万物力量的相互作用而产生的,才是国家有机体学说的研究客体。在亚里士多德天才的眼光里,国家俨然是一个由无意识地作用着的人类本性之力量所创造的、被赋予必要内在目的之整体。后来的国家有机体学说也竭力把国家解释为一个按照其本性和目的、脱离人类恣意的产物。在自然法学派中存在将国家秩序视为相应的多数人恣意之产物的观念。在与这种观念的斗争中,有机体学派与保守和反动的政治运动结合在一起,并为了支持后者试图揭示与人类意志无关的国家之自然法。如此一来,有机体学说蜕变为一种超法学的理论。把"有机体"这一概念引入法学,意味着陷入认识论上的错误:赋予法律世界与外部世界同样的现实性。此外,"有机体"这一概念和统治者说或状态说一样,是毫无用处的,前者甚至不如后者有用。其原因在于,要求概念明确、极少为其他对国家进行经验性解释之陈词滥调所搅扰的法学思维方法,是与笼罩着有机体理论的神秘主义格格不入的。

作为国家学的有机体假说对国家法的基础到底有何种程度的意义,还应在此略作说明。

它是一种在自然有机体和国家之间进行的类比,在一定界限内谨慎地运用这种类比是有益的。直接建立在人之自然、有形、精神特性上的国家机构和由此而来的虽不独立于人的意志却独立于无规则恣意的国家之存在,以及其必要的内部结构,都使国家与有机体看上去很相似。此外,以稳定的制度贯彻的国家职能,在其组成人员发生变化时始终表现出稳定的形式。尽管构成国家的个人快速地更替着,国家一般只经历着缓慢的变化。这些都使国家近似于我们所知的有机体。然而从理论认识出发,将国家等同于有机体是不被允许的。国家和有机体之间存在着一系列的差异,而它们却被有机体论者忽略。成长、退化和死亡对国家而言并非必然的过程。更重要的是,国家没有生殖能力,这是有机体的本质属性。19世纪伟大的建国进程与自然生物的生殖和胚胎发育之间完全没有相似之处,除非人们认为密涅瓦的诞生不仅仅是一个神话故事。

国家的人类基础缺乏空间上的延续性和确定性。仅因国家没有意识这一点,[①] 就不能将其等同于人类有机体。即使是站在法学认识的立场上,也只有完全呈现于外部世界的国家机关的意志行为才能被解释为国家自己的意志行为。相反,国家没有任何内部心理活动。认知、思考、感觉、意愿、渴望、做梦、期待、信仰一直都是人类特有的能力。虽然在这一领域科学可以查明普遍现象并据此研究全人类的精神禀赋和精神能力,然而只有形而上学才能断言这些普遍过程拥有一个统一的载体。形而上学在任何时候都欲求虚

---

① Vgl. Merkel in Holtzendorffs Enzyklopädie der Rechtswissenschaft 5. Aufl. S.35. Über weitere Unterschiede H. Spencer, Die Prinzipien der Soziologie, übers. Von Vetter II, §§ 220-222.

构一个把众生的生命视作自己之生命的存在。

  然而,这一类比还是能带来法学上的增益的。与自然的有机体一样,在国家中存在一个不懈地追求实现其目的的活动。通过这一追求实现其目的的活动,国家和有机体这两种现象获得了统一性,"二者都是目的的统一体,都是圆极(Entelechie)"[1]。然而二者本质的区别却在于,国家中的意志统一性从来都不是由自然的创造之手所赋予的,而是在有序的国家中通过有意识的法律程序所产生的。国家的意志经常通过有意识地运用强制手段得以实现。但在统一的有机体中,一个意志形成于多个意志,或一个意志为其他意志所强迫,都是完全无法想象的。

---

[1] Bernatik, a. a. O. S. 276.

第四章 个人的主观公法权利

人类生活处于人与外部事物以及与其他人的不间断的关系之中。这些关系就是生活关系。如果这些关系为法制所认可并调整，它们就被提升为法律关系。

主观权利产生于法律关系。关于主观权利的本质，还存在着很大的争议。关于这一问题主要存在两种对立的观点，一种观点在意志之中寻找主观权利的本质，另一种观点则在与意志相对的利益的世界中进行探寻。

第一种学说以旧有的将主观权利和自由等同视之的自然法理论为出发点。思辨哲学在19世纪上半叶的法学教育中成为一个极具影响力的因素，此种影响力主要是由黑格尔引起的。

为了揭示自由意志的存在，黑格尔在其法与权利的学说中将法与权利理解为意志（Willen）。他的学说明显延续了卢梭的思想，客观法在其看来是公意（der allgemeine Willen），而主观权利则为对个人意志权力（Willensmacht）之承认。在此基础上，一种旨在揭示自由意志之存在的定义主观权利的方法被发展了出来：将主观权利界定为由法制授予的意志许可（Wollendürfen）、意志支配（Willensherrschaft）、意志权力等。我们首先来研究一下上述定义在心理学上和法学上是否站得住脚。

任何人类的意志行为都必须有一个确定的内容。人不能单纯地意愿着，必须意愿着某一事物。人不能单纯地去看、去听、去感觉、去思考，所有肉体感知和内心思考都必须以某一事物为内容。因此，法制承认或赋予一个意愿本身在心理学上是不可能的。而将意愿着某个事物作为赋予权利的法律规范之内容却是可能的。略作思考即可了然，正是个人和被意愿着的某一事物之间的关系构成了所有创设权利的法律规范的内容。为个人创造些什么、保留些什么或使个人能够享有些什么，就是创设个人权利的法制目的。①

被意愿着的事物因其对个人目的的有用性而被置于与个人的一种关系之中：这种被意愿着的事物促进或满足那些被法制认为必须或者应予承认的个人目的。换句话说，它就是益（Gut）。客观上表现为益的事物，在主观上成为利益（Interesse）。利益，是经历了以人类目的为尺度的主观价值评估的益。法的全部目的就是为了保护益或者利益。益成为利益，不是基于个人的价值评估，而是基于法制进行的一般性价值评估。

众所周知，耶林（Ihering）旗帜鲜明地将权利理解为利益。他的功绩在于揭示纯粹意思理论的缺陷。克劳泽（Krause）的权利学说极力支持将权利理解为益。②然而，法学并没有直接依据克劳泽的学说表述权利观念。德恩堡（Dernburg）更是独立于这种学说，将

---

① Vgl. nunmehr auch Gierke, Deutsches Privatrecht I, 1895, S. 253.
② 在克劳泽学说的支持者中寻找关于主观权利的明确表述是徒劳的。阿伦斯定义了客观法和权利主体（Ahrens, Naturrecht 6. Aufl. I, S.228, S.333 ff.），但他却没有在任何地方明确地表述主观权利。勒德尔令人费解地解释道：与主体相关的、应由主体行使或享有的权利称为主观权利（Röder, Grundzüge des Naturrechts 2. Aufl. I, S. 163）。

个人的主观权利界定为个人在社会中的生活益(Lebensgüter)之份额。①

然而,这两种定义都过分地剥离了权利中的意志因素。益和利益只有与人的意愿建立关系,才能成为法所保护的益和利益。一个外部世界的客体或者一种人与人之间的关系只有作为意志之可能的内容才能成为人类的益或利益的世界的组成部分。一方面,人只能意愿着某一事物;另一方面,只有被人意愿着或者能够被人意愿,某一事务才能成为法律关照的对象。意志是某一事物成为益或者利益的必要媒介。为了保护益和利益,法制必须首先认可和保护人的意志权力。在黑格尔的主观权利理论中,意志权力仅因其本身的缘故得到承认。深入观察权利的本质便可以发现,虽然被承认和被保障的并非抽象的而是具有确定目的的意愿,但从权利概念里抹去意志的因素却是不可能的。意志并不是目的,它只是服务于个人和法制之目标的手段。因此,主观权利是法制承认和保护的针对益或利益的人之意志权力。只有当某个针对益和利益的意志力得到法律的承认时,相应的权利才能被个人化,这一权利才能与特定的人发生关联。这种关联构成了认定主观权利的根本标准。即使客观法不承认个人的意志权力,利益在法律上也能为客观法所保护。所有对共同利益(Gemeininteresse)的保护必然保护了无数的个人利益(Einzelinteresse),而不必创设主观权利。②只有当个人意志对利益的存在和范围之决定性得到承认时,利益才转化为主观权利。

---

① Pandekten 4. Aufl. I, S. 88.
② 耶林自己明确地认可了这一点(v. Ihering, Geist des römischen Rechts 3. Aufl. III, S. 338)。

因此，意志、利益或者益必然都为权利概念所包含。然而，针对特定利益的意志的拥有人与获益人并不必然是同一人。利益之存在及功能之发挥均仰赖于意志，但意志并不必然是受益人的意志。贝尔纳茨克（Bernatzik）基于不同于本文的、以其他目的为内容的考量，也清楚地揭示了纯粹意志和纯粹利益的教义在理解主观权利上的片面性。[①]

意志权力为主观权利的形式要素，而益或利益则为其实质要素，[②] 因此，关于主观公法权利的研究必然首先回答这个问题：公法主观权利的标准以及公法主观权利和私法主观权利的区分标准在于形式要素还是实质要素，抑或这二者之间既存在形式要素上也存在实质要素上的区别？

为了解答这一问题，需更加深入地研究主观权利的本质。

法制与个人意志之间的关系可能是多种多样的。它可以为个人意志规定特定的行为，也就是限制个人意志的天然自由；它可以承认个人意志的天然自由；它也可以补充一些个人并不天然具备的行为能力；最后它也可以拒绝这种补充，或剥夺它所补充的能力。命令（Gebieten）、禁止（Verbieten）、许可（Erlauben）、授权（Gewähren）、拒绝授权（Versagen）和剥夺（Entziehen）都是法制和

---

① A. a. O. S. 232 ff. Vgl. nunmehr auch die vorzüglichen Ausführungen von Regelsberger, Pandekten I, S. 74 ff.

② 耶林把利益作为权利的实质要素，把诉权作为权利的形式要素（v. Ihering, a. a. O. S. 327）。在此处，以及在第328页中，耶林明确论及的只是私法权利。如果人们将意志权力理解为权利概念的基本要素，那就会在诉权以外的意志权力中寻找权利的形式要素。

个人之间关系的表现形式。在此应对许可和授权、拒绝授权和剥夺这两组概念展开深入的探讨。

在规范经济交易关系时，私法制度绝不会为个人面对他人自由活动之可能性添加新的因素。在生活关系为法律所规范之前，法律关系可能早已作为生活关系存在了。即使国家创设了新的私法制度，也只是许可个人意志在新的方面开展活动。法制将相关的个人行为承认为被许可的行为，就意味着它允许个人意志在特定的方面行使其天然自由（natürliche Freiheit）。① 这种许可只涵盖了天然自由能够触及他人领域的情形。如果一个行为既不能绝对地也不能相对地引起一个对他人具有法律意义的后果，那么它就不能被称为被许可的行为。如果一个业已存在的限制被废除，那么这一废除行为也可以被称为许可。只不过这种许可是纯粹消极的，其全部效果仅限于禁止之废除。法调整人与人之间的关系，只要一个行为按照法的判断不涉及这种人与人之间的关系，法就不关心这一行为。因此，不存在散步权和睡觉权，如果这些个人行为与法律义务不存在任何关联。在这一视角下，人类的行为分为涉法（rechtlich-relevante）和不涉法（rechtlich-indifferente）行为。法制许可的涉法行为之全体构成了法律上的可为（das rechtliche Dürfen）。

研究一下禁止（Verbot）的效果，便可理解可为的本质属性。任何禁止都可以被归结为"你不准"这一形式。然而，禁止不能使被禁止的行为变得不可能，而只能使这一行为变得违法。禁止能够被

---

① 在此处以及下文，"天然的自由"（Natürliche Freiheit）是在"不依赖国家的内心和外部行为之可能性"这层意义上被使用的。

违反，天然自由虽然能被置于法律规范的统治之下，但不能被消灭。只要天然自由未被绝对性的强制排除，即使存在禁止性规范，天然自由仍然可以实现。不可为绝对无法排除天然的能为(physische Können)。

47　　法制也能为个人的行为能力添加一些个人并不天然拥有的东西。它可以赋予个人要求承认其行为为合法行为，并据此获得国家保护的请求权。个人的天然自由不能使国家宣告由个人实施的原本不涉法的行为是涉法行为。按照事理，这一活动永远只能通过不为个人意志所左右的国家决定进行。个人总是能够进行两性结合，但只有符合客观法规定条件的两性结合才能成为婚姻；个人也总能在死亡之际作出某种处分，但只有按照法律规定作出的处分才能成为遗嘱。在上述情形中，存在一个天然自由的界限，因为所有涉及法律上的行为(Rechtshandlung)和法律行为(Rechtsgeschäft)之有效性的规定都明确地规定了由法律授予的法律上的能为(rechtliches Können)。这种能为与可为截然相反。说无行为能力人不"可以"缔结合同，是错误的。他只是"不能"缔结合同。无论他怎么做都不能成立任何合同，他自认为的法律行为并不存在，他只实施了一个法律上的无效行为。同样，下述规定也不包含任何形式的不可为：遗嘱上的决定不能由多人共同作出；遗嘱人的配偶不能作为遗嘱见证人参与遗嘱见证；赠与合同的生效要求意思表示具有法院承认的或被公证的形式。法制完全不禁止与这些规定相悖的行为，只是否定了这些行为的法律效果，行为人不能有效地诉求法官对这些行为加以保护。与不可为冲突的行为是涉法的，能够引起法律后果。与此相反，那些与不能为相冲突的行为在法律上并不

第四章 个人的主观公法权利

存在,它们不涉法。欲使这些行为成为涉法行为,就必须明确地由法律承认天然的能为。这一过程以如下方式进行:个人的行为能力得到拓展,个人被明确赋予自身尚不具备的能力,个人按照自己的利益要求国家的认可和作为。但这种能力不是许可的结果,而是授权的结果。由法制授予的涉法能力的总体构成了法律上的能为。[①]

法律上的不可为能被违反,而法律上的不能为则绝不能被违反。惩罚和赔偿义务是被禁止之行为的法律后果,而无效则是虽未被禁止但并不涉法的行为的法律后果。能为以这种方式独立于可为:存在能为的时候,可能不存在可为。可能存在实施某一行为的能力,而该行为的实施却可能是被禁止的。没有可为,能为不仅是可能的,而且还能与不可为并存,例如次完全法律(lex minus quam perfecta)情形。但是,没有能为,可为永远是不可能的。[②]

可为与能为、许可与授权处于如下关系之中:许可与可为直接涉及个人与他人之间的关系;授权与能为直接涉及创设权利的整体

[①] 在迄今为止的全部法学文献中,仍未见对可为和能为之根本差异的认识。可为和法律上的能为通常被等同视之了。但也有把二者加以对立的,不过一般来说缺少明确的标准。例如布林茨和贝克尔的著作(Brinz, Lehrbuch der Pandekten 2. Aufl. II, § 65; Bekker, a. a. O. I, S. 47, 49 f.)。托恩和比尔林的见解接近了关于能为的正确看法(Thon, Rechtsnorm und subjektives Recht S. 335 ff.; Bierling, Zur Kritik der juristischen Grundbegriffe II, S. 56)。他们却未能正确认识可为的本质,把可为等同于法律的不禁止。因此,在他们那里也找不到对能为和可为关系的正确表述。近来,齐特尔曼提出了法律上的能为权的概念,此种权利赋予了针对特定法律后果的权利,例如撤销权(Zitelmann, Internationales Privatrecht II, S. 32 ff.)。然而,任何一个权利中都包含一种这样的能为,如正文的详细论述,在私法权利之中,一种能为总是和一个可为相联结。

[②] 为了避免任何可能的误解,有必要加以说明,下文提到的"能为"均指法律上的"能为"。

与其成员之间的关系，这种关系主要是国家与个人之间的关系。相对于相同地位的人，个人的行为被许可；相对于国家，个人被赋予能力。而不可为与不能为以及命令与拒绝授权之间的关系则与之相反。被禁止的就是不可为的，是相对国家而言的。也就是说，个人不能凭借自己的全部权力使被禁止的侵害自己的他人行为与法律后果相连。个人不能自己命令和禁止，只有处置这些行为的、向服从者进行许可的法制才能命令和禁止，并据此要求特定的作为或者不作为。国家能够使一方的不可为与另一方的能为相联结。因此，不可为面对的直接主体是国家，只有基于法律规范才间接地面对他人。能为也是如此。能为只与国家直接相关，只有当它与一个可为相联结时，能为才能间接地针对平等地位的人产生后果。能为的可能也是可为的，因而这一行为的实施一方面是面向国家的，另一方面是面向个人的。但不能为的与不可为的却并不重合，不能为的无论如何都是不能为。按照法律规范不能为的，我绝对不能为，针对任何人都不能为。能为是具有特定内容的授权的结果，不能为纯粹是拒绝授权的结果。

如果一项事物既不关涉上级主体也不关涉平等主体，那么它既不是可为的也不是能为的，既不是不可为的也不是不能为的。所有权利都是权利主体之间的关系。因此，不论出于何种原因，只要不存在关系，就不存在权利。这一纯粹个人的行为领域是不涉法的行为领域。

如前所述，可为和能为以此种方式相互联结：任何一个可为必然以一个能为为前提。仅当法制为我提供实现自由的手段时，我的天然自由才为法所承认。如果许可我在与他人的关系中行使自由，那么该许可的前提则为：国家将在被许可行为的范围内承认并保护自由。[①] 只有许可而没有授权是无意义的。这样做无异于在形式上声称一个行为是涉法的，却拒绝授予任何能够实现其涉法性的可能性。

然而反过来说，只有能为而没有可为则无疑是可能的。在很多情形中，法制只授权却不许可。也就是说，法制创造一个新的行为的可能，却不在任何方面承认不依赖于它就已经存在天然自由。当国家授予公民选举权时，国家就给予了公民一种他并不天然具有的能为。与国家选举相关行为的可能性，是凭借法制的意志才被创造出来的。所有和选举相关的个人行为都不含有可为。当人们不考虑这些行为和国家的选举活动之间的关系，不考虑行为中被授予的能为时，这些行为本身就是不包含可为的不涉法行为。前往投票站和填写选票既不是被许可的行为，也不是被禁止的行为。然而，只有被法律授权的人才能证明自己的选举人身份，并据此参与选举活动。因此，存在不必与可为相联结的纯粹法律上的能为。更确切地说，只要涉及个人与国家之间具有公法属性的法律关系，情况就是如此。

进一步思考就会发现，私法权利总是与要求承认和保护的公法请求权相联结。因此，可为和能为在私法权利中总是结为一体的。此外法制还赋予个人一种能为，使他能够相对于其他人进行法律上的活动。这种能为也只能建立在以可为为基础的要件之上，因此，

[①] 保护并不等同于司法强制，而是等同于法律事务中按照类型和强度呈阶梯形分布的保障的总和。参见(本书)最后一章。

可为与能为在此种情形中也是结为一体的。因此，任何主观私法权利自身都必然包含一个可为，也同时必然包含一个能为。

然而，个人主观权利在公法领域里只是一种为了个人利益使法律规范发挥作用的能力。因为个人的主观公法权利只存在于个人与国家的关系之中，所以它并不包含能够直接引起个人与其他服从者关系的要素。虽然基于公法权利能够产生私法关系，但这种关系与其公法性渊源却是迥然有别的。因此，个人的主观公法权利永远只以能为为内容。① 由此可见，公法主观权利不在法制所认可的天然自由之中，它的创设其实只是对天然自由的拓展。

依据本文探讨的法律规范所具有的功能，所有法律规范一部分可以被划归命令的法律规范和许可的法律规范，另一部分可以被划归授予权力的法律规范和不授予权力的法律规范。主观公法权利不以许可的法律规范为基础，而以授予权力的法律规范为基础。

法律上的能为等同于权利能力。能为体现了行使权利能力的各种可能性。能为的总和就是人格。所有服从者的主观公法权利都是基于人格上的能力。主观公法权利在形式上寓于源自人格的

---

① 用以驳斥我的所谓"公法上的可为"，如我在（本书）第八章所详细阐释的那样，在我的理论中，事实上就是不涉法行为（G. Meyer, S. 134 N. 6; Tezner, Kritik S. 110 ff.; Heimberger, Kritische Vierteljahrsschrift 1894 S. 238 f.; Layer, a. a. O. S. 342）。在这里，我只在意从我的前提出发对我进行反驳的内在批判，而不在意那些从完全不同于本文的自由权学说出发的批评。莱尔在他针对我对选举权的理解的论辩中强调，我理解选举权的出发点与他的出发点有原则上的不同（Layer, 1. c. N. 1.）。如果有谁和我一样，在自由权中只看到了一种对广阔的自由领域的表达，那么对他而言，"公法主观权利是能为而不是可为"便没有被驳倒，也无法被驳倒。

具体能力的请求权之中。①

相比于形式标准，公法权利的实质标准难以明确。

实质要素的标准并不在于利益的性质，因为个人权利必然以个人利益为内容。其实应该在法制承认这些个人利益的动机中寻找这一标准。寻求公法权利与私法权利之区别的最早尝试就是以此为出发点的。②

只有当承认个人利益也是共同利益之要求时，个人利益才能获得法律承认。没有与共同利益无关的法律上的个人利益。不过，这种关系的程度却可能是千差万别的。由此，个人利益就被分为主要出于个人目的的个人利益和主要出于共同目的的个人利益。主要为了共同利益而被承认的个人利益是公法权利的内容。

主要为了共同利益而被赋予利益的个人，不是孤立的人格人，而是国家的成员。因此，公法权利在实质上就是个人因其在国家中的成员地位而应享有的权利。③

总的来说，可靠地划定此种实质性的界限是很困难的。然而，

---

① 奥托·迈耶认为，主观公法权利寓于支配公权力的权力之中(Otto Mayer, Deutsches Verwaltungsrecht I, S. 110)。而今迈耶这句易被误解的话只局限于他著作的法文版，主观公法权利被定义为"pouvoir juridique sur l'exercice de la puissance publique"（主权行为的司法控制）。而如此一来，我们观点之间的本质区别就被抹去了。

② L. 1 § 2 D. 1, 1.

③ 虽然有着细微的差别，这一对主观公法权利实质特征的描述在新近的文献中占据了主导地位(Wach a. a. O. S. 93)。普拉扎克也接受了它(Prazák, Archiv f. öff. R. IV, S. 270)。丹齐克的论述也导致了这样的结论(Dantscher a. a. O. S. 54-75)。基尔克在多处更深入地阐述了这一实质要素(Gierke a. a. O. S. 182)。最新的文献中尤其要提及的是莱尔的著作(Layer, a. a. O. S. 347)。霍里格则描述了公法权利属性之诸多学说的共同点(Holliger, Das Kriterium des Gegensatzes zwischen dem öffentlichen und Privatrecht. Züricher Diss. 1904)。

将公法权利的实质标准和形式标准结合起来对于确定法学概念是有意义的，尤其是在法律形式要素无助于判断的疑难情形中，形式要素和实质要素的结合将有助于结论的得出。

后续章节的任务是阐述和扩展这些基础性的认识。

第五章　公法主观权利与私法主观权利

基于之前的阐述，现在可以确定一个区分主观公法权利和主观私法权利的视角。

指向某一利益的法律上的意志权力总是直接或间接地指向他人。权利人表明自身权利人身份的方式为，其能针对他人处分自己的利益，从而扩展他人的既有权利或者给他人的行为设定内容和界限。主观权利指向他人的功能表现为要求和许可。因此，只要主观权利存在于人与人的关系之中，法律承认的意志权力之内在本质就是一般情况下不能预先确定其内容的一系列要求和许可之可能性，而请求权（Anspruch）则是源自主观权利的针对特定人的具体的现时要求。① 然而，由权利人向个别或一般人作出的具体的许可始终是一种对法律承认的潜在的意志权力的限制、一种意志权力的放弃、一种广义的"让渡"。只要权利人未丧失权利本身，这种让渡就

---

① 关于此处给出的请求权的定义，参见：Unger, System des österr. Allg. Privatrechts II, S. 324; Merkel, Encyklopädie § 163; Windscheid, Lehrbuch des Pandektenrechts 8. Aufl. (herausgg. v. Kipp) I, § 43; Brinz, a. a. O. I, S. 251 ff.; Wach, a. a. O. S. 15, 16; Dernburg a. a. O. I, S. 90; Regelsberger, a. a. O. S. 213 ff.; Endemann, Lehrbuch des bürgerl. Rechts 9. Aufl. I, S. 450. 托恩对于请求权的理解与此处不同（Thon a. a. O. S. 223 ff.），针对该观点之缺陷的恰当评论，参见：Gluth, Archiv f. öff. R, III, S. 590.

仅限于特定的请求权。倘若我将我的物出借或租赁给他人，我就暂时地让渡了我作为所有权人应该享有的一定数量的请求权。请求权和请求权让渡是主观权利的两种功能，而以权利本身的丧失或移转为内容的权利让渡则是主观权利的第三种功能。①

与抽象和潜在的权利相比，请求权始终是具体而又现时的。如果说禁止妨害我的所有权是针对所有人的，那么停止妨害或消除妨害的请求权就只能针对已经以某种方式实施了妨害的人。② 如果我基于国家证券的持有人资格享有要求半年利息的权利，那么这一权利只有在每笔利息到期时才变为请求权。权利之于请求权如同古罗马裁判官颁布的程式之诉之于他指定的程式之诉。

可为表现为向他人主张请求权，以及对权利和请求权本身进行处分的法律上的可能性，其为私法权利独有的特征。原则上，权利人本人的意志可以使私法权利与权利人的人格相分离。基于强制性法律和约定，能够对处分权利进行限制，但此种限制绝对不可能源于权利之本质本身。

只有构成了私法权利之核心的可为才具有法律意义。只要不牵涉他人，享受权利的行为就是不涉法的行为。法制许可我出卖、出借或出租我的马匹，但对法制而言，我是打算骑马还是打算将它

---

① 托恩认为，这一让渡权能不属于权利的内容。他论述道：被转让者不能同时也是转让者。在任何一个处分行为中，处分能力固然是作为原因的要素之一，然而在处分过程中，客体本身同样也构成了一个因果要素。例如投掷石头不仅是由投掷者的力量决定的，也是由被投掷的物体的性质决定的（Thon a. a. O. S. 327）。

② 温德夏伊特（Windscheid）提出物权请求权针对所有人。反对他的恰当的评论，参见：Brinz, a. a. O. S. 252; Thon, a. a. O. S. 159; Dernburg, a. a. O. I, § 39. N. 5; ferner Kipp zu Windscheid, a. a. O. N. 3.

作为役畜是完全无所谓的。享受权利的可能性是法制为个人谋求的重要目的之一。然而，这一目的是经济性的或伦理性的，而不再是法律性的。如同人类事务的终极目的必然在他们本身之外，这一目的也在法制之外。不涉法的权利享受行为可以被国家为了共同利益通过命令和禁令予以限制。此时，这些行为就从不涉法的行为中脱离出来，天然自由被置于与国家间的义务关系之中。换言之，天然自由得到限制。在这种情形中，不涉法的权利享受行为就会变成涉法的违法行为。

因此，私法权利总是指向其他平等地位的人格人。新的私法权利的产生和消灭不会增益或者减损主体人格。人格独立于人格人所拥有的可为的数量。

然而人格与能为之间的关系却与此截然不同。基于授权性规范，能为与每一个私法权利密切相连，构成了检验主观公法权利的独有标准。在不减损人格的情况下，能为和人格是不可分离的。能为也独立于私法权利的具体享有状态。所有由法制所授予且构成获取各种权利和保护既得权利之基础的能力，是于具体权利之不息流变中保持恒定不变者。这一点可由此得到揭示：这些能力以个人和国家之间持续的关系为基础，国家原则上保护个人的权利；对国家而言，私法的法律规范只是促使国家履行其保护义务的契机和条件。如前所述，这些法律上的能力总和构成了个人的权利能力，亦即个人的人格。所谓的个人人格是由法制承认和授予的统一为一个整体的各种各样的能力。这些能力都体现为使国家以及国家法制之规范为了个人利益发挥作用的可能性。

如果说个人被法制授予的持续性资格和能力构成了个人在公

法上的身份或人格，那么人格就与主观私法权利一样，都是潜在的事物。人格的功能也主要由请求权构成。但这种请求权针对的是国家性权力主体，其对象始终是一种授予行为，被授予的是通过个人之行为无法谋得的东西。此外，个人的公法能力以严格的个人本人和国家之间的关系为基础，故其内容不是私人的处分权力。人格的变动虽然在一定程度上由人格人的意志决定，但由于地位是严格的个人本人与国家之间的关系，个人至多只能通过放弃这种形式对其进行处分。请求权、请求权放弃以及在法制许可情况下的地位放弃都是公法身份的作用形式。权利的可放弃性是常态的，而地位的可放弃性却是法律事务的例外。地位依附于个人，地位构建了人格的范围。只有当法制明确许可时，地位才是可以放弃的。在这种情形下，放弃地位的可能性本身扩展了个人法律上的能为的范围。

纯粹的意志的能为（Wollenkönnen）是公法请求权的形式特征，以意志的能为为基础的意志的可为（Wollendürfen）是私法请求权的形式特征，而二者的实质要素均为利益。然而，基于形式上的差异，利益之间也是相互区别的。主观公法权利是仅由意志的能为保护的利益，而主观私法权利则是还需授予意志的可为才能实现的利益。被赋予和被许可的意志权力都是人们用以满足自身利益的法律上的可能性。

私法请求权可以源自权利或（私法上的）身份，公法请求权始终只能直接来源于人格上的能力。私法关系（权利和请求权）和公法关系（身份和请求权）是截然对立的。然而，源于团体（家庭、社团）成员资格的私法地位与请求权的关系则与公法关系有着广泛的相似性。在更为宽泛的意义上，"权利"这一术语既指请求权，也指作为请求权基础的法律关系，人们也只应在这一层意义上理解"主观公法权利"这一术语。在更为准确的意义上，该术语只涉及请求权。创设公法请求权的身份是法律关系，不是权利。

我们的法学术语尚未发展到足以可靠地表达这种细微差别的程度。基于对已阐明的区别的认识，人们绝无理由否定公法请求权的个人权利之本质。这一点将在下文得到详细的论述。且不论源于私法地位关系的毫无疑问的主观请求权与公法请求权之间的相似性，一个私法权利只能局限于一个请求权的事实便足可证明，主观私法权利和主观公法权利均为一个统一的逻辑性整体的构成部分。

正如能为总是公法性的，对能为以及可为的限制也是公法性的。授予权力的法律规范构成了个人请求权的基础，而禁止性和拒绝授予权力的法律规范却仅仅为了共同利益，即使其结果对个人利益也有所增益。通过认可个人的意愿，通过为个人提供法律保护，通过命令、禁令、拒绝授权、惩罚和治安强制，最终通过完全是为了共同利益而从事的活动，国家以多种多样的方式保护和维持了人的利益。归根结底，所有国家活动均出于利益保护这一目的。

现在应以已经获得的结果为依据，探寻疑难情形中私法权利和公法权利的区分界限。当然，我们仅以现行法为探讨对象。人们不可能在此处进行一种绝对的、适用于所有时代的区分。如同所有法一样，它也在历史进程中不断变化。对此进行深入的研究，纯系法制史的研究任务。①

可以如此证明家庭法上的地位关系为私法关系：可为直接产生

---

① Vgl. Leuthold, Öffentliches Recht und öffentliche Klage, Hirths Annalen 1884, S. 356 ff. und die S .357. N. 1 angeführte Literatur.

于此种关系。然而，这种可为却被拒绝授予权力的和禁止性的法律规范高度地限制了。相较于其他法律关系，家庭法上的处分行为只被保留了较小的余地。

区分主观私法权利和主观公法权利的困难主要出现在针对国家的物或有价给付的请求权上。为了解决这一问题，佐姆(Sohm)把整个法律体系分为权力法(Gewaltrecht)和财产法(Vermögensrecht)，① 并将前者界定为公法，后者界定为私法。这种划分既不符合法律的实情，也无法为所有类型的法律关系定性。如前所述，尽管家庭法是权力法，尽管与其他法律部门相比，共同利益对这一法律部门的规制起到了更为重要的作用，但家庭法不具有公法属性。虽然在众多的法律关系中存在着人支配人的权力，但这些关系并不具有公法形态。另一方面，也存在着以国家统治权力(Imperium)为基础的财产性请求权，这种请求权构成了一种特殊的权力关系的内容。国家的征税权既有权力法的属性，也有财产法的属性，仅将它归入这两个类型中的一种是不可能的。由于国家本身与个人均具有双重身份，因而此处的界线划分愈加困难了。尽管与个人有形式上的差异，国家也是权力的主体、能为的主体以及权利的主体、可为的主体。尽管国家的所有行为都服务于共同利益，但其同样也能使用提供给个人的、用来谋求自身利益的手段。出于各种此处无法详述的原因，为了更好地实现其目的，国家能够把自身

---

① Institutionen 4. Aufl. S. 14, 15 (anders nunmehr 11. Aufl. S. 23 ff.). 瓦赫的反对意见是正确的(Wach, a. a. O. S.88)。关于公法财产权，参见：v. Sarwey, Öff. Recht S.297 ff., 499 ff.

局限在私法主体的身份上,作为同样的私法权利的承担者面对其服从者。

作为财产法上的权利义务主体时,国家被称作国库(Fiskus)。[①] 由此就出现了下述问题:国库什么时候是私法权利义务主体?什么时候是公法权利义务主体?以及相关的另一问题:个人对国家的请求权,什么时候是服从者的请求权?什么时候是与国家地位平等的私人的请求权?这种请求权什么时候是个人的能为的功能?什么时候是个人的可为的功能?

这些问题自然不能依据外部因素予以解答,尤其是不能以个案中是否由民事法院进行裁判为依据。[②] 民事法院和行政法院的职权分配不能作为相关法律事务之内在属性的判断标准,因为民事法院有必要对公法权利问题进行裁决,而行政法院也必然会对私法权利问题进行裁决。尤其是在先决判决这一形式中,私法权利和公法权

[①] 作为财产权主体的国家就是国库的这一认识,首先出现在:H. A. Zachariä, Deutsches Staats-und Bundesrecht 3. Aufl. II, S. 402, 403. 重现于:v. Sarwey, Öff. Recht S. 572. 并被瓦赫一再强调:"国库是处于财产关系、私法关系和公共性关系之中的国家。"(Wach a. a. O. S. 92)较新的德意志国家国家法文献仍然坚持这一错误,认为国家只在私法权利主体这一属性上才能被视为国库。参见:Laband, Staatsrecht IV, S. 332; Zorn, Das Staatsrecht des deutschen Reiches 2. Aufl. 2, S. 685; H. Schulze, Lehrbuch des deutschen Staatsrechts I, S. 576; Seydel, Bayer. Staatsrecht 2. Aufl. II, S.371(反对我的观点,却不知所云)。正确只有:G. Meyer, Lehrbuch des deutschen Staatsrechts 6. Aufl. Herausgg. v. Anschütz, § 201. 对于法国法,奥托·迈耶发展出了正确的学说(Theorie des franz. V.R. S. 376 ff.);对于德意志国家法,他也持同样的观点(Deutsches V.R. I, S. 142 f.)。Hänel, Deutsches Staatsrecht I, S. 161 ff.; Vgl. ferner Hatschek, Die rechtliche Stellung des Fiskus im B.G.B.(Sonderabdruck aus dem Verwaltungsarchiv)1899.

[②] 托恩就持这种观点(Thon, a. a. O. S. 131)。也存在相对立的观点(Bierling, a. a. O. II, S. 153 und Dernburg I, S. 46, 47)。

利可能在一个诉讼中如此紧密地关联,以至于对这两个要素进行诉讼法上的区分是不可能的。此外,民事法官通过自己的诉讼行为对公法权利作出了裁判,由此可见任何法律保护请求权都是纯公法性的,这一点之前已经有所论述,而在下文中还将进一步阐明。所以,必须从案件的性质出发,对上述问题进行判断。

首先,所有纯粹以国家的统治权力为基础的国家请求权都是公法性的。所以,不论应由何种法院对其进行裁判,都只应依据公法进行裁判。然而,国家本身在此方面也享有完全的、利用私法因素调整公法关系的自由,就像国家在另一方面根据国库优先权赋予其私法权利较强的保护。因此,国家可以不借助行政执行而通过私法途径追讨到期税金。例如国家在破产程序中虽然能够优先受偿,但也与其他债权人一起从破产财产中获得清偿。作为遗产债权人,国家也可以请求法官出具强制执行令。因公共税费所产生的国家质权是私法性的,即使它也服务于公共目的。国家也可以将征税权(包括收费和间接税收)出租。也就是说,国家将属于它的高权(Hoheitsrecht)当作私法交易的对象。这类行为与现代国家理念和公法理念存在严重的冲突。此种过去频繁发生的广为人知的情形,至今依然存在。然而,它们却是一个时代的遗迹。在这个时代中,不仅任何一个以经济性请求权为内容的权利都表现为私法权利,而且国家高权(staatliche Hoheit)(尤其在财政事务上)一般也被理解为国家的私法权利。

另一方面,即使某一制度之设立是出于共同利益之缘故,但如果国家并非为了或并非主要为了实现这一制度的目的,而是出于制度之外的财政目的,全部或部分地对制度加以规范,那么这一制度就是纯粹私法性的。国家依据其烟草专营权而为的法律行为之所以是纯粹私法性的，是因为国家不是为了向个人供给烟草，而是为了营利才创设了这种垄断。就国有交通企业而言，虽然这种公益性机构的行政活动本身是服务于共同利益的国家任务，但这种行政活动的开展并不仅仅因为共同利益。因此，与公众缔结的合同都是私法性的，即便主张由此产生的请求权也不能通过私法途径。然而，在这一并非总能清晰地确定其内在界限的领域内，国家可以在形式上把私法请求权转变为公法请求权。这种转变最突出的例子是法国出于公共行政目的而为的法律行为。在形式上，这种法律行为被规定为行政合同，所以不能用民法评判非国家的合同当事人源自合同的请求权，该当事人只能通过行政诉讼的途径主张其请求权。因此，就实在法而言，存在形式上的公法请求权（formelle öffentlich-rechtliche Ansprüche）和实质上的公法请求权（materielle öffentlich-rechtliche Ansprüche）两种类型。应基于实在法的规定，依照公法规范对这些请求权予以裁判，无论其性质是公法权利还是私法权利。后一种类型才包含了公法权利本身，无论实在法对主张此种权利的行为作出何种规定。尽管生活具有无法为概念所分割的延续性，但在某些情形中，按照立法者的意志进行形式上的划分是必要的。在进行划分时，任何国家的单个裁量都基于事理被赋予了一定的裁量余地。但在特定情形中，有必要只以公法或私法的归属为依据，而不以管辖法院为依据，将请求权归入某一类型。否则法律途径有可能被彻底排除，被侵害人有可能只能求助于尚不完善的公法保护手段。

按照之前的论述，当个人针对国家的财产性请求权源自一个公法关系时，即源自个人在国家中的成员地位时，这些请求权基本上就是公法请求权。共同利益也在很大程度上受益于对这种权利的保障。一切因高权行为（Hoheitsakten）①产生的针对国家的赔偿请求权、针对错误缴纳或违法征收的税金返还请求权都是公法性的，②因为它们都产生于公法关系，而且公权力没有充分的法律原因不能侵害私人的财产领域也是一个重要的共同利益。君主要求支付王室年俸的请求权、官员对薪金和其他给付的请求权、议员对津贴的请求权都是公法请求权，因为它们都以公法关系为依据，并且都是为了共同利益才被授予的。征收权的授予也是公法性的，因为这一权利源于国家统治权的行使（Herrschaftsübung），也是为了共同利益才被授予的。通过强制处分，被征收人的物权让步于征收义务，由此产生了针对征收人的赔偿请求权。在此事项上，共同利益在很大程度上禁止出于公共目的而侵害私法权利领域。这一点在宪法文件对所有权保护的一贯表述中已经清晰地显现出来了。③因此，这种赔偿请求权也是公法性的，④尽管立法者习惯上将此类请求权的裁判交由民事法官负责。在具体情形中对这些请求权进行区分有时并非易事，并且国家也有权规定这些请求权是私法请求权或公

---

① Vgl. O. Mayer, Deutsches V.R. II, S. 345 ff.; Anschütz, Ersatzanspruch S. 26 f.
② Vgl. Glässing, Das Recht der Rückforderung im Gebiet des deutschen öff. Rechts in Hirths Annalen, 1896. Sep. Abdruck S. 67. 正如在这一全面性的研究所展示的那样，无论是在立法活动中还是在审判活动中，都没有表现出统一和清晰的原则。
③ 所有权保护请求权与自由权的不同之处在于：它并不意味着对先前状态的否定，它不仅以免于国家侵害为对象，也以积极地要求所有权保护（在征收中也是如此）为对象。
④ Vgl. Grünhut, Das Enteignungsrecht S. 184; O. Mayer, Deutsches V.R. II, S. 349; Layer S. 482 ff.

法请求权。由此可以理解，为何不同国家在实际情形中在规定这些请求权上有时采取这一立场，有时选择那一立场。①

接下来，将依据之前所运用的原则来确定公法团体的请求权以及间接公法请求权的性质。后者包括针对被赋予公法性的法律权力的非国家人格人的公法请求权、这些人格人针对国家或针对其成员的请求权。主要应予明确的是，这些请求权是源自作为独立的、不依赖于国家的人格人的团体，还是源自国家意志的执行者或最终源自依法自由行政的公法人格人的国家权力。另一方面应当确定的是，团体是以何种身份负有满足请求权的义务。后文将对这些问题进行更为详细的探讨。②

由于存在一个广阔的、公法和私法相互邻接的领域，二者在法律事务中的交互作用是确定无疑的。深入的研究表明，这两者之间的交互作用和相互关联贯穿全部法律事务。私法权利始终是公法权利不可回避的前提，反之亦然。特别是纯粹公法性的法律保护请求权的具体法律效力总是以一个私法权利的存在为条件。私法权利则通过与法律保护请求权的相互联结才得以在法律上完整地存在。整个公共税费法都与私法关系紧密相连；国家的兵役请求权通过家庭法上的关系得到调整；在有人口普查制度和利益代表机制的国家中，议会和地方代表等的选举权和被选举权以私法上的前提为依据；王位继承顺位以家庭法上的事实为基础；下议院席位的获得能够与特定的家庭出身和遗产产权的享有相联结。只要是可能并

---

① Vgl. die Zusammenstellung der gesetzlichen Bestimmungen bei Layer S. 466 ff.

② Siehe unten Kap. XVI.

未被明确禁止的，在一个公法请求权上就可以产生一个私法权利。在公法请求权上可以设定一项质权，公法请求权也可以成为债权让与和租赁合同（官邸）的对象。私法权利决定公法权利的情形不胜枚举，反之亦然。当然，列出一个完整的清单也没有什么科学的价值。

此外，公法请求权也能够转化为私法请求权。例如，国家要求被判刑人的继承人支付获得既判力的罚金请求权只能被理解为私法请求权。[①] 毕竟刑罚只能施加于罪犯，而非其私法上的继承人。同样，一个官员的继承人所享有的、来自公职关系的请求权也只能被理解为私法请求权，毕竟公法权利不是继承权的对象。[②]

如果一个公法请求权应通过经济性给付予以满足，那么这些经济性给付与私法上的给付就是相同的，均为支付或替代性支付。另一方面，表现为个人劳务给付的给付形式与基于薪酬合同或类似法律行为的给付形式没有任何差别。给付方式既没有特殊的私法属性，也没有特殊的公法属性，它只属于一般的法学范畴。

基于财产权可以是私法权利也可以是公法权利的认识，那些原本只着眼于私法发展出来的各种法律规范获得了远超其本身的意义。关于错误、故意、过失、期限、条件等的法律规范，只要不明确排除其适用，就同样适用于这两个法律部门。关于抵销、共同责任、保证、提存、诉讼时效的规定经过一定的修改也能适用于公法给付。

为了公法上的司法审判，私法上的身份必然总是在先决判决中

[①] Straf-G.B. § 30, Straf-Proz. O. § 497.
[②] Vgl. auch O. Mayer I, S. 111.

被确定下来,例如所有权人的身份、公司所有人的身份和公法社团的社员身份。然而,在确定身份的问题上,可能会在民法和公法之间产生不可避免的矛盾。在具体情形中,基于法律的规定作为遗产税支付义务之前提的继承人或遗产受赠人概念与联结私法上权利和义务的继承人及遗产受赠人概念在表述上可能截然不同。相反,在其他情形中,严格依照民法对一个公法请求权的具体情形所作的判断,将会是决定应由何种法院对此作出有拘束力的判决的法律条件,这会受到具体案件的影响。

  即使一个请求权的起源是公法性的,但其创设只是为了个人利益,那么它就完全属于私法。因此,以官方许可、专利和其他创设权利的行政行为为基础的权利都不是公法权利。[①] 同样,如果公法的适用对个人私权领域造成了侵害,那么以此为基础所产生的相应的补偿请求权也是私法请求权。也就是说,如果官员在一个逾越职权的职务行为中故意或过失地违法侵害了个人利益,那么由此产生的侵权责任就是纯粹私法责任。

---

① Vgl. Unten Kap. VIII. Bezüglich der Privilegien v. Sarwey, Öff. R. S. 335; Wach, a. a. O. S. 99.

第六章　反射权利与主观权利

　　法律保护的提供者与法律保护的（直接或间接）义务人均为国家，这是公法权利的独有特征之一。只有通过有利于权力服从者的方式限制自身活动，国家才能履行自身义务。然而，进行此种限制不能采用与限制私人相同的方式。对私人的限制使私人必须为他人的利益为或不为某些行为，这些行为基本源自个人天然的处分能力。与此相反，国家的作为或不作为却只能以这样的方式加以规范：客观的法律规范在特定方面规定国家机关为或不为特定的行为。个人通过其直接行为实现的，国家则要通过制定法律、通过实质性立法才能完成。服从者的主观公法权利被客观法创设和保护，并被客观法实现。国家授予的请求权也只能通过国家实现。

　　然而，由此却产生了一种假象——仿佛主观权利在根本上是个错觉，仿佛在人们认为自己看到了主观权利的地方只存在着客观法，被人们称为主观权利的东西无非是客观法的反射物。盖尔博在论及自由权和法律保护请求权时，最先持有这种观点。[①] 所有或多或少地限制甚或全盘否定主观公法权利的人都持这种观点。

---

　　① Über öffentliche Rechte S. 78, 79, Grundzüge S. 34. 然而，盖尔博（v. Gerber）与基本上完全否认主观公法权利的立场相距甚远。与此相反，他清楚明白地承认了国家和个人在权利和义务上的并立性（Vgl. namentlich Grundzüge S. 50 ff., 227 ff.）。

第六章 反射权利与主观权利

判断客观法和主观权利之间的界限问题（对这一问题的探讨始于本文）具有极为重大的意义。在理论上，这一问题触及了一般法学原理中最为重要的问题之一；在实践中，关于公法权利这一领域的全部司法审判在根本上都取决于对这一问题的正确解答。

为了进行判断，必须认清公法规范和人的利益之间的目的关系。整个公法均服务于共同利益。共同利益与国家利益是一致的。但是共同利益不同于个人利益的总和，尽管共同利益总是与个人利益水乳交融。① 共同利益超越了构成国家的当代人的利益，还涵盖了尚未出生的后辈人的利益，且延伸到遥远的未来。因此，共同利益经常要求个人履行一些义务，履行这些义务的结果既不有利于该人，也并不必然有利于同时代人。考虑到可能导致个人丧生却依旧因共同利益存在的兵役，考虑到国家在铁路运营数十年之后获得的财产取得权，考虑到在事实和法律上只能由部分个人使用的为数众多的国家设施，考虑到警察对个人自由数不胜数的限制，即可得知，共同利益不同于个人利益的总和。共同利益其实是基于占统治地位的时代观念和一个国家的特殊情况、超越个人利益纷争的总体利益，甚至会作为异质的或者敌对性的利益与个人利益相对立，甚至必须经常对立。

必须服务于国家目的，这对任何客观法的法律规范而言都是理

---

① 关于个人和共同利益之间的统一和对立，参见：Leuthold, Hirths Annalen 1884, S. 332 ff.; Fr. J. Neumann ebendaselbst 1886, S. 356 ff. 被二人所证明的具有多重意义的表述"öffentliches Interesse"（公众利益）在法学术语中最好替换为更明确的"Gemeininteresse"（共同利益）。莱耶深入地参考了文献，对公众利益进行了非常全面的阐述（Layer, a. a. O. S. 176 ff.）。他对这一问题的解答可以浓缩成这样的观点：公众利益即社会利益（S. 222）。

所当然的。也就是说,它们为了共同利益而存在。任何一个法律规范都不必然服务于个人目的。法制包含服务于个人利益的组成部分,但这只限于对个人利益的促进就是一种共同利益的情形。

为了共同利益,公法的法律规范要求国家机关为特定的作为或不作为。这种作为或不作为的结果可能会有利于特定个人,尽管法制并无扩大个人权利领域的意图。这种情形可以被称为·客·观·法·的·反·射·作·用(Reflexwirkung des objektiven Rechtes)。①

那么,什么标志能够使我们区分创设个人权利的规范和仅建构客观法的规范呢?

这个问题在形式上很容易解决。如果因为事理或法律保护之缺失而不存在个人的请求权,那么就仅仅存在客观法。实在法上的形式上的请求权是通过在相关的个人和国家的关系中承认个人化的法律保护请求权而产生的。

然而,运用这一形式标准绝对无法彻底解决问题。法官在疑难案件中有必要确定,是否应该向个人开放法律保护的途径。由于缺乏实在法上的规定,这一决定只能依据实质标准作出。此外,法制常常只为有待保护的个人利益提供并不完善的保护,而这种保护无法给被保护的利益打上形式上的法定利益的标签。最终,对于将来法(de lege ferenda)而言,哪些形式上不被保护的利益应该并且能够得到保护是极为重要的问题。

按照现行法(de lege lata),实质标准只能是法律以明确的或以

---

① 法的反射作用的概念是首先由耶林明确提出的(Ihering, Geist des röm. Rechtes, 1. Aufl. 1865, III, 1 S. 327, 328; vgl. hierzu desselben Aufsatz über die Reflexwirkungen, Jahrbücher für Dogmatik X, S. 245 ff.)。

可推知的方式承认了的个人利益。明确的承认和形式标准是相互重合的,因此以实质标准为基础的主观权利的范围往往会比以形式标准为基础的主观权利的范围更为广阔。我将后者的内容称为形式上的主观权利(formelle subjektive Rechte),而将前者的内容称为实质上的主观权利(materielle subjektive Rechte)。区分实质上的主观权利和客观法的反射[简言之,反射权利(Reflexrecht)]是棘手的,在这一问题上,法律学家总是缺乏能够作为可靠依据的形式上的标准。

实在法可以任意地缩小或者扩大形式利益的范围。在形式利益的范围得到扩张的情形中,实质上的主观利益从来都不对利益的保障构成不可逾越的障碍。即使在完全不存在个人利益的地方,也能够创设出一个被法律保护的请求权。当然,这只是例外的情形,如同稍后罗列的例子即将展示的那样,这种情形在实践中会导致令人忧虑的结果。

以将来法为出发点的研究更为棘手。在实质的共同利益和实质的个人利益之间划定一个可靠的绝对界限几乎是不可能的。因此,立法者所进行的划分能达到何种程度,应由其自由裁量。虽然人们在现代国家中能够看到形式上的权利范围不断扩大的伟大历史进程,虽然引入由法律所规范的行政司法管辖权是这一领域内最为重大的进步,但人们无从得知,还有多少实质的个人利益亟待形式上的承认。激烈的人民思潮不断推动着对个人利益的保障和承认,这是我们这个充满矛盾的时代所固有的特征。在这个时代里,广泛的社会阶级为个人主义而斗争,并要求国家对其提供保护。

实质上的主观权利和形式上的主观权利的对立必然导致形

式上的反射权利(formelles Reflexrecht)和实质上的反射权利(materielles Reflexrecht)的对立。

形式上的主观权利和形式上的反射权利的对立缺乏法学上的明确性,下文将通过一些事例予以阐明。这一对立性对于下文将要讨论的法官实践方面的诸多问题有着最为重大的意义。

一般而言,主观权利不是由包含着制定将来法或解释现行法原则的法律规范所创设的。[①] 所以在那些宣示公民法律平等、禁止规例外法院、引入民事婚姻法或教学法、表述诉讼程序的辩论原则和公开原则的诸多规范中,只存在客观法,不存在主观权利。尽管如此,如果实在法赋予了个人用以废除与此类宪法相悖的法律和规定的法律手段,那么这种法律手段基本上具有民众诉讼(Popularklage)的属性。由此,个人就被赋予了一种能力,而这种能力在现代国家中原则上属于承担捍卫法制任务的国家机关。在此方面,瑞士联邦法院的实践是独一无二的。该院从联邦宪法关于宗教司法管辖禁令以及州宪法关于州政府组织的规定中推导出了瑞士公民的普遍权利,并据此受理旨在废除与上述规范相抵触的州法律的诉讼。[②]

此外,在为共同利益而赋予个人引起高权行为能力的情形中,

---

① 在这一方面,普鲁士宪法在所有宪法文件中表现得最为突出。在承诺引入民事婚姻和户籍登记法(Art.19)以及一部关于这个体制的法律(Art.26)之外,《普鲁士人的权利》这一宪法章节还列举了将来要制定的教会资助法、对中小学的国家监管法、确保稳定的适合当地情况的中小学教员收入法(Art.25)。与这些规范相比,比利时宪法的相应章节《比利时国籍及国民的权利》(titre II : Des Belges et de leurs droits Art. 4-24)更为适宜,在法学上也更为准确,更具有实用性。

② Blumer-Morel, Handbuch des schweizerischen Bundesstaatsrechts III, S. 174, 180.

第六章　反射权利与主观权利

存在的都是纯粹的反射作用，因而"犯罪行为告发权"是不存在的。① 这种所谓的主观权利不过就是刑事诉讼法中"国家公诉机关依职权必须对违法行为存在与否进行调查"的规定的反射。在这种情形中，告发只是依职权调查的原因，而不是照顾某种权利之行使。当国家关心个别对象只是为了共同利益时，就只存在反射作用。因此，按照许多国家的法律规定，济贫请求权仅仅是国家或市镇的相关法定义务的反射，有济贫需求的人并不享有要求救济的权利。② 士兵的军饷请求权也有类似的属性。③ 这些例子都能体现立法者自由裁量的范围。在这些例子中，立法者能够通过规定轻而易举地创设个人的法定请求权。④

如果国家行为是应该公开实施的，那么只能由此产生纯粹的反射作用。如果法律规定了特定的国家性商谈的公开性，如议会的会议或者法庭辩论，那么毋庸多言的是，制定这些规定完全出自共同利益。这些规定为特定的官员和公职人员设定了许可公众进入议

―――――――――
① Vgl. Str. Pro. O. § 158, Österr. Str. Pro. O. § 86.
② Gesetz über den Unterstützungswohnsitz vom 12. März 1894 § 61; Preuss. Gesetz vom 8. März 1871 § 36; G. Meyer, Verwaltungsrecht 2. Aufl. I, S. 129 und die daselbst Note 13 zitierten Ausführungsgesetze; Löning, Verwaltungsrecht S. 699 f.; v. Sarwey, Öff. R. S. 533. Für Bayern vgl. v. Seydel, Bayer. Staatsr. 2. Aufl III, S. 120. 与上述情形相反，虽然依照1863年12月3日的《故乡法》第25条的规定，贫困者并没有要求特定种类的扶助权利，但是，贫困者享有明文规定的针对家乡城镇济贫请求权，而且这一权利还可以在行政诉讼中予以主张。
③ Vgl. Laband IV, S. 153.
④ 新的《工人救济法》清楚地展示了形式上的反射权利向形式上的请求权的转化。根据《济困法》的规定，原先就存在救济无劳动能力的工人的义务，而在德意志帝国，直到相应的社会政策性法律出台，要求救济的权利才被创设。

会或法院的建筑中为公众设定的区域的义务。然而，任何人都绝不会由此拥有要求出席相应商谈的请求权。① 当然，大多数人从来都没有出席为其特辟场所的法律上的机会。但如果这些场所被公众坐满，那么法制的目的就已经满足了，所有其他人的旁听资格都在事实上和法律上被排除了。然而，在这些情形中，个人未被赋予用以对抗拒绝进入的法律手段。因此，排除公众或特定人的参与，绝不是侵害主观权利，而只是违背客观法。阻止或撤销违法限制公开性行为的手段只是法制为了撤销违反客观法行为而确定的手段而已。

一般而言，使用公共物或公共设施的"权利"也是纯粹的反射作用。这些客体的公共性被规定在要求许可公众使用的法律规范之中。② 假如在蒂罗尔或者瑞士修建了一条新的阿尔卑斯山路，那么全体英国人都不会因此获得使用它的权利，存在的只是具有公共用途的物的所有人的义务。这种义务要求，只要不存在国际法或治安法上的其他规定，就必须允许所有行人于其上自由通行。同样，

---

① 帝国法院正确的决定，见于：vom 21. März 1882. Reichsger. Entsch. In Strafsachen herausgg. von den Mitgliedern der Reichsanwaltschaft II, S. 361.

② 冯·扎拉维（V. Sarwey）在这些情形中构建了一种"人格权利"的侵害，也就是说同样不是对个体化法律请求权的侵害。他在第501页里认为，个人的公共性财产权是可能存在的。然而此处始终缺乏请求权在个人权利领域内的定位。可能存在的请求权从来不会要求许可使用公共性财产，永远只会要求撤销阻碍使用的决定。根本而言，这一请求权与要求撤销对自由非法限制的请求权完全相同。仅仅通过这一请求权，不能使法律上自由权的行使获得法律上的关涉性。这一点将在后文证明。参见安许茨正确的论述[Anschütz, Der Ersatzanspruch aus Vermögensbeschädigungen durch rechtmässige Handhabung der Staatsgewalt (Sonder-Abdruck aus dem Verwaltungsarchiv) 1897 S. 108 ff.]。

第六章　反射权利与主观权利

所有人都没有参观柏林博物馆或巴黎卢浮宫的权利。更确切地说，这些博物馆是对所有人开放的。这就是说，特定的日子和特定的时段里，国家为了共同利益不阻止任何人进入这些建筑，以及欣赏陈列其中的艺术珍宝。

那些通过缔约强制的规定向任何人开放的公共物和公共设施的情形则与此不同。更确切地说，这些客体属于国家、团体还是私人，是无关紧要的（邮政、电报、电话、铁路、剧院、出租马车等）。这些客体的公法性只存在于这一义务之中——在特定条件下按照预先确定的内容与任何人缔结法律上的交易。在这些交易之中，产生了纯粹私法属性的使用这些客体的个人权利。认为存在一个要求缔约的公法权利，而这个权利是强制缔约的补充部分，是荒谬的。缔约义务是公法性的，由法律所设定，因此它只针对国家。违反这一义务就会违反一项法律规范。违反义务的人只要在行为时存在故意或过失，就因纪律性的、治安性的或刑事违法行为而具有可责性。只要违法的拒绝造成了个人财产权利的损害，个人就可能获得损害赔偿请求权。侵权责任并不必然以私法上关系为前提。违反公法也能造成私法上的请求权的产生。

个人要求使用公共设施的公法请求权只有在这种情况下才是可能的：国家为个人规定了相应的条件，例如申请大学所需的高中毕业成绩证明。关于此种情形的探讨将留待其他地方进行。

即使一般国际法或特别协议指定某物的使用是向国际间开放的，这种指定也没有为国家或国家的成员创设使用该物的主观权利，而是创设了其他国家不得妨碍使用或提供该物的使用义务。因此，不存在公海航行权，只存在国际法上的国家义务——不可排除他国成员在公海上航行，无论其使用的是何种海上交通工具。① 就跨国河流达成的协议并未以积极的国家役权的方式赋予沿岸国家以及第三国在他国领水上自由航行的权利，它仅仅确定了一项共同的禁令——不可为航行设置障碍。② 如果一个行为违反这些规定，那么它侵犯的是一般的或约定的客观国际法，而不是个人权利。

前文的阐述表明公法物权（öffentliches Sachenrecht）的观念是站不住脚的。③ 因此，如果诉讼中对物的公法属性存有争议，那么所涉及的问题绝不会是确认个人的公法权利，而只能是裁判一个先决问题，认定一个公法上的事实。即使是一个物的所有人对该物针对何人永远具有公法性这一问题有反对意见，该问题也不是一个确认权利的问题，而永远只是确定义务的问题。只有在国家有权利要求任何人履行公法义务的地方，才涉及主观权利的问题，即使是国家在其领土之上的统治权（Herrschaft）也与私法上的所有权没

---

① 只有施特克清楚地认识到，从公海自由中不能推导出国家的主观权利（Störk, Holtzendorffs Handbuch des Völkerrechtes II, S. 486）。佐恩尽管否认了国际法的存在，却承认所有国家关于海洋的主观权利，这种态度使人惊诧（Zorn, Staatsrecht II, S. 823 f.）。

② 关于这一点，《维也纳公约》的表述在法学上是正确的。其第 109 条规定："航行……应该完全自由的，任何人都不能因商业的意图被禁止通行。"

③ Seydel, Grundzüge S. 41 ff. 对公法物权的详尽论述构成了奥托·迈耶体系的一个部分（O. Mayer, Deutsches Verwaltungsr. II, S. 2 ff.），尤其在第 60 页下页。我对此的评述，参见：Verwaltungsarchiv S. 311 und Allg. Staatslehre Kap. XIII. 对于奥托·迈耶新的值得注意的论述（Archiv f. öff. R. XVI, S. 40 ff.），我不便在此深入讨论。莱耶尝试用另外一种方式构建公法所有权。他宣称所有权是一般的范畴，并根据作为其基础的利益区分公法所有权和私法所有权。在他看来，这一类所有权完全受公法调整。就此而言，他的观点和本文所持的观点并无太大分歧。他认为，公共目的所及之处，物就得受公法的规范；如果公共目的不存在，"闪现的就是民法的光芒"（S.644）。

第六章 反射权利与主观权利

有任何类似之处。在国家法上,统治权主要在于对领土上的人的统治,它不是一种恣意,而是一种法律秩序 。① 统治权包含要求向那些通过领土联结起来的、愿意永远属于这一国家的人们作为或不作为的权利。这一权利也能间接地引起版图状况的变化。领土主权(Gebietshoheit)在国际法上也是纯粹的公法权力,它将他国的国家权力或他国的私人排除在自己的版图之外。获取或割让领土实质上是在空间维度上对针对人的统治权(Personenherrschaft)进行限制或扩展,而设定国土上的负担,实质上则是国家创设自己对其他国家的义务。② ③

---

① Vgl. Rosin, Das Recht der öffentlichen Genossenschaft S. 46; G. Meyer, Staatsrecht § 74.

② 对此更深入的论述,参见: Allg. Staatslehre Kap. XIII.

③ 普罗伊斯认为,领土主权在于法律上变动领土的能力(Preuss, Gemeinde u. s. w. S. 406)。而这种能力不过就是国家处分能力;换言之,就是国家主权,最多是国家主权的一种特别形式。而"主权"(Souveränität)这一概念是为普罗伊斯所极力否定的。但他完全忽视了"高权"(Hoheit)和"至高权"(superimtas)就是同一个词,并且在根本上指代了同一事物。有据可查的是,主权的概念来自于封建制领土统治权的概念以及从领土统治权中发展出来的司法权力的概念。这一点在一处于法国极为著名而在德意志国家少为人知的地方(Beaumanoir, Coutumes de Beauvoisis)体现出来:"我们在本书中的很多地方会言及主权者,也会论及主权者能够做什么和可以做什么,可是由于我们既不会提及公爵也不会提及男爵,可能有人会认为主权者只是国王。然而,在(本书中)没有论及国王的地方,我们也将拥有男爵领的人理解为主权者,因为每个男爵都是自己男爵领的主权者。但是,国王是所有人的主权者,而且国王基于其权利在其王国中拥有普遍的保护权力。因此,无论国王对规定是否满意,国王都能为共同利益作出任何规定,并且国王制定的一切规定都必须被遵守。在国王的治下,没有哪个人在违反法律或作出错误的判决时,能够免于国王法庭之审判。"通常,叙述主权概念的历史习惯以博丹(Bodin)为起点。基尔克一方面彻底阐明了古代国家观念与中世纪社团理论之间的关系,另一方面也阐明了古代国家观念与现代主权学说之间的关系(Gierke, Deutsches Genossenschaftsrecht III, § 11)。对于这一学说全面性的历史研究则应该深入探查国家

为了确保明晰性，必须再次重申的是，在纯粹的反射权利之外，还存在形式上的主观权利，因为并非所有的法律规范都仅服务于共同利益。存在着众多主要目的在于服务个人利益的法律规范。然而，在制定所有这些法律规范时，共同利益也必然被考虑进来。私法规范主要是为了个人利益而存在的。然而，在私法秩序的特性上，共同利益也占有很大的份额。

依据实在法，确定一项规范是仅服务于共同利益还是也服务于个人利益的形式上的法律标准为，个人是否被赋予了使公法规范为了个人利益发挥作用的能力。反射作用理论不能解释这种能力，因为存在着大量与私法权利和公法权利相关的国家行为，仅依据对这些行为有利益的个人的要求，并仅当个人提出要求时，它们才应被实施。在一定程度上，个人意志总是众多国家行为的前提。在这些情形里，个人意志不仅是国家行为的动因（例如司法程序上的告发），并且相应国家职能的整个运转过程乃至其终止都持续性地受到个人意志的左右。① 如果以此种方式解释这种现象：行政机关的

观念在英格兰和法兰西的产生过程。这一产生过程将会表明，与在政治上无能的意大利和德意志截然相反，在这些国家中，现代国家稳步向前，并最终发展成为典范。国王对领土的统治权逐步演变成对人的统治权，如此一来，领土成为统治区域。将变动领土的能力这一如此次要的因素作为国家概念的核心要素，并因此将国家的区分性属性错置于国家与领土的关系之中，这不仅没有阐明国家观念，反而使其退化。这种构想有何种实践价值，已在奥地利城镇法中得以体现。按照大多数的城镇规章，城镇的合并及其边界的变动只需征得上一级城镇联盟的同意，而国家主管部门拥有的只不过是对计划中的变动的异议权（Manzsche Taschenausgabe der österrr. Gesetz IX, 9. Aufl. S. 4 ff.）。参见：nunmehr meine Ausführungen. Allg. Staatslehre Kap. XIV.

① 默克尔恰如其分地将个人化法律上的权力这一主观权利的根本特征加以突出（Merkel, Enc. § 153）。

第六章 反射权利与主观权利

相关活动只是在实施客观法，那么主观权利就完全被排除在有法律关涉性的概念的范围之外了。辩证地看，这些做法虽然是可能的，却是毫无科学价值的，因为它们完全不考虑法与人的利益之间的目的关系。对利益的考量必然始终对形式性思维的恣意驰骋起着节制作用。如果法的目的作为法的创造者在法之外，那么它就是所有法学构想的必要调节器，否则这些法学构想就会坠入毫无建树的经院哲学。

这一显著的区别也是形式法律上的区别，故其也必然从各个角度影响着法学概念的建构。如果人们混淆了这一区别，并声称所有的主观公法权利都是纯粹的反射，那么人们将对下述问题无能为力：为什么这种所谓的反射可以被如此地个人化，以至于只有特定个人才享有请求权？为什么只有请求权被侵害的人才能提起行政诉讼？为什么告发还不足够？为什么第三人提起的民众诉讼是不被允许的？客观法与个人的联系在于何处？行政诉讼的原告所希求的是对自己权利的保护还是对国家权利的保护？健全的法学认识只能赞同前者。通过向个人赋予法律手段，公法就承担服务于个人利益的任务，并且个人权利的范围本身由此得到了扩展。

如果应该对个人化的请求权与纯粹的客观法进行严格的区分，那么谁是请求权的相对人的问题必然随之而来。谁是因个人请求权而负担义务的主体？这个问题有个貌似简单，实则仍需深入探讨的答案——国家。

国家永远只以被赋予了职能的机关形象出现在个人的面前，这一点在下文将要详细论述。存在着这样的机关和职能，它们被规定为仅仅为了共同利益而存在并发挥作用，它们不能因个人的请求权负担义务。这样的机关主要是立法机关,[①] 除非立法机关还有立法以外的职能。与此相反,其他机关主要履行这一义务——为了个人利益、为了满足个人的请求权而作为。

尤其是那些拥有命令和决定权的部门、机关,它们在绝大多数情形中都是请求权的直接相对人,尽管君主和议会也可能拥有这种身份。一般而言,个人的请求权针对的是一项由行政部门承担的特定的国家职能。如同国家只能以机关为媒介展开活动,它也只能以机关为媒介承担义务。因此,请求权只能针对那些依据法制在可能的情况下按照职权负有满足请求权义务的机关。

如果认为国家机关地位的承担者对个人负有某种义务,这将是一个严重的错误。他们仅处于和国家之间的公法义务关系之中。法官只能依职责从事司法活动。法院,也就是说通过法院意愿着并行动着的国家,才负有实现个人的法律保护请求权的义务。

[①] 不可能存在个人针对立法机关的请求权,这一观点可以算作主流的观点(Vgl. z. B. Stahl a. a. O. II, 2, S. 629; v. Gerber, Grundzüge, S. 207)。最近贝尔纳茨克表示存在针对立法机关的权利,但他未对他这个推翻迄今为止的国家法的观点作详细的论证 (Bernatzik, Grünhuts Zeitschrift XVIII, S. 157)。

第七章　个人的公法权利体系

任何一个私法权利都能脱离权利人，而不触及人格本身。权利能力不由权利实际上的存续所决定。

然而，公法上的能力却不能脱离能力人而不贬损其人格。逊位的君主、因宪法变动被剥夺了选举权的市民，其权利能力本身发生了变化。他们不能在法律上有效地实施一系列行为，他们在法律上的能为范围被缩小了，他们遭受了人格贬损，他们在国家中的成员地位本身发生了变化。而某个人所经历的一切私法权利的增加或减少，只要没有明确地和公法上的效果联结在一起，就不会扩展或限制人格。

因此，人格本身是公法性的。[①] 只有作为国家的成员（现代国家广泛地将这一属性赋予任何归属于其统治区域的人），人才是权利的享有者，才享有法律的保护。国家主要是通过向个人赋予能力将个人提升为人格人和权利主体，使个人能够有效地诉求法律保护。因而，是国家创设了人格。在国家解放奴隶或有限度地承认奴隶对其特有产的处分权之前，奴隶不是人格人，人格也不是依附于

[①]　这句话在一定程度上被最新的民法文献所认可，例如翁格尔就认为，"权利能力是公法性的"（Vgl. Unger, System I, §§ 25, 29; Brinz a. a. O. I, § 52; Dernburg a. a. O. § 49, am schärfsten S. 117 N.5.）。

奴隶的无须获得承认的能力。当然，奴隶被认为是人，这一点的体现在于，他们虽然不是权利主体，却无疑是义务主体。① 从历史和逻辑的角度出发，从人的属性中必然只能得出对国家的义务，而非对国家的权利。

既然人格是公法性的，那么如前文所述，全部私法都是以公法为基础的。整个权利体系是一个自我封闭的结构，被批判性的思维拆分的东西在实际的法律事务中又不可阻挠地合并在一起。没有哪个私法权利不以人格人特定的公法属性为前提，无所有权能力，无所有权；无负担能力，无合同；无结婚能力，无婚姻；无遗嘱能力，无遗嘱。这些能力作为私法行为的基础意味着主体拥有一种资格，能够在法律上有效地为自己的利益在特定方面向国家诉求法律保护，而国家则负有义务，为了相关主体的个人利益为特定行为或不作为。

如此一来，"人格是否是权利"这一争议已久却又不仅局限于字面的问题就被解决了。② 谁肯定地回答这一问题，谁就自我断绝了认识整个权利体系的基础的途径。在理论上，人格是个人与国家

---

① Vgl. Bierling a. a. O. S. 124. Pernice, M. Ant. Labeo I, S.127.

② 众所周知，萨维尼和翁格尔是人格权明确的反对者（System I, S. 335 ff. und Unger I, § 60）。该学说的其他赞成者和反对者，参见：Regelsberger a. a. O. I, S. 198 N. 4. 雷格尔贝格本人也宣称人格是一种权利。坚持认为人格是权利的理由在于，人的生存和特定的资格可能成为侵权行为的侵害客体。然而，生命、健康、自由、荣誉等不是人所拥有的客体，它们只是人的属性之构成要素。它们不属于"人所拥有"的范畴，而属于"人之存在"的范畴。主体自身永远不能变为客体。因而，可能的违法侵害行为的对象不是一项权利，而是权利主体本身。法制对权利的保护只在其次，法制首要保护的对象是一切权利的前提——权利人。法制在构成权利人的"人之存在"的各个方面对权利人进行保护。

之间的关系，它赋予个人资格。因此，人格在法律上是一种身份，一种地位。① 在这种地位上可能附着着各种权利，但地位本身并非权利。人有权利，人是人格人。权利的内容是人之所有，人格的内容是人之存在。

因此，个人的人格不是一个常量，而是一个变量。它能够被法律或其他改变法律的国家行为扩展或缩减。所以，按照现代宪法的表述，法律平等原则保障的既不是同等数量的权利，也不是同等的权利能力，只是保证在同等的主客观条件下，不得赋予某人比他人更优越的人格。近代，所有社会和政治斗争都以扩展人格为内容。奴隶和农奴被赋予人格，臣民的人格在增长，他们被给予一系列此前尚不具备的能力。就范围而言，现代国家中拥有选举权、拥有自由经营和占有能力的市民有着与那些在封建和集权国家中被束缚于乡土之上、不得参与国家生活的属民相比截然不同的人格。

在个人向国家臣服的范围内，个人的人格被排除。指令性和强制性的国家命令所及之处，个人就不具备为了自身利益向国家主张权利的能力，就不具备按照自由选择的目的利用国家行为的能力。只要处于这种状态，个人就只是义务主体。也就是说，只是一个更高级的整体的部分或工具。仅由服从者和唯一例外的统治者构成的国家，尽管毫无现实性，在逻辑上却是可能的。它就是仅有一个凌驾于众人的权利人的奴隶国家。在这个权利人面前，人民毫无权

---

① 晚期罗马法学将人的地位（status hominis）理解为"特定的人或特定的阶层所享有的法律地位"。应该在这一层意义上去理解此处的"地位"（Pernice, Labeo I, S. 96）。

利,毫无人格。"在那里只有一个人是自由的"①。如果这就是黑格尔对东方国家特性的描述,那么这一自由应该被理解为积极参与国家生活的自由,应该在国家事务的积极参与者的意义上理解这种自由。即使是在极端的暴政下,人们也拥有向法官诉求的法律上的能力,人们由此被赋予了最低限度的人格。

现代国家则建立在与之完全不同的基础之上。亚里士多德深刻地认识到了国家的真实本质,他教导道:"国家统治权应为了被统治者的利益而存在。具体的国家现象是否能满足国家理念取决于统治权是否具有这种特质,而由谁统治、由多少人统治则无关紧要。"这一理念在现代国家的制度中已经得到体现,并且这一理念在为全社会的、为了更多认可而奋斗着的社会各阶层的要求所决定的立法和行政中历久弥新。

因此,国家的统治是对自由人也就是人格人的统治。只要国家承认了人格,国家就进行了自我限制。确切地说,这是一种双重限制。一方面,国家在自身和隶属于它的人格人之间划定了界限,承认了一个无关国家的,也就是基本排除了国家统治的个人领域。认识和明确地承认这一领域主要是现代文化发展的产物。在古代,这一领域始终未被认识到,尽管它事实上已经存在于古代国家之中,因为那时个人也只服从法律的统治。国家不仅对其统治领域进行了消极的限定,还在另一方面为自己规定了应由其积极实施的服务于个人利益的行为。为了实现这种行为,国家为个人创设了要求国家行为的法律上的能力。创设此种能力的方式为,国家通过自己的

---

① Vorlegungen über die Philosophie der Geschichte S. 23.

法制为自己设定一种义务，此种义务要求国家授予个人针对给予、作为和承担责任的请求权。意志的本体寓于人类个体之中的国家最终给予一定范围内的个人为了国家利益而开展活动的能力。这表现为，国家的意志通过他们的意志形成，或者国家直接为他们的意志赋予能力，使其能够执行那些国家依据其法制宣布为自己所有的职能。

基于对国家的归属性、基于国家中的成员地位，人被赋予了不同方面的能力。人与国家之间可能存在的关系使人获得了一系列*涉法的身份*（rechtlich relevante Zustände）。被人们称为*主观公法权利*的正是从这些身份中产生的请求权。因此，如前所述，主观公法权利仅由那些直接建立在法律身份上的请求权构成。

因此，个人基于国家成员资格被置于为数众多的地位关系之中。

个人对国家的服从构成了国家有效性的基础。这种服从状态使个人处于个人的义务领域之中，处于*被动地位*（passitiver Status）、*服从地位*（status subiectionis）之上。这种地位排除了个人自决，因而排除了人格。原则上绝无服从于国家意志的义务的绝对的个人人格，是一种不符合国家本质的设想，它只存在于自然法学派对神秘的先国家状态的人格的臆想之中。因此，所有的人格都是相对的，也就是有限的，国家的人格也是如此。国家负有实现特定的目的的使命，它在道义上必须承认其成员的人格。因此，国家也同样在行为能力上受到限制。国家甚至通过法律为自己设定法律义务。

国家和个人人格之间存在一种此消彼长的关系。随着个人人格的增长,被动地位的范围会缩小,国家权力的范围也会随之缩小。不断扩展个人人格和相应地限制国家是晚近政治史的重要内容。如果说当今国家的效能之大是过去所无法比拟的,那么其原因在于,当今国家因其领域的限缩而不断在其他方面得到补偿。通过为其服从者创设新的义务,国家将一个又一个此前在法律上排除其统治权力(Herrschermacht)的领域变为其行政权的客体。

国家的统治权是由事项限定的、为共同利益而行使的统治权。它是对并非在各个方面都是服从者的人的统治权,也就是对自由人的统治权。国家的成员因此获得了一种地位,在这种地位上,他就是主人,他就获得了一个排除国家、否定统治的领域。这就是个人的自由领域、消极地位(negativer Status)、自由地位(status libertatis)。在这一领域中,纯粹的个人目的通过个人的自由行为得以满足。

国家所进行的全部活动都是为了被统治者的利益。为了完成其任务,国家赋予个人利用国家权力和国家制度的法律上的能力。由此,国家就赋予了个人积极地位(positiver Status)、市民地位(Status civitatis)。这一地位是国家满足个人利益的全部行为的基础。

只有凭借个人的行为,国家的活动才是可能的。通过赋予个人为国家而行动的能力,国家赋予了个人一种被提升了的且被赋予了资格的、主动市民的地位。这就是主动地位(aktiver Status)、主动市民的地位(der Status aktiver Zivität)。处于此种地位的人有权行使严格意义上的所谓的政治权利。

被动地位、消极地位、积极地位、主动地位这四种地位穷尽了个人在国家中的成员地位。向国家履行义务、排除国家干预、对国

第七章 个人的公法权利体系

家的请求权、为国家实施行为是理解个人公法地位的着眼点。这四种地位构成了一条上升的阶梯。首先,个人顺从地向国家履行义务而表现得毫无人格;其后,个人被赋予了一个自主的、排除国家的领域;然后,国家本身承担了对个人的义务;最终,个人意志得以参与国家统治权的行使,个人甚至被承认为国家统治权力的承担者。

国家并非孤立在对个人的不同定位之外。只要个人作为成员,作为被联结在一个通过共同目的所创造出来的更高级的整体中的人,他就获得了独特的、一般而言多重的对个体的定位。这是其成员资格的必然效果。确切地说,在组织性的和非组织性的团体之中也是同样的情况。那些缺乏法律人格的非组织性的团体主要是婚姻和家庭。

婚姻在配偶之间的关系中,也在较小的范围内针对第三人的关系中,为配偶个体赋予了能力。在婚姻存续期间,它给予配偶与其身份密不可分的法律上的能力。父母与子女的关系也是如此。夫、妻、父、母、子、女都是人在特定方面获得的身份关系。这些关系在其存续期间赋予了关系的成员不可放弃和不可移转的能力。这些关系的内容也是人之存在,而不是人之所有。例如,人所拥有的父权不是可以随意脱离人身的私法权利,人只是父亲。权利人的处分权只能在例外的情形下(过继)[①] 改变这种特性。由此,下面这个常被讨论但极少获得证明的主张就被证明了:家庭权利只要不是财产权利就都是公法权利。这一主张仅在此种意义上成立:这里涉及的不是可自由支配的个人利益这层意义上的私法权利,而是一般而言不能恣意改变或解除的法律上的身份——家庭地位。绝大多数调

---

① B. G. B. § 1765.

整它们的法律规范都表现为强制性规范,在这层意义上家庭权利是公法权利。

然而,从特定的角度出发,也可以将家庭理解为以国家统治权力为基础的公法制度。国家没有遵照柏拉图的建议,将不断自我繁衍的人民的生育、对幼童的照料和对成长期青年的一部分教育当作行政的任务,而是通过有约束性的法律设定一个框架,将该任务交由在这一框架下以体质和道德的人性结构为基础的自由的个人行为来完成。然而,在对后代的教育之中,就含有为整体而进行活动的因素。在行使相关的权利和履行相关的义务时,个人可以被看作整体的代理人,因为整体肯定不会仅为个人的利益就赋予个人对他人行使的权力。通过国家对脱离家庭纽带的儿童的照料可以看出,国家并非完全不具备家长的职能。这项活动在今天也被认为是公共行政管理的组成部分。本质上,监护事务属于公共行政,保护人或监护人则是无行为能力人的公共照料的代理人,尽管他和被保护人或被监护人之间可能产生固有的私法关系。这一点对于熟知行政法结构以及行政法发展出来的贫困救济、劳动者保护和教育事务的法律规范的人而言是不证自明的。[①]

在文化民族的历史中曾有这样一个时代,家庭作为统治性组织替代了尚未发展起来的国家权力。随着国家的发展,家庭面临着被国家收取其固有的或更确切地说一般由家长享有的统治权力的进程。正如现代国家的统治权力先是作为非国家团体的独立权力而发展起来,然后此种统治权力又被成长中的国家权力所攫取一样。

---

① Vgl. hierüber Glässing, Die öff. rechtl. Natur des neuen deutschen Vormundschaftsrechtes, Archiv f. öff. R. XVI (1901) S. 161 ff., 425 ff.

如今的家庭也仍然拥有被国家认可和授予的过往的统治权力的残余，其形式为亲权。当然这种亲权只保留了统治权特性的只鳞片羽，因为其只在极小的范围内才能得以实现，而且在时间上还是有限的。然而，如今在重要的家庭法律关系中，却不再存在以统治权力的委托或让与为基础的因素，这尤其体现在欧陆文化民族的法律所承认的配偶之间的肉体和道德的关系之中。而斯巴达对婚姻关系的公共性干预，或伊斯兰民族中妇女对男人的全面臣服，都与现代道德和正义感相抵触。

与国家中的情形一样，在家庭成员的地位上也产生了一系列成员的法律地位。在家庭中，存在着对家庭权力的服从地位、不受权力干预的领域、对权力拥有人的请求权，以及参与行使家庭权力或作为家庭权力承担者的能力。

然而，不仅在家庭以及其他非法人团体中，在那些有法律人格的团体中，也存在着从个人成员地位上产生的同样的甚至更高等级的上述资格。任何团体，主要是那些基于持久的、统一的、以自我实现为目的的意志而被提升为具有法律人格的团体，必然会给其成员赋予资格。在这种团体中存在着一种社团权力，社团成员在社团的职权范围内服从于这种权力。不言自明的是，任何团体成员都拥有不受团体干预的领域。由于团体的目的受到严格地限制，这一领域比国家成员所拥有的不受国家干预的领域要广阔得多。在团体成员的地位上，产生了要求团体实现应由其实现的个人目的的法律上的能力。这一能力构成了权利人的团体成员资格的核心内容。最终，团体赋予其成员参与团体的意志形成或作为团体意志承担者的能力。与国家成员的公法地位一样，不改变团体成员的地位本身,就同样不能改变这些团体成员的权利,或使它们脱离团体成员的人格。即使在纯粹的私法团体中,情况也是如此。例如股东不能放弃他在股东大会中的表决权和表决权份额,除非他转让了他的股份。也就是说,只有改变成员地位,才可能改变成员权利的状况。

适用于一般团体的,自然也适用于甚至更为鲜明地适用于教会、市镇和更高级别的地方团体。对此无须再作进一步阐述。从这些团体的制度属性中必然产生出这些团体成员的四种法律地位。与那些自主决定的、只追求有限目的的团体相比,这些团体和成员之间的关系更加明显地类似于国家与其成员之间的关系。

然而,此处出现了一个对公法权利体系的认识有着根本意义的问题:公法权利仅是产生于国家成员地位的权利吗?或者参加其他团体也会导致公法权利的产生吗?如果有证据表明,存在区别于国家的公法团体,那么对于后一问题的回答就应是肯定的。公法团体必然以公法的方式向其成员赋予资格。

然而,能够创造这些资格的只有公法团体,而非其他任意团体。所有种类的团体中乃至国家中的成员资格都具有明显的相似性,这种相似性导致了这一观念的产生——个人在所有团体性人格人中的法律地位按照其法律上的结构应被理解为一种统一的地位。因此,将私法权利与社会权利(Sozialrecht)相对立就有了一定的依据。[1] 诚然,个人之间可能存在的、于其中个人不被视作更高整体

---

① 基尔克在其著作中反复表达了这一观点。普罗伊斯和贝尔纳茨克也与他的意见相一致(Preuss, Gemeinde u. s. w. S. 236 ff. und Bernatizik, Archiv S. 211 ff., 233 ff.)。然而,基尔克承认了私法团体和公法团体之间的区分,并深入贯彻了这种区分(Genossenshaftstheorie S. 155 ff.)。而耶林则直接将团体的内部权利理解(接下页注释)

第七章 个人的公法权利体系

的隶属者的法律关系与产生自团体隶属资格的、决定着人格的属性之间有着深刻的区别。然而，如果人们将私法权利仅局限于撤除任何与团体的直接关系的经济关系上，那么对私法权利性质的理解就过于狭隘了。集体性的、以联合为手段的行为也属于自由的、仅服务于个人利益的行为。公司、合伙以及社团这些多样的法律产物，是人们为了补充个人分散的力量和行为，为了更好、更可靠、更广泛地满足个人的利益而创设出来的，它们并未脱离私法的框架。私法权利恰恰涵盖了"所有指向个人利益的行为"，如果将任何团体都视作非私法性的拥有高等权利的产物，那么私法行为的性质就被极大地低估了。而这之所以是一种低估，更在于基于私法权利的公法基础，非团体性人格人之间的法律关系都包含公法的因素。仅在被国家于广义上承认其为成员的个人之间，各种形式的私法权利才是可能的。这意味着，只要这些个体进入了国家的统治区域（Herrschaftsbereich），就必须被赋予特定的法律上的身份。如果不赋予外国人贸易权，他们和市民之间的私法关系就不存在。私法权利不是孤立的人之间的权利，而是拥有统治权力的共同体的成员之间的权利。仅基于这一点，私法权利和社会权利之间的截然对立就已经是不可能的了。一切私法权利同时也是社会权利。

如果团体中的权利因此并未脱离私法权利，就会出现一个问题：如何确定一个将公法团体从所有团体之中区别出来的标准？对于这一问题的探讨，以及如何确定这些团体的公法权利和其成员从

（接上页注释）为公法权利的一部分（v. Jhering, Der Zweck im Recht I, S. 303, Dantscher a. a. O. S. 40 ff.; vgl. auch L. v. Stein, Die Lehre von der vollziehenden Gewalt 2. Aufl. III, S. 6, 105 ff.）。此外，社会权利的观点还见于：G. Meyer, Staatsrecht § 15.

这些团体中获得的公法权利,将留待一个专门的章节加以讨论。在此,只应该事先交代一下关于个人法律地位的结论:公法团体的成员资格产生了间接的公法资格和间接的公法请求权。

分 论

第一编　个人的权利

第八章　消极地位（自由地位）：个人的自由领域

1776年6月12日，作为摆脱宗主国之决心的鲜明标志，《权利法案》在弗吉尼亚被庄严地通过了，新生的美利坚联邦的其他州随即纷纷效法。从此，宣告特定的"人权和公民权"、普遍权利、基本权利或自由权利就成了宪政立法最重要的内容之一。① 受到法国立宪会议制定的《人权宣言》的鼓舞，此种权利旋即被陆续载入一个又一个欧洲国家的宪法文件之中。这种现象的历史原因并不难解释。自然法学派抛出了一个尖锐的问题：国家如何在道义上和法律成为可能？如何使自身正当化？更确切地说，如何在个人面前得以正当化？按照与古代和中世纪的观念截然对立的自然法学派思想，个人是国家的本源，他们遵照自己的目的通过自主决定自己缔

---

① Das Nähere vgl. bei Jellinek, Die Erklärung der Menschen und Bürgerrechte 2. Aufl. 1904, S. 13 ff.

造了国家秩序。国家由个人创造,与所有人类工具一样,国家只因个人的目的而存在。仅在个人目的许可的情况下,对天然自由的限制才是正当的和应当的。而且这一限制本身只是为了保障个人在扣除确保个体间共生的强制之后剩余的天然自由。贝卡里亚最为明确地表述了这一思想。他认为人类只向国家奉献了部分的自由,以便更加安全和安宁地享受剩余的自由。① 因此,宪法文件应首先在国家成员保留下来的部分原初自由和国家权力之间划出一条清晰的界限。因此,出现了这一独特的现象——众多的宪法文件将确认权利的规定置于国家组织的规定之前。

不难发现,各项基本权利不是按照特定的体系加以编排的,而是通过对照先前的国家秩序创设出来的。虽然它们表现为一种关于人和国家的一般学说的必然产物,但只有放眼历史,才能于具体法律表述中理解它们。众所周知,基本权利首先是对至今仍然具有法律效力限制的否定。因为曾经存在出版审查,出版自由才应运而生;因为曾存在对良心的强制,信仰自由才被庄重宣告。这一点在一些国家的宪法文件里体现得极为突出。在引入宪法之前,这些国家中存在对个人自由的特有的限制,废除这种特有限制就催生出了特别的条款,而这些条款自然未曾列举在其他宪法中的基本权利清单上。例如,因在奥地利受到废除经济依附以及与之相关的反对运动的影响,在1849年3月4日的宪法中,免于任何依附性和隶属性的自由以及不受限制地获得不动产客体的能力(这种能力是撤销特定等级的臣民在不动产取得上的限制性规定的结果)都被提升为

---

① 《犯罪与刑罚》,第二章。

基本权利的构成部分。①

　　列举基本权利的立法目的是双重的。通过基本权利之列举，个人不仅针对国家行政行为（司法强制和治安强制），也针对立法行为，在被规定的方面受到保护。这种列举不仅会对国家机关进行限制，也会对创设法律的国家意志本身进行限制。

　　相关的宪法规定旨在通过两种方式实现这两个目的：它们或是包含立法禁令，禁止在指定的方面引入新的限制性规定；或是包含立法指示，指出作为将来立法活动之基础的特定原则。这种禁令并不是绝对的。仅当一个有权进行合宪性审查的审判机关存在时，②与禁令相悖的法律规定才可能被宣告无效。否则，即便现行的法律规定与宪法规范相抵触，它们也仍在形式上和实质上拥有完全的法律效力。对此无须再作进一步阐述。③ 同样，一般而言，也无法保障立法原则在立法中得到落实。因为解释这类宪法规范的任务只被托付给了立法者，所以必须受宪法规范支配的具体法律也同时表现为对宪法规范本身的权威性解释。

　　然而如前所述，个人绝对没有被赋予任何形式的要求颁布某种内容之法律的请求权。法律规范可能有利于个人的利益，然而它们只能为共同利益而被规定。因此，无论是这样的规定，还是让渡给立法者的全部自由权，均无法创设个人权利。根据这些宪法规范颁

---

　　① §§ 32, 30. 现行的《国家基本法》关于国民普遍权利的规定在字面上与此别无二致（Art. 6, 7）。类似的规定也见于：bayerische Verf. Tit. IV, § 6, württemberg. Verf. § 25 und hessische Verf. Art. 25 u. 26. Vgl. auch den（aufgehobenen）Art. 42 der preussischen Verf.（已废除）

　　② 例如美国联邦法院之于全部美国州法律，瑞士联邦法院之于瑞士州法律。

　　③ Vgl. Jellinek, Gesetz und Verordn. S. 263.

布的法律使个人权利得到了满足,这是客观法反射的效果,不是主观权利的实现。同样,从这些宪法规范中,也无法推导出个人针对法院和行政机关的直接请求权。只要这些原则的作用不只是废除法律,它们要求的便是公正的、顾及生活复杂性的完善立法。诸如废除出版审查和承认信仰自由这样的规范之所以能立即得到具体的贯彻,是因为先前相关的限制性规定之废除所造成的真空地带,正是立宪者所欲求的状态。

相反,如果创设了法律平等这样积极的原则,那么就要求立法者具体贯彻这一否定法律上区别对待的原则。与前面提到的情形相反,这里存在的真空地带应由立法者予以填充。然而,如果行政或司法实践在这些情形中承认了具体的、个人的法律请求权,那么行政机关或法官就侵犯了立法者的职权。也就是说,他们恣意地填补了一个法律上的真空地带,因为法学和司法手段都完全无法为这一真空地带设定应被承认的内容。如果立法者遵照宪法规范,在个别法律中贯彻某个宪法规范,那么这样的活动不是法律的适用,而是一种立法行为。那些对立法者而言自由的、创设法律的活动,若由法官为之,则是违宪的恣意行为。现代的法官,至少是欧陆的法官,不具有罗马司法官那样的续造、补充和纠正法律的职能。他们不是法律的创造者,只是法律的捍卫人。如果法官在这些情形中宣布自己有职权决定个人的诉愿,那么他就侵犯了立法者的职权。瑞士联邦法院的实践为此提供了强有力的证据。该院认为规定了瑞士市民平等的联邦宪法规范[①]创设了个人的请求权。然而在该院的

---

① Art. 4.

相关判决中,试图找出一个普遍的原则,或仅仅找出不自相矛盾的对特定规则适用的情形,都是徒劳的。①

奥地利帝国法院的司法和行政机关的实践为这种自相矛盾提供了又一例证。1867年12月21日的《关于国民普遍权利的国家基本法》第19条规定:"本国所有民族一律平等,任何民族都享有保存和维护其民族性和语言的不可侵犯的权利。国家承认所有方言在学校行政机关和公共生活中拥有平等的地位。"首先,这一条文完全不符合法律的表述习惯。不具备人格的民族和永远不能成为权利主体的语言被赋予了"权利"。其次,这一一般性的规定要求了一项具体的、从模糊的平等原则中无法推导出的内容。无论是为了明确在这一领域内拥有请求权的权利主体,还是为了在相关必要

---

① 这一点在"律师耶齐(Jäggi)案"的两个自相矛盾的判决中尤为清晰地体现了出来。他仅因侮辱罪被判处徒刑,这是因为根据瑞士索罗图恩刑法,不能对破产者处以财产刑。联邦法院认为这一判决侵害了法律平等。此后不久,按照《索罗图恩刑事诉讼法》第60条的规定,他作为不享有市民荣誉权之人被剥夺了作为当事人诉讼代理人的资格。针对这一决定提起的诉愿被联邦法院根据下列理由驳回:"并非在任何法律对各市民阶层的区别对待中都存在法律上的不平等,仅当法律将法律上的区别对待和事实上的差异相联结,并且按照确定的法律原则,不能将这些事实上的差异纳入对法律后果的考量之中时,才存在宪法上的法律不平等。"(Vgl. Entscheidungen des schweizerischen Bundesgerichtes N.F. VI, S. 332 und 477)奇特并值得关注的是"苏特(Sutter)案"中的判决(a. a. O. XIII, Nr. 20, S. 104 ff.)。内阿彭策尔的委员会完全禁止在周日和节日跳舞。按照山区旅馆主的提议,民间音乐会被许可在山区旅馆中举办。其他旅店主对此向联邦法院提出诉愿,而联邦法院则以惯常的理由驳回了这一请求:"无论是联邦宪法还是郡宪法均没有规定市民可以跳舞或者远离舞蹈这种娱乐的基本权利。因而,立法活动在这种事务上可以自由设定限制,只要这种限制能表现为合宜的地方尊长的关怀。如果立法者认为可以为了节日庆典作出特殊的对待,那么此处就不存在对法律平等原则的侵犯。"Über den Art. 4 der Bundesverfassung vgl. nunmehr A. Silbernagel, Die Gleichheit vor dem Gesetz und die bundesrechtliche Praxis, Zeitschrift für Schweiz. Recht 43, 1902 S. 85 ff.

的客观法上的关于国家机构的规定中明确其司法和行政裁量中所不能侵犯的资格,都有必要为之制定施行性法律。现在奥地利帝国法院认为第19条直接创设了市民的主观法律请求权。如此一来,该院就在判决中为其所援引的宪法规范添加了一项内容。然而,根据现行法,这一内容同样能够被偏离的甚至完全对立的解释所取代。① 以第19条为依据所制定的政府规章在某些问题上的立场与帝国法院的判决几乎完全不同,而它们同样不能被认为是对这一模糊的宪法规范所作出的有权的且令人满意的解释和贯彻。因此,从中立的法学认识的角度出发,必须认为第19条仅包含了一个针对将来法的指示。也就是说,这一指示只针对立法者,而且这一宪法规范与《奥地利帝国国家基本法》中其他毫无疑问不可推导出个人权利的规范属于同一类型。例如,初审法官对民事和刑事案件的审理必须采取辩论原则和公开原则,或在所有审判机关中司法必须和行政完全分离。② 首先,这些情形中不存在构成了个人法律请求权之前提的纯粹的个人利益。使用各种语言的规范、设立公共设施的规范始终只应为了共同利益而被颁布。而且,被公法制度所触及的个人利益只能以法律规定的组织为基础,并且也只能通过立法者获得法律的承认。其次,被征引的条文实质上并不具有仅仅规范奥地利国民的自由领域的意图,这一条文也明显包含了国家权力所负担

---

① Vgl. z.B. Hye v. Gluneck, Sammlung der nach gepflogener öffentlicher Verhandlung geschöpften Erkenntnisse des k.k. österr. Reichsgerichtes III, Nr. 129, V, Nr. 203, VI, Nr. 257 und 269.

② Vgl. die Erkenntnisse des östrr. Reichsgerichtes, Sammlung I, Nr. 13 und VIII, Nr. 373.

的积极行为的义务，这些行为仅能通过立法途径按照其他规范被确定下来。"保存和维护"是国家的积极任务，而要求国家按照其所认可的原则安排自身制度的个人权利却是无法被建构出来的。只有作为宪法上共同利益之直接机关的人民代议机关，才有权依职权向政府主张以此为目的的请求权。

美国法律事务中一个极为重要的现象也应加以关注。美国各州宪法的权利宣言均含有最基本的个人权利的清单，例如自由权、平等权、获得和占有财产的权利、幸福生活以及追求服务于幸福生活之条件的权利。美国的法官有义务审查法律的合宪性。目前，有一大批旨在保护劳工的法律在某些州被法官宣告为违宪，例如工时限制、使用女工童工的限制、周日休息的规定。然而在其他州或在已经宣布这些法律违宪的州在随后的时间里，法官却不会对这些法律的合宪性提出异议。对中立的判断者而言毫无疑问的是，左右法官裁判的不是客观的法律确信，而是各个法官的党派立场。如果一种社会政策应被毫无争议地贯彻实施，那么这种政策在很多情形中必须通过立宪的方式予以达成。①

尽管司法提供的救济手段不构成个人请求权存在与否的绝对标准，但若无法律保护对个人请求权的保障，就无法在这个领域区分个人在法律上对国家的主观请求权与客观法的反射作用。在设立宪法法院和行政法院之前，为数众多的这样的"权利"缺乏这种

---

① Vgl. E. Freund, The Police Power. Public Policy and Constitutional Rights. Chicago 1904 § 315 ff., § 735. 例如内布拉斯加州最高法院宣布，工时限制与人身自由的宪法性原则相抵触；而伊利诺伊州最高法院则认为，妇女八小时工作制违反了男女平等原则。据可靠消息，最近联邦高等法院宣布所有工时限制都违反了合同自由原则。

保护。因此,盖尔博"自由权是客观法,是对国家的禁止,而不是主观权利,不是对个人的保障"的主张①在他引领风气的时代是完全正确的。瑞士联邦法院的设立、帝国法院和行政法院在德意志各州与奥地利的设立,使寓于基本权利的立法表述中的个人利益得到了明确的承认和保护。在此之前,刑法和刑事诉讼法的规定早已为自由领域提供了旨在防范普通法院法官的法律保护。涉及保护人身自由、私宅不受侵犯、通信秘密的宪法规范的目的主要在于保护个人免受恣意的行政行为的侵害,此种保护长久以来是由行政诉愿提供的,而凭借此种保护手段无法可靠地区分法律上的个人利益和事实上的个人利益。

消极地位绝不限于为了个人利益而在法律上得到承认的自由权。历史事实促使个人自由生活的某些重要方面得到了明确的承认。只要深入思考,人们很容易就会发现,消极地位其实还有几乎不可尽数的方面,它们与宪法规定的自由权利在法律属性上是相同的。不支付高于法定数额的税金的"权利"、超过一定年龄不被征召服兵役的"权利"、在特定情形中不担任监护人和陪审团成员的"权利"、自由从事私法所规范的法律行为的"权利"都具有基本权利的属性,却未被列入基本权利的清单。②此外,一切基本权利的

---

① S. oben S. 68, N. 1. Ebenso Laband I, S. 138 f. und Seydel, Staatsrecht I, S. 301.

② 就此而言,拉班德和赛德尔的观点完全正确(Laband I, S. 138, Note 2 und Seydel a. a. O.)。然而,他们的"这里不存在主观权利"的结论,并非无可指摘。法学分析的任务是在立法者对这些自由权的明文规定中发现他们所意图的实在法。迈耶在最新的文献中持有相反的观点(Meyer, Staatsrecht S. 799 ff. u. a.)。他因循旧有的观点,认为自由权中存在个人的主观权利;而勒宁甚至认为存在"主观自由权利"(Löning, a. a. O. S. 12.)。这一观点有着站不住脚的理论出发点:"人格人的资格同时(接下页注释)

第八章 消极地位（自由地位）：个人的自由领域

行使都应为法律规定所规范。在任何一方面被承认的绝对的自由权最终必然导致国家的毁灭。按照各国的自身情况为这些法律规定注入具体的内容，仍然是立法者的事务。为这些内容制定一种普遍有效的公式是不可能的，由此便出现了一个独特的现象——同一法律条文在两个不同国家的立法和司法中被赋予了不同内容。从这一角度出发，在宪法自由权的立法贯彻和相关公法法院的判决上对瑞士与诸如普鲁士、奥地利那样的王朝国家进行比较有着极大的研究价值。

然而，即使所有这些自由权都只能在法律限定的范围内得到承认，且无法为这些法律找出普遍的原则，这些自由权也必然能够被归入一个普遍的公式中：个人不应被国家强加任何违法的义务，个人因而享有以承认其自由的为基础的要求停止和撤销违反法律规定的国家命令的请求权。[①]

一切自由都是免受违法强制的自由。服从（Subjektion）作为个人的被动地位在法律上是有限的。在法学上探讨种种自由权故而是错误的，存在的其实只有一个自由。在与特定的旧有限制的对立中，自由更多是在政治上而不是在法律上具有各种不同的具体形态。然而，从承认并规范自由的法律之中产生的个人地位，在所有情形中都是一种在实质上完全统一的地位。反之，所有国家性义务也可以毫无例外地被归入服从义务这个公分母中。指向个人的国家命令永远只是要求市民的服从，兵役、税收义务、作证的义务以

（接上页注释）也可以是他权利的客体。"最新文献中关于自由权学说的深入介绍，参见：Giese, a. a. O. S. 27 ff.

[①] 安许茨（Anschütz）在最新文献中的观点与此相同（Kohlers Enzyklopädie II, S. 535）。

及所有成百上千的从法律中产生的同类义务都以这种服从为基础。要求服从和免于服从是国家在规范它与其服从者的关系时可以支配的两种相互排斥的手段。

如果人们从法律的角度考察此种自由,就会发现其等同于国家的服从者所为的对国家而言不涉法的行为。例如,某人基于出版自由而出版了一个印刷品,那么不考虑其他可能的相关法律行为,这一行为就其本身而言与品尝自己的红酒、漫步于自家庭院一样,不触及任何人的权利以及国家的权利。诸如自由择业的"权利"和自由的宗教信仰的"权利"也同样如此,它们都未改变他人的权利领域。然而,这一自由领域内的行为也可能具有涉法性,但这种涉法性源自其他方面,且永远不针对国家。缔结出版合同不是在行使出版自由,教务评议会中的表决权也并非宗教自由,法律对自由权的限制也并未赋予相应行为任何涉法属性,因为为或不为这些行为对国家并无利益可言。国家的利益在于,这样的行为不超越法律的限度。因此,当国家行使食品监管职权时,食品的所有权人并未通过食用肉类和品尝红酒作出任何涉法行为。对于我们唯一关心的国家法研究而言,无须考虑"当为"对业已阐明的个人自由的限制以及"可为"与此种自由的关系。自由其实是实施特定种类之行为的抽象可能性,基于消极地位,这一可能性不具备任何法律上的重要性。例如,国家许可改变宗教信仰,既不意味着每个新教徒都拥有转变为天主教徒的实际权利,也不意味着他拥有相应的特别能力。国家的许可只表明,转变信仰的行为对国家而言无关紧要。

保护消极地位的方式为,个人拥有要求承认其消极地位的请求权,并禁止国家机关对消极地位的任何妨害。也就是说,禁止国家强加给个人任何未被法律规定的命令和强制。正如物权对应的是可能与权利人接触的他人的消极义务，消极地位对应的是与个人接触的国家机关的所有类似义务。这一地位是绝对的、任何国家机关都应尊重的地位，而其他地位仅仅引起个人与特定国家机关之间的特别关系。始终只应依法行为的要求指向所有国家机关。因此，保护人格的自由开展是针对所有国家机关而言的。基于这种请求权，个人能够要求承认其消极地位，并据此要求停止和排除对其消极地位的妨害；基于这种请求权，消极地位就上升为一种法律地位，正如物权也是通过权利人针对所有他人的不妨害请求权才上升为法律上的权利。

与所有指向特定的国家行为的请求权一样，这一请求权属于个人的积极地位。基于积极地位以及那些产生于积极地位的请求权（将在下面的章节详细阐述），消极地位获得了自身的法律属性。产生法律上的定位于个人身上的请求权之可能性，在本质上区分了消极地位和纯粹的客观法的反射作用，因为应通过法律手段予以实现的请求权绝不可能是纯粹的反射权利。如果消极地位在某一特定方面被否认和妨害，那么可以通过诉讼途径要求承认自由并停止国家的妨害行为。个人拥有为切身利益运用法制的规范并促使行政机关的进行相应行为的能力。如果在这里只存在客观法，那么可供个人支配的就只有向更高级行政机关告发和行政诉愿这两种手段，并且相应管辖机关的所有事务都只能依职权进行。然而，行政程序和诉讼程序能够在同一案件中同时进行。如果行政机关根据自己的法律确信发现了一个行政行为的违法性，那它就有义务撤销该行为，使诉讼中的原告失去诉由。与此相反，被法律保护手段保障的请求权则体现了个人权利的属性。全部还是部分地主张这一请求权,由个人任意决定。虽然从诉讼手段的缺乏中无法得出主观权利性请求权不存在的必然结论,但存在纯粹个人化的由法律提供的救济手段却能证明存在个人化的法律上的能力。

概览行政法判决就会发现,相当大的一部分判决都可以归结于对一个问题的判断:原告是处于被动地位还是消极地位?也就是说,是否存在国家所主张的权利或统治权?即使是刑事判决也都无一例外地要对这一国家法上的问题作出先行判断:国家是否享有一项具体的刑罚权,并且个人是否处于一种与之相应的较高程度的服从地位。因为所有刑罚都是国家针对个人的命令权和强制权的升级,所以它们是对自由领域的削减。即使是在任何处罚性和免责性的民事判决中,也同样存在关于被告的自由和服从的表述。此外,此种判决也同时作出了是否向第三人给予、作为和许可的决定。在处罚性的刑事判决中,最终还要确定由犯罪行为所导致的特殊服从的结果——刑罚的类型和幅度,而行政法院的此类终审判决却只能决定服从义务是否存在。民事和刑事判决中作为前提的东西,在行政法院的判决里成了判决的唯一内容。

因此,尤其是与民事判决相比,大量的行政判决属于同一类型。不同于民事法官所审理之法律行为的多样性,行政法官在案件的审理中只负责查明一个法律问题:个人对国家的服从关系及其界限。

被优待的自由领域(privilegierte Freiheitssphäre)。国家可能依据多种多样的理由为了共同利益而限制消极地位。国家可以原则性地禁止某个行为或特定种类的行为;国家可以通过剥夺权利的规范限制人格本身;国家甚至可以在特定条件下向特定人赋予权力，却拒绝授予其他人这一权力。由此表现出的独特情形将在下文予以研究。

第一，诸如规定某物不可交易或关闭迄今为止向公众开放的设施，这些情形只是单纯的不为特定行为或个别法律行为，它们并未削减消极地位本身，因为这些禁令没有触及只在具体的客体上受到限制的行为能力。

第二，如果某个阶层的人基本不能实施特定种类的法律行为，则意味着在人格人之间进行了区别对待。由此，这个阶层的成员实施具有法律效力的行为的能力本身被限制了。这种法律规范具有双重作用：一方面它们剥夺权力，因此被它们置于不利地位者的公法地位遭到削弱；另一方面，也可将它们理解为授予权力的规范，因此从这一角度出发，它们优待了通过法律受益的人，使被优待者的自由领域大于被限制者。这类法律规范的法律后果是优待还是削减，取决于立法者在具体情形中的意图。在所有剥夺权利表现为普遍权利状态之例外的情形中，不论基于何种原因，削减自由领域都是唯一目的。所以，例如剥夺犹太人获得土地所有权的能力是对犹太人人格的削减，而不是向基督徒赋予特权，因为这种剥夺是业已被认可的国家成员的平等的所有权能力的例外。所以，对妇女[①]和军事人员[②]的行为能力的限制并不是对男人和非军事人员的优待，对神职人员的限制也不是对未向上帝宣誓的人的优待，因为它们都仅仅是消减了原则上任何人基于法制都拥有的消极地位。与

---

① Z.B. B. G. B. §§ 1354, 1358, 1398.
② Z.B. Reichsmilitärgesetz vom 2. Mai 1874, §§ 40, 43, 49, Abs. 2.

之相反，在存在身份法的年代里，剥夺平民取得贵族地产的能力是对贵族的一项优待。因为这种规范的目的不在于剥夺平民的能力，而在于向贵族授予权力。

现今，这种优待最重要的情形则体现为国民相对于外国人所受的优待。相关法律规范的目的不在于歧视对待外国人，而在于优待国民。外国人不享有基本上与本国人平等的法律地位。如果与本国人相比外国人的地位被法律规范减损，那么存在的不是不利于外国人的普遍权利状态的例外，而是对本国人的优待。如果从事特定工作的能力、参加特定社团的能力、取得特定私法权利的能力与国家成员的人格相联结，那么本国人由此就相对于外国人获得了一种受到优待的自由领域。然而，将这种被优待的地位理解为一种国民的特殊权利，则是完全错误的。国民人格上的资格并未通过剥夺外国人的资格以任何方式在法律属性上发生任何变化。这种优待只是客观法的反射而非主观权利。① 国民并未通过这种法律规范获得任何形式的权利，用以要求排除外国人从事仅仅保留给本国人的活动。之所以存在对本国人的优待，不是因为个人利益而是因为共同利益。

第三，对个人的真正优待，亦即创设权利的行政行为（许可赋予可为，授权赋予能为）所引起的自由领域的扩展。这类行为可以使对个人自由的普遍性限制在特定人身上失去效力。它们或是原则上扩展了这些人的行为能力，或是承认业已公认存在但出于安全秩序的缘故而被禁止的自由的表现形式为合法形式。所有撤销法

---

① Treffend Laband I, S. 138.

第八章　消极地位（自由地位）：个人的自由领域

定禁止的特许都是对行为能力本身的扩展，无效的行为由此变得具有法律效力。此外，与某些职业许可相关的授权也是如此，从事这些职业并非行使天然的行为自由，而是行使国家授予的行为自由，例如律师职业。多种多样的个人经营特许[①]和可移转的经营特许都属于创设优待地位的许可。出于安全和秩序的缘故，特定经营活动只有基于行政许可才能开展。这可能是因为国家希望这些经营活动尽可能地无损于或有益于共同利益。属于此种许可的还有铁路特许经营、矿业所有权的授予、狩猎许可（狩猎证）、持枪许可（枪械执照）和建筑许可，等等。

这种行政"特许"绝对不会扩展天然的行为自由，它们只是撤销了特定人实施这些行为的禁令。[②] 特许的授予可能以特定人身资格（国民）的存在为条件，或与特定物的拥有（所有人、占有人、承租人）相关联，也就是与物相关联。从高级医生、神职人员、教师等职业到马掌匠、领港员和助产士等都是以官方开具的能力证书为从

[①]　关于各种特许理论的介绍，参见：Rehm, Die rechtliche Natur der Gewerbekonzession S. 9 ff. 与本书所阐述的理论在原则上一致的有：Laband III, S. 209 N. 2; Seydel, Das Gewerbepolizeirecht nach der Reichsgewerbeordnung S. 69; O. Mayer, I, S. 287 ff. 奥托·迈耶也恰如其分地对授权和许可进行了区分。雷姆试图将经营自由构建成个人的主观权利（Rehm, die rechtliche Natur der Gewerbekonzession S. 7）。他认为，纯粹的对天然自由的认可仅在于对自由意志的承认，写信的权利和唱歌的权利并未提供一种写信和唱歌时不受行政机关妨碍的请求权。这种主张的错误显而易见。因为，例如限制被警察关押的人写信，禁止歌唱特定的歌曲，禁止在大街上歌唱和在夜晚歌唱，都可能成为诉愿和诉讼的对象。他还认为，经营许可将可为授予那些本质上不能欲求它的人。其实国家的许可只是创设了认可私法上的代理条件，而不是代理本身，这些许可只表明，国家不得给私法交易制造任何形式的障碍。

[②]　奥托·迈耶正确地将它们命名为许可保留形式的监管禁令（O. Mayer, Franz. V.R. S. 168 und Deutsches V.R. I, S. 287）。参见雷姆正确的论述（von Rehm, a. a. O. S. 28）。

业的必要条件，而所有这些情形都属于"特许"的范畴。与一般自由权完全一致，在所有这些情形中，个人被赋予了一种要求国家不得妨碍的总括的请求权，如果这一请求权受到侵害，那么个人就拥有了诉讼的资格。

然而，这种特许并未导致私法能力的扩展。未获特许之人所实施的法律行为一般而言不是无效的，而是可罚的。这与未经特许的工作因违反公共秩序而被取缔并不矛盾。获得特许的经营者从事法律行为时所依据的不是特许，而是独立于特许的行为自由。国家许可针对的是这种行为自由的运用，而与行为自由的存在无关。① 特许还可能与衍生权利的授予相关，例如没收权和相关行业的垄断经营权。但这些权利不是许可的法律后果，而是授权的法律后果，因为它们包含的是只能由国家授予的能为。

112   **个人自由领域的削减**（Minderungen der individuellen Freiheitssphäre）。产生这种削减的原因可能多种多样。首先可能是为了法律上的安全秩序对地位被削减的人进行保护，或者是对其他人进行保护。限制妇女和未成年人的行为能力属于前一情形，本身虽不是刑罚却表现为惩罚性后果的对自由的限制则属于后一情形。作为特许经营和专利授权后果的垄断经营所导致的对交易自由的限制也属于后者，但以实体法为基础的一般义务则不在此列。只有与特定构成要件相关联的义务，或者解除权利的行政行为以及判决所创设的义务，才是对个人自由领域的削减。

降低地位的第二种主要形式是刑罚。刑罚的方式可能是承担

---

①　Vgl. Rehm S. 65 ff.

第八章 消极地位(自由地位):个人的自由领域

给付义务,而不触及行为能力本身,如罚金刑。然而一般而言,刑罚意味着人格的贬损甚至消灭。确切地说,被削减的通常是自由领域。限制自由是刑罚最主要的表现形式。在国家法层面上,其表现为在自由受到限制时排除援引公法规范保护自由领域的能力,也表现为国家不得妨害自由的义务之撤销。总而言之,刑罚扩大了服从,扩大了被动地位。

第三种自由领域的削减产生于特殊的服从关系。个人进入这种关系,或是出于法律规定,或是基于法律行为、违法行为。最后一种情形在上文中已被阐述。需要补充的是,基于刑事诉讼法在嫌疑人或被告人身上施加的自由限制。基于法律规定,兵役义务人、陪审法官和陪审员的自由被施加了限制。具体而言,这种限制不仅包括亲自履行职责的义务,还包括维护国家职能承担者之声誉的义务,以及确保更好地履行职责的义务。[①] 同样的情形也出现在由法律行为创设的特殊服从关系之中。这主要体现在国家官员身上。在国家官员身上,这种特殊服从关系的作用主要表现为出于职责和职务荣誉而对官员之法律上的可为的限制,如对婚姻的限制和对从事副业的禁止。在这种特殊的权利关系中,国家获得了双重的处罚权。作为所有犯罪行为的构成要素之一的对一般服从关系的侵害,以及对以特殊规定为依据的权力关系的侵害,都使国家有权进行处罚。确切地说,这两种处罚权的行使并行不悖,因为它们有着不同的法律基础。因此,不论是被羁押的嫌疑人和罪犯,还是高校学生、律师、士兵和官员,他们服从的不仅是一般的刑罚权力,也服从于

---

① Für Geschworene und Schöffen Str. G. B. §§ 138, 334.

国家的纪律处罚权。如果特殊的服从关系不是因违法事实所产生的，那么纪律处罚甚至能够解除此种关系本身，甚至可以将个人从特殊的团体中开除。特殊服从关系的消灭，可以说是死刑的对应物，它同时也意味着一般服从关系的建立。

消极地位是一种完全统一的地位，不是由一系列分散的权利所构成的。消极地位相对于第三人尤其是相对于违法的官员受到保护的类型和方式，明显地体现了这一点。第三人的违法行为侵害的只能是人身自由。如果某人妨碍他人撰写新闻报道，那么他所侵犯的不是他人的出版自由权，只是自由本身。同样，非法妨碍他人参与团体集会，非法强制洗礼、暴力干扰他人经营等，侵害的并不是结社自由、信仰自由、经营自由，而是人身自由本身，即凌辱或暴力犯罪。① 仅当对人身之外之法益的侵犯导致了对人身自由的侵犯时，特殊的刑法规定才是必要的。因为一般的保护人身自由的刑法规定无法涵盖这种侵犯行为，所以就有了诸如针对妨碍礼拜、擅闯民宅和侵犯通信秘密的特殊刑事措施。

---

① 因此，这些行为属于《德意志国家刑法典》第239条、240条的一般规定的调整范围。而针对官员的违法行为则适用《德意志国家刑法典》第341条。在1889年6月30日的《意大利刑法典》第139条到167条中，个别自由权被当作特殊犯罪行为的客体。因此，人们才会有幸见到，将对被认可的宗教活动的侮辱和奸尸行为归入针对宗教自由的犯罪行为之中。

第九章　积极地位（市民地位）：国家成员资格

一切国家行为都是服务于共同利益的行为。共同利益虽有可能却并不必然与个人利益相重合。如果发生了共同利益和个人利益的重合，并且国家承认了这种利益的一致性，那么国家就会赋予个人要求国家行动的请求权，并向个人提供实现这些请求权的法律手段。由此，国家就将个人提升为被赋予了积极权利的国家成员，赋予个人市民地位。这一地位与纯粹的消极地位截然分离，后者囊括了对国家而言的不涉法行为的广阔领域。

维护共同利益是国家至高无上的目的，在这一广阔的领域内，客观法的反射作用与主观法律请求权在形式上有着鲜明的区别。所有服务于共同利益的行为最终都体现为对无数个人利益的关怀。因此，国家维护行为的结果总是有益于个人，体现为对个人的维护或促进。公共健康服务维持或促进了无数人的健康，治安措施保护了人民中所有个人的所有权和生命。然而，法律在这一领域中保护的只是共同利益。准确地说，这种保护之实现凭借的是旨在促进共同利益的客观法，以及所有保障客观法得以实施的法律手段。相反，个人利益在所有这些情形中只是事实上的利益，不被法律保护，个人没有要求国家行动的请求权。个人只能请求国家关照其事实利益，而且个人必须听任国家机关的决定，由国家机关在个案中权衡，照顾个人利益是否是共同利益的要求，是否与共同利益相符。

可以设想这样一种国家，在那里个人利益本身完全不被承认，个人利益只是作为共同利益的构成部分得到保护和促进。在这种国家状态下，不存在要求国家积极履行义务的成员请求权。国家的行为可能为了个人，但不会依照个人的意志进行。所有对个人利益的保护及促进都仅仅是反射作用。在这种国家状态下，个人的权利领域并不存在，私法权利也为仅遵照共同利益之要求、通过行政裁量加以保护的个人利益所取代。刑法将会成为制定其他所有部门法的典范。刑法在最大程度上对个人权利加以保护，然而却不存在要求实现刑法的个人权利，即使亲告罪也是如此。在行政领域内，18世纪的警察国家很接近这一状态。国家一方面在最大程度上承认其维护共同利益的义务，另一方面却未赋予个人针对行政机关的、要求在个人身上具体实现共同利益的法律请求权。

然而，没有哪个国家曾完全处于这种状态之中。即使其范围非常狭小，永远存在一个得到承认的领域，共同利益于其中得到保护和促进正是基于将个人利益在形式上提升为法律利益。尤其是在司法领域，这一点早有体现。没有哪个国家完全排除了针对司法机关的个人请求权。为了确保司法的公平正义和对事实的审慎探究，被告人被赋予了刑事诉讼法上的法律手段；为了确保当今的社会和经济秩序，个人意志在民事诉讼中被赋予了一种能力，使其能够依据个人利益持续引导法官和判决执行人的行为。现代国家已经在很大程度上将行政活动转到与共同利益相关的个人利益之上，赋予了个人要求国家积极履行义务的法律请求权。

第九章 积极地位（市民地位）：国家成员资格

在前一种国家中，个人只拥有一种地位——被动地位，因为即使是不向国家履行义务的自由以及参与国家生活的权利，也因缺乏相应的法律请求权和法律保护而缺乏法律的属性，而只具有事实属性。与之相反，在后一种国家中才可能存在一种大多数人都拥有权利的状态。基于被赋予的针对国家的积极请求权，国家的成员资格就从纯粹的义务关系变为了双重的、既拥有权利又负有义务的地位。被称作国籍、国民地位和国民权的正是这种地位。

应该立刻指出的是，有必要区分广义和狭义的国家成员概念。在现代国家中，即使只基于领土主权向国家负有义务的人也不仅仅是暂时的臣民，他们享有一系列临时的、与固定的国家成员相比范围较小的、针对国家的法律请求权，他们也是临时的市民。甚至身处外国的外国人，在与内国人的法律纠纷中以及其他情形中，也拥有一定的、被法律规定的请求权。只要任何人以任何方式进入了国家的统治区域，现代国家就会承认其成员资格。就此而言，《人权宣言》的立法表述体现出的自然法思想对现代国家秩序的基础仍然具有意义。

人们一再尝试界定国家成员资格（staatliche Mitgliedschaft）的法律内涵，但均以失败告终。从比较法的角度出发，探寻适用于所有国家的绝对标准是尤为徒劳的。根据一种忽略了多种关系的粗陋成见，国内的居留权在所有地方都应构成国家成员资格的法律内涵的核心。然而不可否认的是，在某些国家存在依法判处放逐的诉讼程序。[①] 其他人尝试在兵役义务、领事保护的请求权中寻找国家

---

① Vgl. Martitz, Internationale Rechtshilfe in Strafsachen I, S. 14 ff. 反过来说，外国人可以拥有居留权的观点，见于：Störtk, Handb. d. Völkerr. II, S. 645 ff.

成员资格的根本特征，但结果并无改观。①在人们尝试对国家成员资格作出一般性的、并非仅仅突出某个特征的定义时，一般而言，他们所做的不过就是换一种说法来表述"国家成员属于国家"这一事实构成。赛德尔精辟地指出了这种尝试的不可能性：要穷尽国家成员资格的法律内涵，就必须穷尽整个国家法。②国家成员资格的法律内涵在于个人相对于国家拥有的请求权和所负的义务。必须补充的是，这种内涵并非一成不变，会随着任何新法的出现发生变化。

此现象源于一种未被认识到或未被法学认识的事实——尽管权利的内容可以确定下来，但在概念上完全确定法律地位的内容却是不可能的。法律地位意味着一种持久的、基于法律观念被假定存在的关系，是一种法学意义上的存在。虽然一种行为可以被令人满意地界定，但作为不可计数的过程之本体的存在，完全不能被界定到此种程度。凝结为一种存在的个人与国家之间的关系，无论被赋予何种具体的内容，其本身始终不变。例如，即使德意志帝国的成员针对国家的法律请求权被极度扩展或缩减，"德国人"这一关系本身却不会改变，且仍能将任何变化着的内容纳入自身。

一种法律地位的内容永远都无法被完全确定下来，因为其为一种完全独立于各种源于其中的权利义务的固定关系。改变某种法律行为只能在特定的范围内，一旦超越这一范围，就会改变法律行

---

① v. Martitz, Das Recht der Staatsangehörigkeit im internationalen Verkehr, Hirths Annalen 1875, S. 798 ff. 他试图为国家成员资格确定典型的内容(S. 80)。

② Bayer. Staatsrecht I, S. 294. Früher schon ähnlich Zorn a. a. O. I, 370. 韩勒尔将国家成员资格理解为身份权(Haenel, Deutsches Staatsrecht I, S. 355)。

第九章 积极地位(市民地位):国家成员资格

为的属性。例如,超越一定的界限,承揽合同就可能变为买卖合同;超越一定的界限,押金就可能变为借贷。然而,父亲的家庭法地位在内容上却有极大的伸缩性,这一地位可能包含着支配未成年子女生死的权利,也可能在面对成年子女时完全失去任何法律意义。

既然国家成员资格被无法被定义,只能被描述为一种不取决于在国家领土内居留与否之事实的持久地归属国家的属性,那么这种归属性就具有双重的意义——持久的义务关系和权利关系。服从义务和市民权都必然紧密联结在这种归属性之中。准确地说,服从关系是原初性的。① 整体只有长久地牵绊着个体,个体才能成为整体的组成部分。法国立宪会议试图将国家成员资格定义为一种本质上向个人赋予权利的关系。这种尝试之所以会失败,是因为没有正确把握国家的本质。

国家成员资格中使个人受益的内容可以被划分为客观法的反射作用和法律请求权。完全服务于共同利益的国家行为,即使给个人带来益处,也属于反射作用。② 按照之前的论述,研究反射作用和法律请求权的实质区分界限,是面向未来法的研究任务。将应予承认的实质上的请求权提升为形式上存在的请求权是立法者的事务。在形式上对反射作用和请求权进行严格区分,依据的标准只能

---

① Vgl. v. Gerber, Grundzüge S. 43 ff. und S. 221 ff.; Laband I, § 370.

② 无法构建出一种"一般的、要求分享国家共同体的恩惠权利"(Laband I, S. 140)。这种所谓的权利,不过就是国家义务的反射。存在的只是个人拥有的要求国家为了个人利益履行义务的实在法上的法律请求权,国家的履行行为根本不是一种恩惠。即使是"居留权",也并非主观权利,它不过是自由领域的组成部分。这一权利只存在于不能被驱逐出境和阻止返境的请求权中。因为拉班德仍然坚持认为存在这一权利(Laband I, S. 140),甚至在这一权利之外提出了不被引渡的权利(S. 141),所以他对自由权的驳斥最终必然将矛头指向自己。

是个人是否被赋予了能够实现指向国家之请求权的法律手段。如果个人未被给予这样的法律手段，那么形式的请求权和实质的请求权就不能相互重合。

这些实质请求权最为重要的但在形式上却表现为反射权利的例子是"领事保护权"。[①] 身处外国的本国人应该并且能够受到本国的保护。虽然法律规定了一种可能的保护，然而只要这类人未被给予实现请求权的法律手段，他们就不享有一种形式上的、要求保护的法律请求权。因此，国家驻外机关负有提供领事保护的义务，而个人却不具有要求实现这种保护的请求权。受害人的同意绝不是这种国家行政行为的必要前提。相似的情形还见于国家通过条约赋予外国臣民的"权利"。有权主张权利的主体不是个人，而是他的母国。只有明确针对违反国际条约的行为赋予个人诉权，如瑞士国家法中的情形，[②] 从被公布为国家法的条约之中产生的客观法的反射作用，才被转化为形式上的法律请求权。[③]

---

① 基于《帝国宪法》第 3 条末句的规定，绝大多数学者都认为存在这样的权利。赛德尔与之相反的观点是正确的（Bayer. Staatsrecht I, S. 300, Note 43）。拉班德的观点与他相左（Laband I, S. 139, Note 2）。拉班德一方面认为，这种保护"仅仅是帝国保护其国民之义务的反射"；而另一方面他却声称，保障此种个人未被赐予恩惠，实现的是个人的权利。这是一种无法调和的自相矛盾。

② Bundesverfassung vom 29. Mai 1874, Art. 113, Nr. 3.

③ Vgl. Blumer-Morel, a. a. O. III, S. 175 ff. 在有行政法院的国家中（只要普通法院不具备这种管辖权），产生于国际条约的完全的个人请求权，仅在关于它的纠纷能够提交行政诉讼解决时方可存在；而不完全的请求权则仅受到行政诉愿的保护。如果两种法律手段都不存在，那么就不存在形式上的个人请求权。因此，拉班德从 1890 年 5 月 31 日的《德瑞移民条约》中推导出双边协定的国民居留权的做法是错误的。这一条约的第 4 条清晰地显示，如果结合这一条文，第一条中提到的"权利"不可能具有个人权利的属性。参见：Langhard, Das Recht der politischen Fremdenauswesung S. 104 ff. 人们可以提出反对驱逐令的要求，却不能提出任何形式的权利诉愿。

第九章 积极地位（市民地位）：国家成员资格

如果将积极地位上产生的形式上被承认的个人化的法律请求权归入一种共同的形式，那么对个人而言，这就是一种受法律保护的要求国家积极履行义务的能力；对国家而言，其为为了个人利益开展活动的法律义务。① 由此，积极地位就成了消极地位的完全对立物。关于消极地位的纠纷总是围绕着这样一个问题：个人是否处于服从地位。在关于积极地位的争议中，则需要对国家的自由作出判断。从国家的角度出发，关于积极地位法律纠纷的最终判决与关于消极地位法律纠纷的最终判决一样，在内容上都具有单一性。对国家而言，后一种判决的内容是国家是否有权行使职权。与此相反，前一种判决的内容则是国家是否有满足个人愿望的义务。

然而，对个人而言，积极地位包含了比消极地位更为丰富的法律内容。由于国家的积极行为构成了这种请求权的内容，所有国家的给予、作为和承担责任的客体都可以是个人请求权的客体。私法之债是按照形式和内容划分的，公法上的国家之债也是如此。但这绝不是说私法上法律行为的丰富多样性是可与公法之债相提并论的。总体而言，法律认可的为了个人利益而履行的国家义务种类，与各种司法行为和行政行为的种类是一致的。国家之债因而可以被划分为要求法院履行的请求权和要求行政机关履行的请求权。各种司法行为——确认、登记、判决和命令——都可以作为特定的个人请求权的客体。对法律上的身份和关系进行确认和登记的行政行为，作为创设权利之行政行为的许可和授权，以及撤销或者变更已经作出的违法侵犯人格人的决定，也同样可以成为特定个人请

---

① Zustimmend O. Mayer, Le droit admin. Allemand p. 152 N. 28.

求权的客体。相反,按照国家决定可能的内容,对产生于积极地位的请求权进行划分,在法学上是没有实际功用的。倘若将请求权区分为要求使用公共设施或公共财物的请求权、公法财产权、满足精神利益的请求权等不同权利,那就忽略了所有这些请求权均仅指向具体的国家行为。因此,只应依据这些行为的形式对其进行区分。

承认(Anerkennung)是国家意思表示的一种固有形式,具有极为重要的实践意义,是个人请求权的主要内容。然而对此,在国家法文献中却尚无相关研究。承认是一种意思表示,基于这种意思表示,异议权主体的某种有争议或者可争议的关系或事实被宣告为合法存在。承认和确认的不同之处在于,要求确认的主体不仅可以是可能有权提出法律争议的人,也可以是第三人。承认是一种一般的法律制度,普遍地存在于私法、程序法以及国际法中。此处只研究国家法中承认的意义。

大部分公法请求权指向的都仅仅是国家的承认。①

个人所有的公法请求权都以人格上的资格、涉法的地位为依据。然而,地位不能被给付,不是作为、给予和承担责任的内容,而是承认的内容。涉及服从或自由的纠纷,总是在具体的界限内承认或不承认消极地位本身的问题。国家成员资格、选举能力、议员资格也是如此。简言之,所有产生了个人针对国家请求权的基本资格都属于这一情形。因此,于人格之公法地位上产生的最为直接的请求权是要求承认的请求权。这种请求权必然隐含在任何形式的

---

① 奥托·迈耶认为我持有"任何公法权利都只是以国家的承认为目标"的观点,并反对这种观点(O. Mayer, Droit administrative I, p. 152 N. 28)。从下文的论述中可以明显看出我从未这样主张过,这种论述自本书第一版开始就从未改变。

针对国家的请求权之中，因为公法审判的主体与请求权的对象在这种情形中是同一的，均为国家。因此，任何国家向个人作为、给予和承担责任的判定，也同时意味着国家承认了指向这些内容的请求权。就理论而言，在判决中确定承认国家请求权便已足够，因为行政法院判决的实质法律效力原则上约束了所有的国家机关。在有争议的案件中，依据一般法律原则，任何国家机关均有义务按照已作出的判决变更已被撤销的决定。符合法律的决定必然表现为承认请求权的当然后果，必然表现为客观法引起的反射作用。由于仅凭法律规范不足以保障权利的实现，因此公法法院被赋予了撤销和变更的权力。从日常的经验中可以得知，国家意志和官职承担者的个人意志容易发生分歧。奥地利帝国法院的审判活动在此方面提供了极好的例子。在审理国民提起的侵害"宪法保障的政治权利"的诉讼时，[①] 该院仅仅在判决中认定，被提出异议行政决定是否引致权利侵害。[②] 在这些案件中，帝国法院的诉讼在形式上也是一种纯粹的承认之诉。然而，在实践中存在这样的情形：最终作出决定的行政机关并未变更决定，并未承担宣告个人请求权受到侵害的帝国法院判决所应引致的后果。

最为重要的，同时又是处于积极地位之核心的请求权是法律保护请求权。这种请求权可以被认为是人格最根本的特征。如前所述，这种请求权是公法请求权。受到罗马法观念的强大影响，私法上的诉直到不久前仍被理解为私法权利本身最为重要的功能。各

---

① Österr. Staatsgrundgesetz über das Reichsgericht Art. 3, lit. b.
② Gesetz vom 18. April 1869. Nr. 44 R. G. Bl. § 35.

种私法关系之区分是从司法官的诉讼程式中发展出来的,对于古代法和任何法制而言,权利和法律保护请求权仍然是两种不同的权利,后者是纯粹公法性的。

我们已经在私法中区分了法律上的可为和法律上的能为。从可为上产生出向他人要求履行、给付、容忍和不作为的请求权,但在民事司法程序中这种请求权却与要求国家提供法律保护的请求权发生了重合。①

---

① 长久以来,在国家法文献中一直存在法律保护请求权的主张(例如:H. A.Zachariä, a. a. O. I, § 90)。这一主张主要是结合"不得剥夺任何人接受法定法官审理的机会"这一普遍被规定在宪法中的规范而被提出的。而对这一请求权根本属性的阐述却始于最新的民事诉讼法理论。从比洛开始,民事诉讼法的理论便深入地研究了民事诉讼的公法性(Bülow, Die Lehre von den Prozesseinreden und Prozesvoraussetzungen, 1868)。此后,德恩科尔贝对这一请求权进行了法学上的表述(Degenkolb, Einlassungszwang und Urthelsnorm S. 26 ff.)。德恩科尔贝主要继受了普洛斯的观点,参见:Plósz, Beiträge zur Theorie der Klagerecht S. 103 ff. 此外,索姆提出了这一观点:诉权并不是实体权利的延伸,诉权不在私法权利之中(Sohm, Der Begriff des Forderungsrechtes, Grünhuts Zeitschr. IV, S. 468)。与自己的早期观点相反,瓦赫详尽地论述了法律保护请求权的公法属性(Wach, Der Feststellungsanspruch S. 22 ff.)。最后拉班德以出色而令人信服的方式对法律保护请求权进行了彻底和全面的阐述(Laband III, S. 349 ff. Kohler, a. a. O. S. 13 ff.)。科勒在两处提出了相反的观点(Kohel, a. a. O. S. 13ff.; Lehrbuch des bürg. Rechts I, 215ff.)。针对瓦赫的反对意见则包括:Fischer, Ztschr. F. Ziv. Pr. X. S. 428 ff.; Hellmann, Jahrb. F. Dogm. XXXI, S. 79 ff. 根本上,这些反对意见都缺乏对公法请求权性质的深入研究。它们或是直接否定这一请求权的存在,或是对此提出质疑。然而,瓦赫本人也未能充分地区分权利和请求权。他认为请求权也可以指向诉讼相对人,参见:v. Schruka-Rechtentstamm, Grünhuts Zeitschr. XVI, S. 617; Oetker, Konkursrechtl. Grundbegriffe I, S. 42. 在最新的民事诉讼法文献中,发生了一场关于法律保护请求权的论辩。在这场论辩中,比洛和瓦赫的立场针锋相对(Zeitschr. Für Zivilprozess XXVII, S. 213 ff. und Wach, ebenda XXXI, S. 191 ff.)。对国家法而言,这场论辩毫无意义,因为国家在其成员的要求下进行法律保护活动的义务是不容置疑的。通过《帝国宪法》第 77 条,这一个人请求权获得了法律保障。此外,这一请求权对民事诉讼的意义以及它与实体权利之间的关系不在(接下页注释)

第九章 积极地位(市民地位):国家成员资格

公法上的法律保护请求权并非源自私法请求权,其渊源是人格本身。法律承认的可为之存在是促使国家履行保护义务的动因,而国家的保护义务则是通过承认服从者的人格而被创设的。就其国家法属性而言,诉讼是国家依据请求法律保护之人的申请查明国家履行保护义务的动因是否存在以及对国家提出的请求权是否正当的程序。通过判决这种行为,国家一方面确认涉法关系和涉法事实,另一方面基于这一确认在具体案件中确定其保护义务的存在和范围,并最终通过相应的命令履行这些义务。

法律保护请求权的目的绝不局限于保护私法请求权。其存在也是为了保护那些不能成为权利之内容的涉法地位以及涉法关系。① 要求确认的请求权体现了针对司法机关的请求权相对于权利之存在的内在独立性。消极的确认请求权只是一种在私法领域中保护个人自由领域的法律手段。此外,法律保护请求权在刑法和行政法中还旨在保护公法性的、产生于公法地位关系的请求权。可供嫌疑人、被告人和被判决人支配的法律手段以及行政诉讼,是法律保护请求权在公法领域中的表现形式。

因此,私法上的可为、各种私法和公法上的地位和事实绝对无法创设法律保护请求权,它们只是受到法律保护请求权之保障而得

(接上页注释)本书的研究范围内。在最新的文献中,奥托·迈耶恰如其分地描述了这一请求权的特性(O. Mayer, Deutsches V.R. I, S. 115 ff.)。

① 提起无根据的诉的可能性也体现了法律保护请求权相对于权利之存在的独立性。将这种可能性与法律保护请求权相对立,例如拉班德(Laband II, S. 339, Note 1),是错误的。这种可能性产生于法律保护请求权,并恰恰证明了,个人不仅可以行使请求权,也可能滥用请求权。最近,黑尔维希阐述了这一人人拥有的、独立于应予保护的权利之存在的可能性,依据实在法这种可能性的存在是毋庸置疑的(Hellwig, Klagrecht und Klagmöglichkeit, 1905 S. 25 ff.)。

以不受质疑地存在。法律保护请求权与其他法律请求权以及法律上的地位和事实之间存在着紧密的目的关系,却不以任何方式与它们融为一体。法律保护请求权是最底线的针对国家的公法请求权,只有保障此种请求权,个人的人格才得以确立。这一点在法人身上体现得最为明显:基于当事人能力之承认,法人才能以权利人的身份出现。

法律保护请求权完全寓于被法律保障的为了个人利益使公法规范发挥作用的能力之中。其非针对法官的请求权,因为法官作为国家机关只能遵循国家的命令行事。这种请求权是指向国家本身的请求权。其将司法活动的实施与个人的申请联结起来,法官由此受到了法律规范的指示,在个人的推动下依照诉讼规范开展活动。①

根据诉讼的各个阶段,这一要求进行司法活动的请求权可进一步分化为要求查明事实、权利或涉法关系的请求权,要求司法裁判的请求权,以及要求国家作出履行或认可的命令的请求权。法律保护请求权同样也表现为向高级法院要求审查、变更或撤销下级法院判决的请求权。②

法律保护的具体形态,以及法律保护在多大范围内能够成为个人请求权的内容,完全取决于国家本身在多大程度上介入法律纠纷。决定介入程度的主导因素是对共同利益的照顾。只有当共同利益让位于私人利益时,诉讼的目的才是满足个人的法律保护请求权。而如果公共利益占据了主导地位,那么诉讼的目的则主要是

---

① Siehe oben S. 81.
② 任何具体的请求权都必然指向一种具体的履行行为。因此,具体的请求权只能以各种具体的司法活动为内容。

为了确认和实现国家的权利。虽然可以从共同利益的角度出发要求国家行为，但对个人而言，这种行为绝非其请求权之满足。国家公诉机关进行的有利于被告人或被判决人的行为是法之反射的经典范例，因为国家公诉机关只能代表公正地适用刑法规范的共同利益。只有照顾个人利益时，刑事诉讼中才会创设个人的请求权。因此，提供给被告或被判决人的法律手段是法律保护请求权的具体形式，它以有利于这些人的方式——尽管其目的不止于此——为了尽可能地限制刑法之适用的个人利益而被授予上述人等。

　　法律保护请求权的第二种重要功能寓于其与消极地位的关系之中。法律保护请求权源于人格，在目的上又回归于人格。消极的请求权所追求的和无罪判决所确认的，正是一大部分民事、刑事和行政诉讼中的法律手段所要服务的。对民事和刑事诉讼的被告人而言，抗辩、上诉和法律审的请求等都是使免于国家命令的自由得到承认而被运用的法律手段。行政诉讼中私人当事人的整个地位也具有同样的目的，发挥着否定国家的请求权的作用。因此，法律保护请求权在一方面缔造积极地位，而在另一方面，它虽非缔造者，却是承认整个排除国家干预的私人自由领域以及全部私法权利的保障。

　　源自积极地位的第二种主要的请求权是要求国家进行行政活动以满足利益需求的请求权。行政机关在很多情形中负有为了个人利益进行活动的义务。承担义务的方式为，国家本身赋予个人指向这一义务的请求权。如果规定行政行为的实施依赖于请求权本身的提起，请求权便得到创设，尽管并非所有的情形都是如此。在这些情形中，只有在个人要求的推动下，行政机关才会实施行为。

要求出具官方证书的请求权、要求在服满兵役后退出邦联的请求权、要求准许进入高等教育机构深造的请求权、要求参加考试的请求权、在满足法律规定的条件时要求颁布批准和许可的请求权都是这种请求权的实例。这种请求权的法律内容与相应的行政行为的要求相一致。但与其他任何针对国家的公法请求权一样，这种请求权在形式上指向的是对请求权负有义务的行政机关。如果这种请求权被该行政机关拒绝，那么它就指向了上级行政机关，由上级行政机关按照其监督职权满足这一请求权。在这些情形中，行政机关的活动主要是确认性的。如果在具体案件中存在法定情形，那么行政机关就应该承认相应请求权。就下级行政机关驳回请求的决定提起的复议是确认复议。

只要行政复议的申请能够引起行政监督机关审查触及个人利益的行政行为的义务，这一申请就具备了与法律保护请求权相同的功能，或至少起到了补充法律保护请求权功能的作用，尽管其为一种不完全的法律保护手段。① 行政诉讼给予了个人要求采取行政行为的请求权完全的法律保护。没有行政诉讼，相关请求权的保障就只能听凭行政机关是否遵循法律的意志。② 尽管行政复议可能具有

---

① Vgl. v. Gerber, Grundzüge S. 208; Löning, Verwaltungsrecht S. 794; Bernatzik, Rechtsprechung und materielle Rechtskraft S. 63 ff. 此外，在新近的文献中可参阅奥托·迈耶的阐述（O. Mayer, Deutsches V.R. I, § 12; württemb. Verf. §§ 36, 37; sächsische Verf. § 36）。在普鲁士，此种权利救济手段在细节上被1883年7月31日的《一般国家行政法》第121条以下的规定加以完善，此种完善在巴登则是通过1884年8月31日的《邦君规章》中所涉及行政事务程序的第28条至第42条之规定（完成的）。

② 或者在那些有义务确保依法行政的机构之中寻求法律保护，赋予专门指向议会的请愿权就是此种情形的例子（Bayern, Gesetz, den Geschäftsgang des Landtags betr. vom 29. Jan, 1872, Abschn. II, N. 2, in Sachen, Verf. § 36, Absatz 2, Baden, Verf. § 67, Abs. 2 u.s.w.）。

第九章 积极地位（市民地位）：国家成员资格

揭发和救济手段的双重功能，但关于行政复议的决定实质上属于司法的领域。

如果人们对行政诉讼的发展史进行考察，就会发现实质上的请求权和形式上的请求权的对立，以及有待将来法认可的请求权和已被实在法认可的请求权之间的对立，就变得显而易见了。只要仅在行政机关内部解决法律问题，个人请求权就缺乏完善的保障，以至于在冲突的情形中，个人利益必须让位于共同利益。只有赋予个人对抗国家行为的形式上的法律手段，原则上由行政行为维护的共同利益与被法律保护的个人利益发生冲突时，起决定作用的才不再是利益的强弱而是法律请求权的强弱。

实质上的行政行为不只是由行政机关作出的，对此无须赘述。[1] 因此，也存在一种要求法院作出行政行为的个人请求权。这种请求权和法律保护请求权一样，都受到同一机关的保护。尽管如此，但它在性质上却和法律保护请求权截然不同。它指向的内容并非确认、判决和执行令，而是要求法院其他种类的履行行为，如登记、保管和查封。

法律上的利益并非唯一要求国家予以照顾的利益，此外还存在着不可尽数的事实上的利益。这些事实上的利益可能存在于有益于个人或多人的国家行为的作为或不作为之中，存在于旧国家制度之变革或新国家制度之引入。关于这些利益的主张，存在一种直接的产生于人格的请求权。这是一种最广义的请求的权利，这种权利

---

[1] Vgl. Jellinek, Gesetz und Verordn. § 222 ff.

包括请愿权，以及个人要求照顾其事实利益的请求权。① 请求的权利，确切地说，要求国家予以考虑的请求权存在的依据在于，任何一个国家机关都有义务接受和处理臣民提出的属于其职权范围内的请求。在很多情形中，指向君主的请求被称为恩典请求；指向议会的请求被称为请愿；② 指向行政机关的请求则被称为申请和诉愿。在那些请求革除弊端、请求废除侵害利益的措施的案例中，请求具有诉愿的属性。这种请求在一方面与司法复议截然不同，在另一方面区别于以实现法律请求权为目的的行政诉愿，其最为准确的称谓应为利益诉愿（Interessenbeschwerde）。处理这种请求的形式并非总为法律所规定。依据这种请求的性质，存在一种要求处理和答复的形式上的请求权。如果行政机关不处理这种请求权，那么其不作为无论如何都是一种对个人的侵害。法官在所有情形中都必须对当事人作出答复，即使是通过简单驳回。这一点原则上对所有行政机关都同样适用。③

当然，纯粹的事实利益的享有人未被赋予满足其请求的法律请求权。尽管如此，相关国家机关并不能任意处置此种请求。实施合义务的、服务于共同利益之行为的法律命令是针对所有国家机关的承担者的。④ 只要共同利益要求照顾个人利益，或至少为照顾个人

---

① 伯恩哈克从集权主义思想出发，以极为肤浅的方式对请愿权的历史进行了研究[Bornhak, Das Petitionsrecht, Archiv f. ö ff. R. XVI (1901) S. 403 ff.]。例如他认为，英格兰人不知请愿权为何物。然而作为1688年革命存留至今的硕果之一，这一权利早已在雅各布二世时代在请愿者的强烈呼吁下通过《权利法案》第5条得以确立。
② 然而，对君主的请求和请愿也可以具有特殊诉愿的属性。
③ 在关于行政诉讼的法律规定中也清楚规定了答复的义务。
④ Bernatzik, Rechtspr. und mat. Rechtskraft S. 46 und Gründhuts Zeitschr. XVIII S. 156.

第九章 积极地位(市民地位):国家成员资格

利益提供了可能性,就至少存在得到伦理之保障的照顾个人实际利益的义务。另一方面,只要共同利益允许,个人就享有诸多要求照顾和促进所有借助国家行为可实现之利益的请求权。[①] 现代国家成员之核心内容可于这一表述中得到集中概括。

为了实现这一内容,三种根源相同的请求权被创设出来:法律保护请求权、利益满足请求权以及利益关照请求权。法律保护请求权仅为人格之公法构造的抽象底线,人格于现代国家之中同时还被赋予了其他两种请求权。如今只能通过这几种请求权的内容,而不能按它们的数量和程度对拥有这些请求权的人进行区分。作为积极地位的具体底线,这几种请求权必然为任何人拥有。失去它们就相当于民法中的死亡和人格的消灭。不同国家之间以及一个国家的不同发展阶段之间,这些请求权在类型和实现方式以及各自被赋予的范围上存在差异。然而,人格表现出的基本结构在各个地方都是相同的。不论于何种历史条件和地域条件之中,基于人际关系的典型要素,这一基本结构属于国家制度所固有的典型事物。国家并非在所有时代都将人格赋予个人,但只要国家赋予某人人格,那么其方式只能是对这三种请求权加以保障,尽管后两种请求权的保护形式尚不完善。

在这些形式上绝对相同的积极地位的要素之外,还存在着大

[①] 这种请求权绝不会像拉班德认为的那样,与他所主张的国民要求"分享共同体的恩惠的权利"相重合,因为一大部分的此类恩惠并非法律请求权之满足,而是作为公法制度的反射有益于个人(vgl. Allg. Staatslehre S. 407)。在另一方面,存在大量的个人请求权,对个人而言,它们在作为恩惠对立物的公法制度中被创设出来。例如,一个没有护照义务和出境限制的国家与要求护照和出境证明的国家相比,对个人的福利更具促进作用。在后一种国家中才存在要求颁发护照和出境证明的请求权。

量的可变要素。一方面,积极地位的内容可以随着任何法律的改变而改变;另一方面,基于现行法制,个人之间在积极地位上存在深刻差异也是可能的。通过特殊的取得行为、国家的授予、任意种类的创设权利的行政行为以及归属于某一特定职业的资格等,一个人可能拥有众多以具体的国家认可行为和履行行为为内容的请求权。此中也包括所有通过国家考试而获得的主动资格(例如,基于高等教育资格考试证书可以获准进入大学深造,通过国家考试可以获得行医资格)。此外,源于主动地位的指向国家履行行为的特殊请求权也属于此种情形,对这些请求权的探讨将在讨论主动地位时进行。虽然针对公法团体的积极请求权只具有间接的国家法属性,但也应归入此列中。有序地、系统地概览全部个人请求权几乎是不可能的,这项工作也不具有重要的科学价值,这就如同统计买卖或提存的所有可能的客体。将具体情形中判别公法属性的原则确定下来便已足够。

以内容为标准,积极地位可被分出多个层次。从任何人格人都享有的最低限度的请求权,到构成了以广泛的服从状态为基础的较高级别请求权之前提的国家成员关系,再到国家成员关系之中产生的被优待的构成特殊请求权之基础的资格。① 另一方面,人格人所

---

① 本章所探讨的请求权缺乏一种被认可的统称。依照法国模式,它们常被称作"bürgerliche Rechte"(市民权)(z. B. von H. Schulze, Preussisches Staatsrecht 2. Aufl. I, S. 366; Ulbrich, Lehrbuch des österrr. Staatsrechts § 31)。但这一称谓有很大的误导性。一方面"bürgerliches Recht"和"Zivilrecht"(民法)是同义的;另一方面,国家成员资格并不是一大部分请求权的前提。法国的"droits civils"(民法或民法权利)这一概念也缺乏明确性。最近它们又被艾斯曼(Esmein)和欧里乌(Hauriou)(vgl. oben S. 3 N. 1)称为"droits individuels"(个人权利),并认为它们是自由权。

拥有的在内容上最低限度的请求权能够为刑罚所减损。而基于较高等级的资格和作为被优待的主动地位的作用的个别请求权之减损也是可能的。任何原因导致的对人格人自由行为的任何限制都必然产生这种结果：法律请求权和利益请求权在被减损的方面失去效力，其所保护的领域变小了。

形式上的请求权也可能在其具体形态上受到多种多样的更改。通过设立特殊法院和例外法院，关于个别人和某个阶层的法律保护请求权的规定可能异于常规。基于特殊的情况，特定群体指向利益满足和利益关照的请求权可能被赋予更加广泛的内容。[①]

基于之前的研究，可以轻易地看出法律平等原则在实在法中都有哪些内容。在私法上，其绝不意味着同等的享有积极权利的状态，只意味着赋予所有人同等的获得私法权利的能力。然而，这只是一个一般性的具有例外的原则，在具体的法律制度中存在依事理而规定的例外情形。这种能力上的平等实际上就是赋予所有人平等的公法性法律保护请求权。如前文所述，赋予同等程度的实质上的公法请求权也并非法律承认的法律平等的内容。如果人们概览请求权在程度上和范围上的层级分布（尤其是行政机关的请求权），这一点就愈发清晰了。在公法领域，法律平等只意味着国家平等地赋予法律保护请求权、利益保护请求权以及个人利益关照请求权。法律平等唯一的实在法功能只存在于这种请求权的平等之中。而这种功能在根本上只能作为一种具有例外情形的规则发挥作用，因

---

① 例如那些通过新近的社会政策立法为特定职业的成员创设的为数众多的请求权。

为法律平等与自由权相似,都是消极性的。只有在与既往的法制的对照中,才能真正理解法律平等。宪法中的法律平等意味着于根本上否定按照阶层和信仰分配权利的做法。

因此,法律平等主要在于积极地位的平等。此外,它还包含了一个一般性的国家义务——以同等尺度处理同等情形。这一义务不仅是立法机关的义务,也是司法和行政机关的义务。然而,任何形式的平等都绝无可能成为个人请求权的内容。平等原则是客观法,其在个人领域中的作用是纯粹的反射作用。

第十章　主动地位（主动市民地位）：
国家机关的承担者资格

第一节　概述

国家意志是人的意志。国家意志之形成必然在事实上或法律上由拥有国家机关身份的特定个人实现。后一种情形是正常的状态，也是唯一能够从法学的角度出发加以论述的状态。

法律规范必须确定，何人在何种条件下从事或参与国家意志的形成。这些法律规范是为了重要的国家利益而被制定的。乍看之下，这些法律规范和个人利益没有关联。国王、总统、议会之存在服务于国家职能之行使，任何个人利益在这些情形中均无容身之地，否则"国家机关之存在只服务于国家意志"这一公理就必须颠倒过来了。

果真如此，那么要求参与国家生活的请求权和国家机关地位请求权似乎就不可能存在了，通常在狭义上被人们称为政治权利的事物在法律上也是不可能存在的了。[①] 通行观点论及的这一领域中的

---

① 关于这一问题的术语运用与所有这一领域内的术语运用一样，是（接下页注释）

个人权利,就都是客观法的反射,而非主观权利。拉班德就针对选举权明确地提出了这样的结论,其论证却无法令人信服。[①] 所有他提出的否定选举权之个人权利属性的论据,同样也可用于否定毋庸置疑的私法权利的个人权利属性。例如,这些论据的矛头也指向环游车票的持有人,但他却享有针对一个或多个铁路运营机关的不可撤销的主观请求权。[②] 与拉班德的主张类似的观点认为,选举权不是取得权利(erworbenes Recht),会随着立法的变化而变化。这一主张也原则上适用于所有要求进入国家机关的请求权。[③] 针对选举权设定特定的障碍并不违法,这一理由不能否定选举权中的主观请求权,因为这些障碍同样与作为共同利益的所有选举权人均得参与选举之理念相冲突。[④]

"参与国家生活的权利就其本质而言只是客观法的反射",这种肤浅的观点是经不起推敲的。不以特定的方式将资格赋予个人

(接上页注释)摇摆不定的。政治权利往往被理解为主观公法权利,这在语源上是正确的。奥地利帝国法院审理国民因"被宪法保障的政治权利"受到侵害而提起的诉愿,该院几乎将所有自由权与其他一些宪法请求权(例如要求合法法官的请求权)连带议会选举权和地方选举权都归入"政治权利"这一概念。

① 拉班德虽然已经自己意识到其在不同地方的论述之间(I, S. 307f., S. 139, 143; vgl. den Hinweis S. 143 Note 2)存在尖锐的矛盾,但却并未予以排除。他为其教义提出的论据都是从选举权的反射权属性中得出的,其内容是:选举权不是请求权,不能移转,不能出让,不能继承,也不存在要求排除投票妨碍的请求权。

② 同样由拉班德正确地提出的法律保护请求权也不具有主观权利的性质,如同任何指向行政机关的具体请求权都是纯粹的客观法的反射一样。

③ v. Gerber, Grundzüge S. 41.

④ 基于选举权的反射权利属性,拉班德认为雇工、工人、帮工、官员没有为参与选举要求休假的权利;被羁押人员和服刑人员也同样不能要求被带到选举场所(Laband I, S. 307)。然而,这一点对这些人的大部分私法权利同样适用。国家并未赋予拥有一块农田的雇工为行使其所有权而任意中止工作的权利。

第十章 主动地位（主动市民地位）：国家机关的承担者资格

的人格，就根本不可能保障这种反射权利。只有向个人赋予天然自由以外的能力，保障这种权利才是可能的。以这些能力为基础，个人才能行使政治权利。

当个人履行国家职能时，个人就成了国家机关。个人在这一身份上不享有独立的权利，拥有的是国家职权。在法律层面，统治者不是君主个人的人格，而是国王。就选举人而言也是如此。选举人作为全体选民的成员，参与行使组织民选议会的国家职能。在这一过程中，选民并非以个人身份，而是作为国家机关发挥作用。[①]选举人是一种国家职能机关，其主体绝不可能是个人本身。选举的整个进程仅由客观法调整。从这些客观法中，无法推导出任何人的主观权利。法官在合议庭中的投票行为也同样不是主观权利之行使。

随之而来的问题则是，国家如何获得意志，并以此为基础形成自己的意志。这一问题只有两种可能的答案：通过义务或通过权利。法律或特殊的义务基础创设的服务义务可以将个人的意志力输送给国家，国家也可以向个人赋予特定的能力，使其能够为共同利益而活动。

此处仅需对第一种情形稍作介绍。兵役义务、陪审法官义务、陪审员义务都是向国家提供服务的义务，国家将履行这些义务的行为当作自己的行为。具有国家职能的市镇组织可以建立在轮流服务义务和就任民选官员的义务的基础之上。通过公职合同可以创设一种特殊的国家权力关系。对国家而言，这种关系的作用相当于

---

① 正确地认识到这一点的有：Merkel, Jur. Enzykl. § 438. Vgl. auch Gierke, Genossenschaftstheorie S. 707 ff.; Bernatzik, Archiv S. 310, Note 319; G. Meyer, Das parlamentarische Wahlrecht S. 411 f. und die daselbst Genannten. 这一观点在英国和法国的文献中拥有数量众多的支持者，参见：Allg. Staatslehre S. 408 N. 1.

法定的服务义务。在所有这些情形中，产生并持续存在着一种个人作为国家机关从事活动的义务。

相反，在第二种情形中，国家赋予个人一种与其人格相关的、作为国家机关进行活动的能力。在此种情形中，个人的领域没有受到义务限制；相反，个人在法律上的能力被扩展了。我认为，个人通过这些行为能力之赋予拥有了一种新的地位。这就是主动市民地位(Status der aktiven Zivität)。简言之，主动地位(aktiver Status)。主动地位与积极地位差异显著。其直接内容不是针对国家的请求权，而是个人作为一种国家行为可能的客体被吸纳为国家机关的成员。主动地位与消极地位截然对立。基于消极地位，个人不受国家干涉；基于主动地位，个人为国家开展活动。主动地位与被动地位既有相似之处又完全分离。被动地位意味着对高级意志的服从，而主动地位的最终目的则在于形成这一高级意志。此外，被动地位之中绝不会产生针对国家的请求权，而主动地位却是一系列针对国家的重要的个人请求权的法律基础。

这种人格上的资格并非纯粹的客观法之反射。如果国家基于职权使个人为国家服务，那么服从者的意志就会变得毫无意义。而公共职能的行使取决于个人意愿的情形则与之完全不同。在后一种情形中，只有服务于共同利益的活动同时也满足了个人利益时，才能确保必要的国家职能通过个人意志得到实现。只有当国家在较大程度上将个人利益设为先决条件时，国家才不必强制个人行使相关职能。①

---

① 1881年3月21日的巴伐利亚《选举法》表明，议会选举可以通（接下页注释）

第十章　主动地位（主动市民地位）：国家机关的承担者资格

这种个人利益在君主权利上体现得最为鲜明。因此在国家法文献中毫无疑问的是，君主作为个人而非作为国家机关拥有对其地位的请求权。这一点不仅适用于君主，也当然地适用于民主国家的最高国家机关，因为构成人民的个人拥有针对机关地位的法律请求权，即机关成员资格的请求权。拥有代议制宪法的国家中的选举权也是如此。大陆国家中，议会制度的产生是为了给众多相互冲突的个人利益创设一种机关，以便将其调和成一个理想的统一体，并使其成为共同利益在法律上的表达。我认为，莫尔（Mohl）、施泰因（Stein）和格奈斯特（Gneist）意指的设立民选议会的"社会"，是通过众多局部的、相互冲突的利益联结起来而又相互对立的个人的整体。这个整体就是人民。如果选举权背后隐藏的不是巨大的个人利益，那么就无从理解在那些没有普遍选举权的国家中，迄今从未获得选举权的阶层为何会发起猛烈的争取选举权的运动。正是基于对个人利益参与共同意志之形成的真知灼见，第一份人权和公民权利的宣言就已经将选举权和表决权作为其构成部分公之于众。[①]体现为对国家参与的古代自由概念也源自这一观点——个人利益和共同利益持久地联结在一起，有赖于个人利益能够积极地参与共同利益的形成。卢梭在《社会契约论》中提出共同意志的概念时指出，共同意志是所有个人意志的和谐的内在统一体，仅受共同意志统治的人才是自由的人，个人意志被提升为在共同意志中共同起作用的

（接上页注释）过针对不行使选举权的惩罚性规定获得保障。最主要的手段为选举义务，自1898年起在比利时便存在这种义务，违反这种义务的人会受到罚金、从选举名单中除名以及剥夺其担任国家和地方官员的能力等处罚。

① Art. 6.

因素。① 由此，他以现代的形式表述了一个古代的思想。依照这一思想，只有当个人的意志能被放入共同利益的秤盘时，个人才是国家成员。

即使不考虑每个在法律上参与公共事务的个人对共同意志的形成施加的影响，个人利益鲜明地表现为参与国家之人的社会声望和社会荣誉，这在君主身上体现得最为突出，在所有"政治权利"拥有者身上也有不同程度的体现。因此，基于各种原因，至少在原则上，存在一种为了共同利益而进行活动的强烈的个人利益。

应该将个人的请求权与个人拥有的·被·动·资·格（passive Qualifikation）区分开来。这种资格并未直接赋予任何人指向国家的请求权，而是赋予个人成为某种请求权可能之主体的能力。仅当此种抽象的能力被附加了一个特殊的、以植根于此种能力的请求权为对象的取得行为时，·主·动·资·格（aktive Qualifikation）方得以产生。被动资格仅仅是法律规范的反射。② 基于这一属性，被动资格不能为任何行为提供权利依据。被选举的资格和就任官职的能力都属于被动资格。从这种资格中不会产生任何能被法律保护的请求权。被选举的资格和就任官职的能力不属于个人的领域，仅为规定了任何意欲成为国家机关的个人必须拥有的资格的规范的反射。对于尚未胜选的或尚未就任官职的人而言，这一点毫无疑问。在当选者或被委任人因缺少被动资格而被否认主动资格的情形中，这些人在

---

① Du contrat social 1. I, ch. VI.

② 所以很多宪法规定的国民就任官员的能力并未赋予任何形式的积极请求权。详细的论述见于奥地利帝国法院第 165 号判决的审判理由（Hye, Sammlung IV, S. 768）。

第十章 主动地位（主动市民地位）：国家机关的承担者资格

由此引发的诉讼程序中也无法当然地获得当事人资格。这种情形涉及的其实是国家享有依职权审查客观法所要求的个人资格的权利。因此，被动资格是有效实施特定国家行为的客观法上的条件。被动资格本质上是消极的，本身并不提供针对国家的请求权，只能向国家表明谁是被排除在外的，而不能指明谁是具体的被选任的人。只有存在严格的具体到个人身上的要求任命的请求权时，才会存在主动资格。教会法恰当地将被动资格人称为适格人（personae idoneae）①。

主动资格，即一种特殊的地位，存在于所有具体到个人的要求机关地位的请求权之中。王室成员、享有世袭议员资格的贵族家庭的父系亲属、庄园主分别拥有王位请求权、议员资格请求权和行使治安管理职能的请求权。适格人获取机关地位的情形均为如此。较之选举人，在胜选者身上存在着更大的为了共同利益从事活动的个人利益。因而其与君主一样，拥有要求机关地位的个人请求权。尽管官员不享有这种权利，不享有类似"物权"的针对官职的权利，但是至少在存在法定职务条例的国家中，官员对赋予其资格的官职关系享有权利，职务条例保护官员的地位不被恣意剥夺或贬损。②

深入地研究机关地位请求权就会发现，不论在何处，这种请求权的内容都基本相同：承认相关人员为国家机关的承担者并许可其获得职位。基于法律，这种承认导致了一种国家许可义务的产生，机关地位请求权故而在根本上是要求承认的请求权。更确切地说，

---

① e. 29 X de praeb. Et dign. III, 5. Vgl. auch Hinschius, Kirchenrecht der Katholiken und Protestanten II, S. 476.

② Vgl. z. B. Reichsbeamtengesetz § 61 ff.

是要求承认一种地位的请求权。这一请求权永远不会指向特定职能之行使。职能的行使永远只服务于国家的利益，因而其主体仅仅是国家。这一请求权只涉及机关承担者的资格关系，而这一关系的内容与个人利益毫不相干。因此，国家职权永远不能成为君主的个人权利的内容，议会职权也同样不是议会成员个人权利的内容。只有当个人被赋予了使其能够不受阻碍地进行机关活动的法律权力时，这种法律权力才属于个人请求权，尽管这种法律权力是为了公共利益而被确定的。总之，所有这些请求权都应归结为要求承认的请求权。

在研究主要涉及君主权利和市镇权利[1]（待下文阐述）的问题时，政治权利中个人利益和共同利益之间独特的、难以理清的关联，促使贝尔纳茨克给出了独特的解答，并顺着此种逻辑将这两种权利与其他政治权利等同视之。以德意志法上的分离的所有权学说为模板，贝尔纳茨克构建了国家和非国家人格人之间的关系。

然而，无论是在限制君主权利方面，还是在扩展全部直接的国家机关权利方面，贝尔纳茨克针对这一问题提出的解决方案都不令人满意。就分离的所有权而言，两项权利的客体是同一个客体，而国家和承担国家机关的个人则对不同的客体拥有权利。正如贝尔纳茨克所正确强调的那样，君主拥有要求机关地位的权利。[2] 但君主的请求权仅仅指向机关地位，机关职能的内容以及国家职权都绝非君主"自己的权利"。贝尔纳茨克理论的错误在于，他将君主设

---

[1] Archiv f. öff. R. V, S. 297 ff.
[2] a. a. O. S. 299.

第十章　主动地位(主动市民地位):国家机关的承担者资格

想为机关地位上的人格人和非人格人的双生体。这个错误与他此后的错误尝试有着密切的联系。他意欲凭借"己有权利"和"非己有权利"这两个概念解决机关意志和国家意志之间的关系问题。[①]由于按照其理论的前提无法从国家中推导出君主要求机关地位的"己有权利",他便一意孤行地以一种在学术界早已被摒弃的观念为依据,将君主的"自己的权利"界定为一种私法权利。至于这种权利从何而来,就无从得知了。[②] 这种理论的前提是"国家以及国家制度不仅为了人民共同体而存在,也为了立于国家顶点之人的意志而存在"[③]。百年来,只有路德维希·冯·哈勒毫不掩饰地持有这种观点。经过艰苦斗争而获得认可的现代国家理念与这样的观点是冰炭不容的。

早在四十年以前,盖尔博就在其关于公法权利的著作中踏上了通往正确认识的道路。[④] 当时的德意志国家法理论深受对旧有帝国时代领土国家的盲目缅怀之影响,仍然认为国家权利是领土主权的附属物。在帝国崩溃后的混乱局势中,"君主在国家权力上的权利

---

① Vgl. unten Kap. XIII.
② a. a. O. S. 301.
③ 导致这种结论产生的原因是利益一致性的观点,这正是贝尔纳茨克在此处所欲确立的观点。利益的一致性是不可能成立的,因为国家共同体的利益与个人利益绝不可能重合。个人利益的范围再大再广泛,在时间和内容上都是有限的。而永不死亡的政治共同体依照其服务于人类的共同目的之使命拥有在内容上不可限量的利益。存在于个人利益与共同利益之间的不是同一性而是差异性。特定个人成为君主的法律利益绝不可能是国家的法律利益。国家没有以特定人为其统治者的权利,否则君主就不能基于个人意志而放弃王位。国家依照宪法行使国家权力的利益同样也不是君主的法律利益。国家的利益反而决定了君主的义务。我们无法相信,宪法对君主的限制是君主的利益,因而是君主的权利。
④ S. 51 ff.

是一种物权"的观点仍未被落后的国家法思想抛弃。① 毛伦布雷希尔（Maurenbrecher）对君主权利所进行的纯私法式的理论构建在阿尔布莱希特（Albrecht）② 和斯塔尔③ 那里招致的非难，为理解君主权利的公法属性铺平了道路。直至盖尔博，君主职权和君主地位请求权才被全面清晰地区分开来。他认为后者是建立在君主的国家成员资格上的个人权利。就其本质而言，这种权利是公法权利。④ 此种认识应予继续发展，而非使之倒退。

近来，一再有人尝试使倒退回此种认识之后，雷姆（Rehm）是其代表之一。他坚持德意志国家的君主专制，认为如今的国家是半世袭、半人格国家，⑤ 针对任何单方面的改变，世袭的君主权利都受到

---

① 尽管如贝尔纳茨作品中体现的那样（Bernatzik, Archiv S. 246），君主之成员地位的观点在当时已被传播。参见：bezüglich der Vorläufer Albrechts die Literaturnachweise bei Maurenbrecher, Die regierenden deutschen Fürsten und die Souveränität S. 4 ff., S. 59 ff.（namentlich Majer und Posse）.

② Göttinger gelehrte Anzeige a. a. O. 尤其是那些由贝尔纳茨克在作品中详细标出的地方（Bernatzik Archiv S. 246, Note 224）。在这些地方，极为清楚地阐明了国家的人格和成为国家机关的个人的非人格性。贝尔纳茨克主张最好不要研究政治共同体和国家的性质。我完全同意他的这一看法。然而在我看来，贝尔纳茨克自己的论述似乎与他这一主张并不相符。

③ 他在对毛伦布雷希尔的评述中提出了关于国家权力承担者的如下概念："承担者这一表述明显没有表明，君主所拥有的权力或权威与国家所拥有的权力和权威有所不同，只表明了，君主同样是上帝规划之制度的成员，只有上帝才不受任何影响地独自拥有全部的权力和威严。"（Die deutschen Fürsten in Richters Kritischen Jahrbüchern für R. W. V, S. 118）此外，他认为："不能认为君主是统治国家的人类人格人，只能认为君主是国家的化身。"（Philosophie des Rechts II, 2 § 71）

④ Über öffentl. Rechte S. 63 ff.

⑤ Modernes Fürstenrecht S. 58. Vgl. über Rehm und die aus Anlass des Lippeschen Tronstreites von anderen verfassten Gelegenheitsschriften patrimonialstaatlichen Gepräges namentlich Anschütz zu G. Meyer, Staatsrecht S. 252 N. 4 und S. 255 ff.

宪法的保护。假如对在旧帝国崩溃后出现的限制国家的法制加以探究，人们在这些人的作品中肯定不会得到任何令人满意的答案。

如果摆脱了这一以国家权力为对象的权利的错误观念，人们就会很容易地认识直接的、非继受的、源自主动地位的请求权的内容。基于主动地位，个人拥有机关地位请求权，即要求承认个人作为国家职权的承担者的请求权。这一请求权的内容仅仅局限于此。我要再一次重申，国家职权的行使本身永远都不是也不可能是个人权利的内容，因为个人作为国家机关没有人格，他只是更高级之整体的组成部分。个人作为这一组成部分之载体的人格人，只能拥有要求被视为整体之组成部分的请求权。君主个人只享有要求国家认可其地位的请求权，即要求将其视为最高国家机关的请求权。① 相反，国家权力本身只属于国家，由构成国家的人行使。"君主的意志权利不是作为人类个体的人格人的权利，会受到君主这一机关的制度属性之限制。"② 其他所有主动资格亦复如此。

第二节　各种主动资格（政治权利）

一、君主权利

君主权利中存在两种相互独立的请求权——王位取得请求权和王位取得者的请求权。这两种请求权都以人格上的资格为依据，在世袭王朝中（如今在保加利亚存在一种名义上的例外情形），只

---

① 这种请求权指向的是人之存在，而非人所拥有，是人格上的资格而非某一客体。
② v. Gerber, Grundzüge S. 79.

有通过家庭纽带联结起来的小范围内的人,才基于宪法拥有这种资格。有继位能力的王室成员拥有一个特殊的最受优待的地位。准确地说,王位取得请求权源自主动资格,因为在此情形中无需一个将潜在的请求权转化为现实请求权的创设权利的行为,此种请求权始终是基于法律产生的。但这一请求权是纯粹的公法权利。依照继承权的方式,将王位"候补人"的权利构建成封地世袭权是与现代国家理念完全抵触的。斯塔尔①、策普弗尔(Zöpfl)②、察哈里埃(Zachariä)③甚至是盖尔博④所持之观点在当下普遍为学者所彻底抛弃。就国家理念的进步而言,这是理所当然的。此情形引发的重要结果在于,王位"候补人"不再拥有"取得权利"(erworbenes Recht)。因而,王位的更替只需依照宪法规定的方式进行,如果宪法未明确作出相反的规定,父系亲属的同意在法律上就不是必要的,甚至是无关紧要的。⑤

依照王位继承制有资格成为王位承担者的人,主要享有要求承认其个人为最高国家机关承担者的基础请求权。⑥所有王位纷

---

① Philosophie des Rechts II, 2, S. 240.
② Grundsätze des gemeinen deutschen Staatsrechts 5. Aufl. I, S. 590.
③ a.a. O. I, S. 342.
④ Grundzüge S. 92, Note 7.
⑤ 英国的国家法学首先得出了这一结论(Fischel, Die Verfassung Englands 2. Aufl. S. 119)。在德意志国家,摩尔最先认识到王位继承制的公法属性(Mohl, Württemb. Staatsrecht 2. Aufl. I, S. 434 f.)。如今,这已成为主流学说,而最新的坚持世袭国家的国家法学所提出的反对论据则不值一提(Vgl. G. Meyer, Staatsrecht S. 254 und die daselbst Note 3 angeführten Schriftsteller)。
⑥ 尽管在原则上已经认清君主权利的性质,作为机关载体的个人与机关职权本身之间的划分仍难以贯彻。将君主作为国家权力的主体的理论倒退时有发生(z. B., H. Schulze, Deutsches Staatsrecht I, § 82; Preuss, Staatsr. I, § 47; G. Meyer, Staatr. S. 17 f.

第十章　主动地位(主动市民地位)：国家机关的承担者资格

争都围绕着国家的承认。即使是未受质疑的君主,也持续拥有要求国家承认的请求权。君主对王位的权利穷尽于这一请求权之中。即使作为君主的个人在所有执政行为(Regierungsakten)中表现独特,法律也无从把握这一人物的历史意义。① 君主是法律上的最高国家机关,却绝不可能是国家权利的主体。君主的执政权利(Regierungsrechte)不过就是最高国家机关享有的职权。关于这一权利的范围的争议只是关于职权的争议,而不是关于主观权利的争议。

君主权利作为执政者的权利具有一种表面上的特殊性——唯

---

und derselbe, Der Anteil der Reichsorgane an der Reichsgesetzgebung S. 16)。尽管这些著作区分了国家权力的承担者和国家机关,但是却同时认为"承担者"只能被理解为一种特别的机关,这种特别机关既不是依据委任,也不是作为代表机关行使其所拥有的权力(现在我完全反对"国家权力承担者"这一概念,参见: Allg. Staatslehre Kap. XVI)。统治者理论的拥护者持有这样的立场是理所当然的。因为他们否认国家的人格,所以就不会陷入将同一个权利归入两个主体的矛盾之中。正确的答案还是由盖尔博先行表述的。他认为:"人们因而区分了作为制度的君主权的内容和要求享有君主权的权利,后者才是直接的附加在人格上的权利。"(Grunzüge S. 79, Note 4)此外,他还将君主权定义为作为君主的权利(Grundzüge S. 87, ebenso Gesammelte juristische Abhandlungen II, S. 455)。加赖斯也有"作为国家元首的资格"之表述(Gareis, Allgemeines Staatsrecht bei Marquardsen, S. 36)。基尔克对处于国家元首地位的君主的权利和机关本身的权利作出了区分,并将前者理解为被提升了的国民权利(Gierke, Labands Staatsr. und die deutsche Rechtswissensch., Schmolers Jahrbuch VII, S. 40)。基尔克提出的不明晰的、充满矛盾的"机关人格"概念(S. 47),使得他的观点在扼要性和清晰性上较盖尔博略逊一筹。塞德勒继承了基尔克的观点(Seidler, Die Immunität der Mitglieder der Vertretungskörper nach österreichischem Rechte S. 71),却否定了"机关人格"的概念(S. 69)。

① 从这里可以清楚地看到法学认识的局限性,可以认识到仅仅通过法学研究难以把握国家事务。所有事物都是个别、具体力量的直接作用,无法完全用抽象的概念(例如法学的工具)去理解。君主如此,议会、部长、官员也是如此,不能用法学的模板把握他们的政治作用。

——一种未经权利人同意不得改变的公法权利。[①]虽然议会的地位未经议会的同意也不能发生变动，但这只是就议会整体的地位而言的。相反，依据多数原则，无视持有异见之少数派的意志而变更议会成员的个人权利是可能的，也是实际发生过的。如果上述主张涉及的是君主和议会的机关地位，就谈不上权利之变动，涉及的只可能是新的职权分配。职权分配本身改变的只是客观法而非主观权利。如果问题涉及对君主个人权利之变更，那么基于实体的重合性，始终应由君主的机关意志对这一机关上存在之人的未来地位作出判断，因为最高国家机关的意志和统治者个人的意志在实体上具有同一性。但君主权利绝不会因此变为"取得的"（erworben）私法权利。与一切公法权利一样，君主权利由国家授予并仅受国家变法意志的支配。以合乎宪法的形式变更君主个人的法律地位，依据的不是统治者个人的意愿，而是有相关职权的、作为国家机关的君主的单方面意志。

基于承认统治者的主动资格而产生的统治者个人的法律地位，表现为一系列法律请求权。这些请求权是君主个人被提升了的总体地位的表现。首先是君主的免责权，此种权利是可以想象到的对其自由领域最大程度的扩展，由此产生了君主个人要求国家机关（法院、议会）不得作出任何形式的以其个人为对象之行为的请求权。这一请求权一般通过客观法得以实现，尽管君主作为权利的主体也可能在法律上主张这些请求权。其次是君主的荣誉权。如果荣誉权在根本上具备个人权利的属性，那么它们就构成了最受优待

[①] 这种特殊性常常被视为君主权的标准。例如：Zachariä a. a. O. I, S. 85.

的消极地位。这体现为特定行为只能由君主实施,如拥有宫廷[①]、使用荣誉头衔和王位标志。但是从另一个角度出发,这些权利同时也是以统治者的个人人格为基础的国家义务。在对外事务中,国家在王权尊严和相应的君主头衔的使用上拥有重大的利益,例如君主头衔在国际法中的效力。因而有必要追问,我们所探讨的请求权是不是反射权利。针对反射权利性质的反面论据是,君主在行使上述职权上所拥有重大的个人利益是毋庸置疑的。在君主的荣誉权上,个人权利和国家义务以一种独特的方式交织在一起。一方面君主拥有使用陛下头衔的权利,而另一方面,只要还是君主,他就不能放弃使用这一头衔。

然而,一大部分在传统上被习惯性地归为荣誉权的权利只是臣民的特定顺从义务之反射。这其中包括要求军队致以最高规格之军礼的"权利"以及国葬[②]的"权利"。要求教会为君主祈福的权利针对的不是国家而是教会,其为相应教会机关的义务。此外,值得存疑的是天主教是否就此向君主负有义务,或者教会为君主祈福只是实施一项自治行为。[③] 同样不能认为君主拥有要求更高规格的法

---

① 依据贵族家庭法或君主的许可,其他的王室成员也能拥有这一荣誉。赛德尔正确地指出,只有围绕着由君主为了宫廷的荣誉而制定的制度所进行的国家保护才具有公法属性(Str. G. B. § 360)。参见: Seydel, Bayer. Staatsr. I, S. 175。

② 这些权利丝毫不受质疑地从一个国家法体系进入另一个国家法体系中。尤其是国葬权,在法律上这是个稀罕物,因为只有死者才能行使这项权利。现在持有与我相同看法的有: G. Meyer, S. 246 u. Anschütz, Enzykl. S. 567。只有当军队不再服从于君主的军事指挥权时,要求军队致敬的法律请求权才是可能的,如基于军事条约被并入普鲁士军队的非普鲁士兵团。参见 1870 年 11 月 25 日的《巴伐利亚军事条约》第 5 条。此处,邦君的请求权针对的不是军队而是普鲁士国王。一般而言,普鲁士国王负有向相应的军队发出相应命令的义务。

③ Vgl. Hinschius im H.B. des öff. Rechts I, S. 283.

律保护的法律请求权。① 保护君主的法律规定只是通过严厉的惩罚确保臣民履行法律义务,这些规定和所有刑法规定一样,其目的都在于维护共同体的重要利益。②

相反,君主向国家提出的财政请求权是个人权利。当然,这种权利也同时以国家利益为基础。为了维护皇室尊严和荣誉这一共同利益,君主被赋予了要求国家支付年俸、宫廷开支和王室收入的公法请求权。然而,共同利益所能确定的只是这一请求权的存在,而非如何满足、在多大程度上满足这一请求权。对这种请求权的作出进一步规定实际上是服务于君主的个人利益的。对这种请求权的性质进行研究具有实践意义。如果议会通过预算表决任意削减法定的君主年俸,那么君主就可以向国家主张一切与侵害君主私法或公法上财产权利行为相关的请求权。

---

① 布伦奇利将君主的法律保护请求权连同君主的免责权和不受侵犯权一并归入皇权之中(Allg. Staatsrecht, 5. Aufl., S. 189)。也有人把它们归入"荣誉权"中(Gareis, a. a. O. S. 48; Ulbrich, Lehrbuch des österr. Staatsrechts § 52; Seydel, Bayer. St. R. I, S. 176)。

② 赛德尔令人信服地阐明了,传统上被归于君主的个人皇权的所谓的荣典权就其性质而言应属政府权利(Seydel, B. St. R. I, S. 173 N. 1)。持这种观点的还有伯恩哈克、比尔林、安许茨和冯·福雷斯(Bornhak a. a. O. I, S. 468, Brie in Stengels Wörterbuch des deutshcen V.R. II, S. 488; Anschütz, Deutsche Juristenzeitung 1899 S. 53 f.; v. Frisch, Die Verantwortlichkeit der Monarchen und höchsten Magistrate S. 351 ff.)。一切由君主授予的荣誉都是国家荣誉而非君主个人授予的荣誉,这已被明确地规定在诸多宪法中(如《奥地利关于行使管理和执行权力的国家基本法》第4条:皇帝授予头衔、勋章以及其他国家荣誉)。荣典权不被视作政府权利的原因在于,在很多国家中依照习惯法授予荣誉的行为不需要政府的副署。然而,副署作为必要前提可以由法律明确规定。例如匈牙利,参见:Gesetz Artikel III vom Jahre 1847/1848 § 7(G. Steinbach, Die ungarischen Verfassungsgesetze 3. Aufl. S. 17)。

二、摄政王的权利

摄政王（Regent）是宪法上的君主的代表。① 迄今为止，"代表人"（Repräsentant）的概念在国家法上完全没有受到重视。对于这一概念的研究只局限于议会代表制。代表人是其意志基于宪法直接被视为国家或者某个国家机关的意志的人。由此，国家的整体被国家的一个部分所代表；无意志能力的机关承担者的机关资格被有意志能力的人所代表。代表本身是一种机关关系，不是代理。一个主体总是通过另外一个主体被代理；与之相反，代表人的意志就是被代表人本身的意志。因此，人民代表制的思想基础为，被视作统一体的人民的意志就是议会的意志。没有议会的代表，被代表的人民就根本没有意志。

摄政王代表了基于某种原因无意志能力的君主。因此，依照宪法在可能的法律限制内，摄政王的意志被视为君主的意志，如同议会的意志被视为人民的意志。摄政王的职权是国家职权，其本身不是个人权利的对象。但法定的有摄政王资格的人拥有要求被承认为摄政王的请求权。这一请求权与君主对王位的请求权完全相同。摄政王也拥有源自摄政王资格的其他的法律请求权。这些请求权

---

① 一般而言，"摄政"被定义为以他人名义行使国家权力。迈耶过去曾持这样的观点，但他现在基本上和我持相同的看法（G. Meyer, S. 282）。这一观点与之前被驳斥的在机关活动中将君主设想为个人权利主体的观点密切关联。摄政王行使的不是无法行使权利的统治者个人的权利，而是君主的国家职权。这一职权的主体只是国家。因此，盖尔博的"摄政王是不完全的王位继承人"的观点（v. Gerbers, Grundzüge S. 105）和舒尔茨的"摄政王是过渡性国家元首"的观点（Schulz Preuss, St.R. I, S. 213）尽管存在内在的矛盾，但还是比较正确的。

与君主作为王位取得者的诸种请求权非常类似。

三、共和国家的国家元首和法官的权利

在法学中，共和国家之国家元首的法律属性尚未得到深入地研究。① 受到古代观念和自然法的人民主权学说之影响，他们习惯性被称为高级官员（Magistrate）、受委任者（Mandatare）或者官员（Beamte）。② 这种做法与一种错误的观念密切相关：官员的机关地位从来都不直接源自宪法，而是基于主管机关的委任。有独立意志的主管机关只存在于直接民主制的国家中，如古代国家，而不存在于如今瑞士的联邦州中。③ 在当今通行的代议民主制之中，人民自身无意志能力，因此不能成为主管机关。共和国家的国家元首在这种形式的国家中是代表人。在当今的代议民主制中，人民代表所代表的不是被认为应属于人民的全部权力。"行政权力"这一领导性职能在共和国家中由总统代表，在瑞士由联邦委员会代表。北美联邦宪法明确地表达了国会和总统之于北美人民的同等地位。④ 在瑞

---

① 在德意志的文献中的相关评述大多只见于一般国家法的作品中。例如：Bluntschli, a. a. O. S. 171 ff.; Gareis a. a. O. S. 35 ff.

② 在国际法上，他们主要被称为受委任者，如：Hartmann, Institutionen des praktischen Völkerrechts in Friedenszeiten § 30; Rivier, Lehrbuch des Völkerrechte 2. Aufl. S. 255. 在瑞士联邦宪法和州宪法之中，最高行政委员会称为行政局。也有人将"总统"定义为最高受委任者（Block, Dictionaire général de la politique v⁰ président）。

③ 甚至在拥有乡村会议的州中，乡村会议只作为选举和立法机关从事活动。

④ 《美利坚合众国宪法》第1条第1款："本宪法所授予的全部立法权均属于……国会。"第2条第1款："行政权属于美利坚合众国总统。"有人认为："总统是独立的政府协调部门。"（Pomeroy, An introduction to the Constitutional Law of the U. St. 7th ed. § 631）也有人认为："总统行使行政权力。然而，他既不隶属于国会，也不（接下页注释）

士联邦宪法之中,联邦委员会也同样被规定为联邦的最高行政和领导机构。[①] 法国和美国的总统以及瑞士的联邦委员会行使职权并非基于设立职位的人给他们设定的任务。[②] 他们之于国会、总统选举大会以及联邦大会,如同当选者之于选民。[③] 其职能之行使不是基于委任而是基于宪法。宪法直接为这些由宪法规定设立的机关确定权利和义务的范围。因此,国家元首是直接的国家机关。也就是说,其机关地位不是从其他国家机关中推导出来的。但与君主不同,其并非最高国家机关。立法机关基于其职权范围已被视为代议民主制国家[④]的最高国家机关。

共和国家的国家元首责任无法成为驳斥这种观点的理据。国家元首责任与国家元首作为直接机关的资格绝不冲突,这种责任只能否定国家元首的最高国家机关资格。最高机关不受审查(Summa sedes a nemine iudicatur)。但适用于最高机关的并不适用于其他直接国家机关。这一点明显地表现在议会上。议会作为整体并不承担责任,因为任何责任都不涉及这种国家机关,而在代议制民主国家中构成议会的各个成员本身却承担责任。确切地说,他们承担的

(接上页注释)对国会负责。"(Rüttimann, Nordamerik, Bundesstaatsr. I, S. 256)参见:v. Holst, Staatsrecht der Ver. Staaten von Amerika bei Marquardsen, S. 46 ff.

① Bundesverfassung Art. 95.

② Für Frankreich ist das scharf hervorgehoben von Lefevre, Étude sur les lois constitutionelles de 1875, der, p.67, vom Präsidenten sagt: "Une fois élu par les deux Chambres il acquiert une situation qui ne leur est plus subordonnée, qui ne souffre point révocation. Son pouvoir est distinct, indépendent, comme celui d'un roi ou du Président de 1848, qui n'émanait pas de l'Assemblée."

③ 在法律上,它们与相关选举团体的关系如同德意志罗马帝国的皇帝与选帝侯、教皇与枢机主教以及主教与大教堂教士咨议会之间的关系。

④ Vgl. Jellinek, Gesetz u. Verordn. S. 209.

不只是来自议会的责任。① 从议会针对共和国家国家元首的诉权中也不能得出国家元首隶属于议会的结论。② 在君主制国家中，部长也向议会负责，却不隶属于议会。在代议民主制国家中，议会比国家元首拥有更大的权力，但无权命令国家元首。

共和国家的国家元首仅仅基于委任获得主动资格。由此，他们与君主制国家的国家元首一样，拥有要求承认其作为宪法赋予的一部分国家权力的代表人的资格。③ 此外，与通过委任获得的要求承认的请求权相关联的，是作为指向国家的个人的法律请求权之基础的一系列优待。这些优待主要是刑法和刑事诉讼法上的优待，具备

---

① 1850年12月9日的《关于瑞士联邦机关及官员的责任的瑞士联邦法》第1条、第17条和第20条到第25条包含了关于惩罚联邦大会的成员在职务之中从事的犯罪和违法行为的规定（Wolf, Die Schweizerische Bundesgesetzgebung I, S. 29 ff.）。在合众国，基于《宪法》第1条第5款第二句，国会各院可以经三分之二的多数人同意开除扰乱秩序的议员。

② 当然不是要求元首对议会承担责任。根据当前的法国国家法，总统基本上完全不负责任，叛国罪例外。而部长则对所有政府行为负责（loi constitutionelle du 25. février 1875 relative à l'organisation des pouvoirs publics Art. 5）。参见：Lefevre l.c.p.68; Esmein, a. a. O. S. 584 ff. 甚至美国的国会也不能要求总统向自己汇报，总统的国情咨文绝不带有承担汇报政府活动义务的性质。依据美国施行的分权原则，国会不能作出任何对总统有拘束力的决议。只有通过弹劾程序，才能将参议院作为法庭要求总统承担责任。参见：Pomeroy l. c. § 641, Rüttimann, a. a. O. I. S. 177.

③ 如今他们的法律地位与君主法律地位的不同之处在于：第一，他们不是国家权力的最高机关，而是最高机关——人民——的代表人。人民在不被代表的情况下，根本不能或者仅在例外情形中（动议、公民表决、请愿）才能从事活动。第二，他们并非在所有方面都代表最高机关，他们对人民的代表主要局限于行政方面（行政权力）。第三，他们无权积极参与形式上的立法活动。第四，他们没有绝对的免责权。第五，他们通过选举在较短的任期内被委任。不必讨论政治上存在的介于总统和君主之间的多种形态的过渡性国家元首。所有将国家作为主权者的宪法（如比利时、西班牙、希腊）都只赋予君主代表人的资格。君主的职权受到立法机关极大的限制（挪威），某些宪法甚至宣布君主也负有责任（法兰西第二帝国）。

第十章 主动地位(主动市民地位):国家机关的承担者资格

扩展人格人之自由领域的作用。[①] 此外,作为国家机关,国家元首在身体和道德的不可侵犯性上受到客观法的高度保护,由此产生的法律后果类似于对君主的保护。最后,国家元首还享有要求金钱和其他经济性给付的个人请求权。所有这种请求权要求的不是国家为相应的个人的机关活动提供对待给付,而是客观法所规定的、与相关的机关的公共意义相适应的对献身国家事务之人的供养。

代议民主制国家中法官之情形与国家元首之情形完全相同。依据在这些国家中施行的分权原则,法官应代表人民拥有的司法权力。[②] 其基于委任也拥有要求承认其作为司法机关的请求权,这一点与君主国家的情况恰恰相反。[③]

[①] 例如上文提到的法国宪法的规定,依据这一规定,总统只能因为叛国且只能在人民大会的控告之下,才能被议会审判。由此一来,任何普通法院的刑事司法判例对总统都不适用。参见:ferner für die Schweiz Bundesgesetz vom 23. Dezember 1851 Art. 1, Bundesgesetz vom 9. Dezember 1850 Art. 18.

[②] 这一点在合众国已被明文规定于宪法之中(Const. Art. III. sect. I, 4)。敬忠职守的终身法官完全独立于总统和国会,并且只有通过弹劾程序基于判决才能被免职,参见:Rüttimann, a. a. O. I, S. 260 f., 329 ff. 在瑞士,尽管联邦法院的运行受到联邦大会的监督(Bundesverf. Art. 85, Z. 11),但是联邦法院法官却并不因此隶属于联邦大会。联邦大会不是法院的主管机关,这与联邦委员会委任的官员不同,联邦委员会是这些官员的主管机关。基于1850年12月9日颁布之法律第37条的规定,联邦委员会委任的官员在渎职和玩忽职守的情况下会受到联邦委员会纪律权力的制裁。按照这一法律的第23条c款,联邦大会虽然可以向有错误的法官发出警告,但这一警告只能在构成渎职罪(在这些情形中,只有联邦大会拥有控告权)时作出,而不能在纯粹的违章行为的情形下作出。

[③] 虽然在君主国家君主是法官的主管机关,而法官如后文所述没有要求职位的请求权,但他们和其他官员是有区别的。法官在职务范围内——司法所及之处——是君主的代表人。此处,君主在原则上无所不包的职权受到了限制。依照宪法他在司法领域内完全不能表达涉法的国家意志。因此,判决是以君主的名义而不是依照君主的指示作出的。进行司法活动的法官与君主之间的法律关系等同于摄政王与不能执政的君主之间的关系,等同于议员与选举人之间的关系,以及其他等的关系。在(接下页注释)

四、选举权

国家法意义上的选举是通过多数自然人的意志对国家机关或任何广义上的共同体的机关进行的任命。在这一过程中，统一的意志基于法律在多数自然人的意志中形成了。因此，委员会式的行政机关进行的委任也可被称为选举（例如瑞士的情形）。任何对国家机关的任命、对国家选举的参与都是在行使国家职能，因而都是机关行为。所以，选举行为本身绝不可能成为个人权利的内容。相反，选举活动中的选举人本身应该被视为机关的构成部分，应被视作相应选区或选举单位的全部选举人构成的选举委员会的成员。权利人在选举时是国家职能的承担者，在行使完选举职能之后马上回归私人身份。① 个人在选举结果中所占的份额可能差异极大，但选举人的意志的确是国家意志行为的构成要素。在有代议制宪法的国家中，议会选举是唯一一种人民不是作为统一体而是作为全部选举人的总和贯彻其意志之活动。

但选举权绝不是选举的权利，尽管这听上去是个悖论。② 与所

（接上页注释）不进行司法活动时，法官才作为官员服从君主的管辖权。在这一点上，法官与纯粹的代表机关之间有着显著的区别。

① 这一点首先被卢梭敏锐地发现了（Rousseau, l.c.l. III, ch. XV）。
② 拉班德认为这句话是一个悖论（Laband I, S. 307 N. 1）。按照拉班德的观点，经营自由的"权利"绝不是从事经营的权利，只不过是对政府权力的限制。这句话与"选举权不涉及选举职能本身"要么都是悖论，要么都不是。拉班德自己将选举权（S.306）直接定义为相关宪法规范的反射，并将其与作为旁听者出席陪审法庭审判的"权利"归于一类。然而，反射权利不能被买卖（Str. G.B § 109），反射权利上也不能发生法律纠纷（参见后注），任何国家机关都不可能通过纯粹的反射权利产生！相反，奥托·迈耶关于选举权的个人权利属性的论述，可以被任何任命人主张。而这样一来，任命部长就不再是君主的国家职能，而是纯粹的个人权利。正文中阐述的选举权学说（接下页注释）

第十章　主动地位（主动市民地位）：国家机关的承担者资格　　**159**

有国家任命行为的主体一样，这一权利的主体仅仅是国家。尽管表面上看个人本身拥有这一权利，但其仅为反射作用。如果认为选举法不能创设任何个人请求权，那就犯了严重的错误。如此一来，任何涉及选举权的投诉、任何因选举权被限制而提起的行政诉讼就都被排除了。出于纠正违反客观法的行为之目的，国家机关才能通过依职权进行的程序纠正和撤销在选举事务中所作出的决定和处置。虽然可以设想在某个国家中法律完全不顾及个人在选举权上的利益，但在当今的国家中情况绝非如此。相反，个人的这种利益在任何地方都在一定程度上受到保护。①

这种利益在于承认个人作为选举人、作为主动地位承担者的资格。②这种承认主要涉及被列入选举人名单的请求权和允许选举的请求权，还涉及要求国家不得妨碍其实现法律规定的个人参与形成机关的活动之可能性的请求权。这种妨碍行为主要包括不将选举

（接上页注释）与当今主要在法国和比利时占主导地位的观点完全相同——选举权利是个人权利和公法职能的结合（vgl. Allg. Staatslehre S. 408）。

① 这一保护在奥地利和巴登最为完善。奥地利帝国法院在当事人穷尽了行政诉讼的救济手段之后会对不被列入选举人名单的案件（Vgl. die bei Hye, Sammlung VIII. S. LIII angeführten Erkenntnisse）进行审理。而在巴登依照 1884 年 6 月 14 日颁布之法律（依据版本：1904 年 8 月 24 日的《州议会选举法》）第 3 条，行政法院有权作为初审和终审法院受理就两院选举中对投票权作出的决定提起的诉讼。关于巴登州的法律，参见瓦尔茨的深入论述（Walz, Über die Prüfung der parlam. Wahlen zunächst nach badischem Recht, Sep.-Abdr. aus der Zeitschr. f. bad. Verwaltung und Rechtspflege, 1902 S. 32 ff.）。

② 拉班德批判了从我的主观公法权利学说中必然得出要求承认的请求权（Laband I, S. 307 Note）。人们不必反驳他的结论，只需批驳他的理论基础，最好的方式就是自创一个独立的学说。不过在拉班德那里，人们看不到任何解决主观公法权利问题的尝试。

人列入选举人名单(或删除选举人),以及不允许选举人参与选举。①无论是被违法地排除在选举之外,还是被他人不正当地妨碍了作为选举人贯彻自身意志的可能性,对个人而言其意义是相同的。此外,阻碍行为还包括计票错误和承认不适格者的当选者资格。但个人请求权的内容绝不是要求将特定的人视为当选者②,因为在法律上不可能存在个人要求承认他人为当选者的请求权。当选者并未通过任何形式的法律纽带与选举人联结在一起,他代表的不是个别选举人,其为国家机关,这种资格只能由被委任的人本身主张,他人绝不可能主张这一资格。

共同利益和个人利益同样要求遵守承认选举权的法律规定,尽管共同利益的客体与个人利益有所不同。个人希望他的选举人资格得到承认;国家希望选举依照法律规定进行,而这些法律规定要求合法的选举应通过选举人进行。个人的请求权以被视为选举机关为内容;国家的请求权以选举机关依法活动为内容。因此从不同的角度出发,可以将一个案件指派给不同的审判机关审理。侵害主观权利的违法选举也必然同时违反了客观法。确切地说,违反了强制性法律。因为个人的选举权是选举人之机关活动的前提,所以关于选举人权利的先决判决对审理选举的有效性(国家的权利)的审

---

① Vgl. Erkenntnis des Österr. Reichsgerichtes vom 21. April 1881, Hye, Sammlung Nr. 234, Öst. Reichsratswahlordnung vom 2. April 1873 § 26.(这个条文明文规定:)"关于选举人名单的投诉可以由相关选举单位的选举人在无选举权人被列入名单或有选举权人被排除出名单时提起。" Bayerisches Wahlgesetz Art.7, hierzu Seydel, Staatsr. I. S. 421, sächsisches Wahlgesetz für die zweite Kammer vom 28. März 1895 § 11. Vgl. auch Radnitzky, Die Parteiwillkür im öffentl. Recht S. 33.

② 冯·萨维格意欲构建此种权利(v. Sarweg, Öff. Recht S. 485)。

第十章　主动地位(主动市民地位)：国家机关的承担者资格　**161**

判机关具有拘束力，而非相反。① 此外，这两个审理活动并不必然具有内在关联，因为它们涉及的对象不同。可以肯定的是，只要能够确定对个人请求权的侵害没有影响选举结果，那么即使个人的选举权被侵害选举依然有效。②

在选举审查权仅由议会的委员会行使的国家中，委员会的裁判常常具有审查个人权利和国家权利的双重属性，③ 因此撤销选举也往往具备诉愿和告发的双重属性。④ 区分这种客观上相互分离的东西是困难的。为了在理论和法律政策上进行这一具有重要实践意义的区分，人们必须研究已经获得司法保护的其他公法性选举中的选举权属性。在很多国家中出于政治上的原因，议会选举权尚未获得这种保护。选举议会的权利与选举市镇代议机关和其他公法团体的权利具有相同的法律属性。这些权利在很多有行政诉讼的国家获得了广泛的保护。相应的判决内容总是保障个人参与选举活动的条件，基于这种条件，个人能够以法律规定的方式参与选举并发挥共同决定作用。⑤ 相反，选举人作为相关公法团体的机关是否

---

① 因此例如在奥地利，帝国议会的下议院以及州议会受到帝国法院判决的拘束，参见贝尔纳茨克的相关论述(Bernatzik, Rechtsprechung und materielle Rechtskraft S. 263 ff.)。

② Vgl. Seydel, Hirths Annalen 1880 S. 393, St.R. I, S. 437 ff.

③ 准确地说，它始终具有先决判决的属性。因此，它只能确定在选举被撤销的情况下个人是否获得了当选者资格，而不能确定(在未明确许可的情况下)他人是否当选。

④ 如果存在妨碍选举权行使的情形，其属性就是诉愿。然而，"只有作为选举的正当性的组成部分，选举资格审查才会被纳入考量中"。参见：Seydel, St. R. I, S. 439. 此种决定当然拘束行政机关。

⑤ 参见巴伐利亚和普鲁士的法律规定：bei v. Sarweg, Öff. Recht S. 489 f. 在奥地利，选举区代议机关的权利和选举市镇代议机关的权利通过1875年10月22日的《关于设立行政法院的法律》第2条获得了司法保护。大量关于普鲁士的省、(接下页注释)

依法进行选举活动,当选者是否获得了新的地位,应由国家监察机关以承认或不承认选举的形式作出决定。当然,这两种形式还可能服务于其他目的。

相反,个人请求权只涉及创造及保障在法律上参与选举的可能性,而非事实上的可能性。假如非国家性义务妨碍了参与选举或不可抗力使参与选举陷入不能,那么就不涉及针对选举人的国家义务。仅当国家义务本身妨碍了参与选举时,才会出现国家义务与选举权的关系问题,例如官员是否可以为了参与选举要求假期。判断这一问题必须以义务优先为原则。尽可能多的选举人参与选举,当然是国家利益。然而依据现行法行使选举权被视为一项权利,所以在无相反的明文规定下,这一权利应让步于国家义务。①

人们可能基于不同的原因暂时无法主张源于选举能力的请求权,而只拥有一种纯粹的可能性,但这一可能性没有任何可以实现的契机。因此,赛德尔将选举能力与选举权②、参与特定选举的权利(确切地说是能力)加以区分是完全正确的。抽象的选举能力是被动资格,这就意味着它是客观法要求的资格的总体。以此为基础,授予一种个人权利上的、赋予主动资格的选举权才是可能的。

与任何被任命为国家机关的个人一样,选举权人(一般被概括地称为选民)也被赋予了更高级别的刑法上的保护。但这种刑法保护与所有刑法一样并未给予个人主观权利,只是出于共同利益为了

(接上页注释)县、市、镇代议机关选举的判决,参见:Parey, Die Rechtsgrundsätze des königl, preußischen Oberverwaltungsgerichtes S. 1 ff., 12ff., 159 ff. u. s. w.

① 在存有选举义务的地方,这一点体现得非常明显。
② St. R. I, S. 414 f.

第十章　主动地位（主动市民地位）：国家机关的承担者资格

确保选举自由才被规定下来的。①此外，选举可能与消极地位的扩展相关联，正如许多国家为选举人废除了很多限制个人结社和集会的规定。②

大部分选举法规定之目的不在于保护个人的选举权，而在于保护国家在选举上的利益。依照这些规定，在选举违法或未将选举权人列入选举人名单时，"任何人"都享有申诉权。③这种申诉权不过就是针对违反客观法的行为的检举权，因此其本身不是主观法律请求权而是反射权利。④而在有些国家中情形则不同，在那里只有"参与人"或相关选举委员会的成员才被赋予投诉权。尽管这种请求权的确立与所有公法权利一样是出于国家的利益，但是向个人的法律请求权提供法律保护才是决定性的立法动机。⑤此外，在之前提及的选举法中，个人的申诉权隐藏在一般的检举权中。倘使在德意志帝国和普鲁士对申诉人的权利的审理应如在奥地利和巴登那样由最高审级的司法机关进行，那么无疑只有"参与者"才能获得积极的诉讼资格和当事人地位，而纯粹的告发则只能在依职权进行

---

① Str. G.B. § 107.

② Reichswahlgesetz vom 31. Mai 1869 § 17, öst. Gesetz vom 15. Nov. 1867 über das Versammlungsrecht § 4.

③ Reichswahlgesetz § 7. Vgl. hierzu Laband I, S. 298, preussische Verordnung über die Ausführung der Wahl der Abgeordneten zur zweiten Kammer vom 30. Mai 1849 § 15, württembergisches Wahlgesetz vom 26. März 1868 Art. 8 („jeder Einwohner der Gemeinde"), badisches Landtagswahlgesetz vom 24. Augst 1904 § 34.

④ 这一点可以体现在申诉权能够由非选举人行使，并且其行使甚至可以违背被排除在选举之外的人的意志（Laband I, S. 300）。

⑤ 诚如赛德尔所述，纯粹的行政程序不能提供"真正意义上的法律保护"（Seydel, St.R, I, S. 421），但是市镇机关和选举委员会的相应行为却不像赛德尔所主张的那样是行政决定，而是判决，也就是实质上的司法判决。

的程序中得到处理。

无须多言,在将来法中应在外部对内在分离的事物加以区分。近来,很多无足轻重的个人请求权都获得了司法保护,所以人们不禁会问,为何要存在一个不利于议会选举权的例外?既然其他选举权已由行政法院管辖,那么政治上的考虑就不能永久地排除法官审理关于选举人权利的纠纷。[1]

前文对议会选举权的论述,可以以合理的方式适用于公法团体代表机关的选举以及个人参与组建的国家机关的选举(各级别地方团体的选举,教会、学校行政部门的选举,济贫团体、建筑工人团体和堤坝保护人团体之代表的选举,律师协会、公证人协会、工商业协会和仲裁法庭的选举,等等)。倘若进一步研究这些选举权利中的各个种类,只会重复我之前的论述。与议会选举权的法律保护相比,这些选举权获得的更高级别的法律保护更具个人请求权特征。上文已对此进行了必要的阐述。

五、当选者的权利

选民所获得的全部请求权均直接来自法律。法律或是直接赋予特定个人选举能力和选举权,或是将其规定为个人之特定资格或者权利的法律后果。但当选者却不是直接通过法律获得其权利,而是基于一个针对其个人的国家行为——选举。如前所述,选举与表

---

[1] Vgl. meine Schrift: Ein Verfassungsgerichtshof für Österreich S. 10 ff. und mein Gutachten in den Verhandlungen des XIX. deutschen Juristentages II, S. 121 ff. , sodann das Gutachten von Seydel ebendaselbst I, S. 130 ff. und Jaques, Die Wahlprüfung in den modernen Staaten S. 17 ff., ferner G. Meyer, Das parlamentarische Wahlrecht S. 707. Walz, a. a. O. S. 111 ff.

第十章　主动地位（主动市民地位）：国家机关的承担者资格

现为任命的处分相似。间接选举中的选举人即为此种情形。他们构成了选民与当选者之间的中间阶层，兼具二者的属性。至于选入议会的当选者，他们是毋庸置疑的国家机关，是国家性委员会的成员。[①] 因此，在参与行使国家性委员会的职能时，他们行使的不是自己的权利，而是国家的职能。如前所述，他们拥有要求承认自身之机关地位的请求权，更确切地说，他们拥有要求承认其相应议会成员资格的请求权。这一权利在法律上同样表现为产生于主动的、通过选举获得之资格的要求承认个人作为国家机关承担者的请求权。无论哪个国家都存在可以主张这种请求权的机构。然而，迄今为止，这种机构仅在少数国家是按照法庭的形式组织的。在大多数国家中，是由议会自身对当选成员的资格进行审查。我已在其他地方对这种做法的不妥之处有过深入的论述。[②]

如今大多数国家的选举审查都具有双重功能。一方面的功能是承认和证明选举是依照客观法进行的，另一方面的功能是承认当选者的议员资格。在引入选举审查法庭的国家，选举审查的职权在外部被区分为：议会对客观法要求的选举的合法性进行的审查，以及选举法庭对当选者的权利进行的审查。因此，议会仅应直接审理违反客观法的行为，而法院则应直接审理主观权利问题。如果一次

---

① 自从盖尔博明确地强调议会是国家机关（v. Gerber, Grundzüge §§ 24, 39），这一观念就成为主流观点，尽管其常常不能被彻底地贯彻。即使是统治者理论的支持者也持这一观点（Vgl. Seydel, St. R. I, S. 348 f.; Bornhak a.a.O. I, S. 360 ff.）。然而按照他们的基本观念，必然得出议会是国王机关的结论。伯恩哈克敢于明确提出这一观点。人们目前在官方的说法中根本找不到普鲁士国王的议会议员这一概念，对此他却未加批判。

② Ein Verfassungsgerichtshof S. 10 ff.

选举因违反客观法的行为而被宣告无效，那么这一决定自然也包括对主观权利所作出的决定。但后一种决定只能作为审查选举行为和选举结果的反射，间接地按照法律规定作出。所以，例如在英格兰，只要能够证明当选者在参与选举时尚不具备参选资格，[①]议会下院就可以撤销一次在选举法庭中未遭到任何质疑的选举。选举法庭也间接地审查选举能力人的权利以及选民的资格，但仅当这些问题是审查当选者的权利的先决问题时。

选举法庭作出判决并不以当事人诉讼程序为必要前提。在以选举异议的形式进行检举的情形下，选举法庭应依职权对事实情形进行审查。对主观权利的审查并不当然地排除这种情形，正如在刑事诉讼中，法院不仅要对国家的刑罚请求权作出判决，也要对个人与之相对的不适用具体刑法的请求权作出判决。如果政府能够就当选者资格向法院提起异议，那么这一异议就与国家公诉机关提起的婚姻无效之诉具有相同的法律属性。在这种情况下，主观权利会因公共利益而被撤销。

要求承认的请求权是当选人基于当选人资格而获得的唯一的个人请求权。所谓的议员的成员权不是个人请求权，而是国家机关的职权。那些关于表决、参与会议、提出提案、质问政府、组建主席团、组建办公场所、组建议会委员会和议会部门的规定，都是关于国家机关之规范的构成部分。这些规定与规范审判长主导公开庭审的权限和商议判决之程序的程序法规定有着相同的属性。违反这些规定侵犯的不是主观权利，而是法律规范。这些行为不是侵

[①] Jaques a. a. O. S. 31, 32; Hatschek, Engl. Staatsr. I, S. 305.

第十章　主动地位（主动市民地位）：国家机关的承担者资格

害个人的行为，而是侵害国家制度的行为。但一大部分关于议会议事章程的规定却不具备法律的属性。关于提案的形式、发言者的顺序、会议记录、表决模式（起立表决、分组表决、举手表决等）的规定没有区分相互间职权的目的，而是为了使议会的工作以最适合的方式完成。这些规定具有行政规章的属性，与无须公布的行政机关的细则相似。它们也不创设成员之间的"章程权利"，① 因为议会不是社团法人。②

议会成员与任何国家机关一样因其职能受到了更高规格的刑法保护。这一保护本身不是个人请求权的内容。③ 与其他国家机关相比，议会成员被赋予了一种特殊地位，他们享有诸多优待。这些优待包括特定行为不受刑罚处罚和更加严格的拘留、逮捕、追究刑事责任与执行刑罚的条件。④ 这种所谓的豁免权是议会成员的个人权利，或者仅仅是客观法规定、刑法和诉讼法的构成部分，在文献中存在争议。针对后一种观点，有人认为这种规范的最终目的不是为了确立议会成员的特权，而是为了确保像议会这种对国家的宪法事务极为重要的机关的活动能够顺利进行。⑤

当然这些规定的目的也在于保障当选者本人作为国家机关自

---

① Laband I, S. 319.
② 同意这一观点的是：Anschütz, Enzykl. II, S. 584.
③ Str. G.B. § 105, 106.
④ Vgl. Für Deutschland und Österreich Schleiden, Die Disziplinar-und Strafgewalt parlamentarischer Versammlungen über ihre Mitglieder I, S. 47 ff., II, S. 10 ff., Seidler a. a. O. S. 53 ff. und jetzt für das deutsche Recht namentlich Hubrich, Die parlamentarische Redefreiheit und Disziplin 1899, S. 322 ff., S. 398 ff.
⑤ 持后一种观点的主要是拉班德（Laband I, S. 329 f.）。伯恩哈克和塞德勒很好地驳斥了他的论证（Bornhak a. a. O. S. 396, N. 2 und Seidler a. a. O. S. 87, N. 2）。

由活动的可能性。国家机关永远不能被逮捕并被处以刑罚,只有个人才能如此。因此,这种法律规定也必然涉及个人利益。因此,君主的免责权是一种为了国家利益而被创设的个人请求权。要在法学上解决这一争议只需运用已经发现的原则。不存在不被逮捕、不被处以刑罚等的"权利"。以此为内容的法律规范必然为了特定个人的利益限制国家权力,特定个人自由行动的可能性由此得以扩展。换句话说,他们的自由领域向外延伸了。如此一来,个人就获得了要求承认地位之扩展的请求权,以及随之而来的要求撤销可能对其造成损害之国家处分的请求权。承认这种请求权是正确观点之实践意义的核心。如果刑罚上的优待仅仅是客观法,那么任何主张这种优待的个人之法律手段就都被排除了。① 毋庸多言,无须直接被害人的认识和意志,作为违反客观法的行为,侵害自由的行为也能导致全部违反机关职权的法律后果的产生。

　　议会成员的积极地位也可能被提升。获取议员津贴和差旅费用的补偿即为此种情形。这些费用尽管是为了共同利益而被确定的(基于不同的出发点,共同利益在许多国家导致了与之截然相反的规定的产生),但它们也毫无疑问地含有为了关照个人的情况而赋予个人请求权的因素。这些收入请求权表明,这样的请求权并不依赖于所谓的主观权利必然具备的特征。它们由法律创设,可被法律无偿地撤销或更改。按照许多法律规定,它们是不可放弃的,因为这些收入既表现为权利也表现为义务。② 这种情形与私法上的公

---

　　① 关于在奥地利主张这种请求权,参见:Seidler a. a. O. S. 87 f.
　　② 例如:Preussen, Verf. Art. 85, Österreich, Gesetz vom 7. Juni 1861, R. G. B. Nr. 63, Art. IV.

共交通机构的强制缔约有着些许的相似性。从法律角度出发,这种津贴的支付是议员在公法上的福利,支付差旅费是法定的补偿给付。但这些收入的不可放弃性与这些请求权的法律属性无关,而是出于政治上的原因——避免候选人通过承诺放弃这些收入对选举施加影响,避免无资产的议员因富裕的议员放弃这些收入而被迫采取相同的做法。

议员一方面被赋予了更多的权利,另一方面也要承担更多的义务并因此服从于一种特殊的权力。议员服从于其所隶属之议院的纪律权力。纪律权力一方面被用来代替议员可以豁免的法院的刑罚权,一方面是除君主以外的任何机关承担者都要服从之权力的一种独立的表现形式。这种权力在不同的国家形式各异,甚至表现为从议会中开除违法的议员的权力。这一现象恰恰驳斥了"议员不对国家负有法律义务"的主张。① 个人没有义务接受议员资格,也没有义务承担国家公职。此外,个人没有义务维持当选者资格,同样,也不得阻止个人退出国家公职。然而,个人一旦接受了选举的结果,他就和官员一样,也承担了官职义务(Amtspflicht)。② 机关承担者只享有权利是极不合理的。任何承担国家职能的个人必然也基于这一承担职能的行为对国家负有义务。如果人们否定这一点,就会陷入"君主高于法律"的反国家学说。直接国家机关的职权一

---

① Laband I, S. 220. 拉班德为这一主张提出了如下的理由:议员不是国家机关,帝国议会才是国家机关。然而在法律上,帝国议会的意志是由各个议员的意志形成的,因此这些议员就是帝国议会的构成机关。国家机关就是按照法律以自身意志参与形成国家意志的人。令人遗憾的是,人们在拉班德那里看不到对于这一极为重要的国家法基本概念的准确界定。

② Sedel. St.R. I, S. 448 f., Radnitzky a. a. O. S. 28.

般被表述为授予权利的法律规范。而对承担国家机关的个人而言，它却有赋予权利之义务的属性。在很多国家的宪法和议会工作章程中，参与会议的义务、投票的义务也表现为这种形式。① 如果议会成员只拥有权利，那么宪法宣誓就毫无意义了。②

议会的全体成员与国家之间不存在公职关系，只存在义务关系。公职关系与义务关系相比是个较为狭义的概念。纪律权力绝不仅仅源于职务权力，而是源于任何特殊的、不仅仅以国家的一般职权为基础的权力关系。可能存在没有公职关系却负有义务的国家机关。这一点早已在古罗马高级官员身上得到体现。他们拥有职务，却不是现代意义上的官员。如今的共和国家的行政权力的直接代表人也是如此，他们的地位不以公职关系为基础。瑞士各州的代表人委任的官员在这一点上表现得最为明显。在瑞士，终生职务身份一般而言是为宪法所不容的，官员与国家之间并不存在国家公务员关系，官员直接甚至常常通过人民选举被委以特定的职务，

---

① 缺席会议需要请假的义务也是如此（G. Meyer, Staatsr. S. 335, 454）。然而，对德意志帝国议会成员此类义务的规定（Geschäftsordnung des Reichstages § 61）都是没有法律后果的不完全法律（lex imperfecta）。巴伐利亚的法律证明，为这种义务设立严重的法律后果也是可能的，参见：den Geschäftsgang des Landtags betr. vom 29. Januar 1872 Art. 27. 依据这一规定，任何议员如果三次无故缺席，将被视为退出议会。根据奥地利的法律规定，如果发生下列情形，议员将被视为退出议会：不履行规定的宣誓义务；连续迟到 8 次或在未请假的情况下以及假期结束之后缺席会议；未按照主席的要求在 14 日内出席会议或不按照主席的要求为其缺席进行辩护（das Gesetz über die Geschäftsordnung des österr. Rechtsrates vom 12. Mai 1873 § 4）。

② 德意志帝国议会成员并不负有这种被普遍地加以规定的宣誓义务，但不能因此认为他们负有较少义务。毕竟帝国议会和德意志州议会都是基于相同的法律理念而被创设的。

尽管如此他们(也)同样服从于纪律权力。[①]

当选的议会成员所服从的义务和权力关系在所有议会和议会的各个议院中的表现方式各不相同,尽管如此,它们仍到处存在,我们可以借助法学分析对它们加以辨别。

六、非选举的议会成员的权利

除了选举,议会的成员资格也可能来自法律规定或任命。这一资格通常基于法律被表述为特定个人在其他方面之资格的法律后果。任命或是针对特定个人,或是规定特定人的将来的成员资格取决于家庭法上的事实,这些事实基于法律能够导致成员资格的产生。后一种情形被人们称为世袭议会成员。然而,议会成员资格和王位一样,都不是世袭的。机关资格其实是依据私法规范所规定的方式从一个承担者身上转移到另一承担者身上。因此,世袭的议员资格不是某个家庭的权利,而始终是某一特定的、基于家庭归属而被赋予主动和被动资格的个人的身份。这种情形在法律上完全等同于选举权的取得由土地和特定财产的所有权、特定职业的从事或其他私法上的前提所决定的情形。

只要宪法没有明确的例外规定,基于法律、任命或家庭归属被委任的议会成员的请求权就与被选举的议员的请求权别无二致。[②]因此,他们与被选举的议员一样,可以主张作为人民代表的请求权。被任命的议员和任命他的君主之间也不存在有别于被选举的议员

[①] 例如在索洛图恩州,人民依照 1875 年 12 月 12 日的《宪法》选出官员,这些官员服从于政府和州委员会的纪律权力。

[②] v. Gerber, Grundzüge S. 130. N. 9. H. Schulze, Deutsches St.R. I, S. 458.

175 和选民之间的法律关系。也就是说,被任命的议员完全独立于君主行使其职能。因此,"如果法律没有相反的明文规定,由君主任命的议员未经君主许可不得自行退出议会"的观点是错误的。③ 正如被选举的议员放弃议员资格无须选民同意,被任命的议员放弃资格也无须任命者许可。有议员世袭资格的人如果放弃了资格(例如为了进入下议院参选),那么当相关家庭中出现了新的适格者时,成员资格会被再次继承。④

176 **七、直接民主制度中的表决权和选举权**

在当今的欧洲国家,直接民主机制存在于瑞士宪法的强制性公

---

③ 普鲁士上议院的户籍委员会在1860年2月6日的报告中持有这一观点。同意这一观点的有:G. Meyer, St.R. S. 309; für Würtemberg Mohl, Würtemb. Staatsrecht I, S. 546; für Österreich Ulbrich, Österr. St.R. S. 369. 他们的主要论据为,相应的法律没有规定放弃资格的权利。这个论据是站不住脚的。人们同样能够以此否定君主有权依据自由意愿放弃王位。因为宪法一般也未规定放弃王位的权利。正确的观点见于:H.Schulze, Deutsches St.R. I, S. 465; Bornhak, Preuss. St.R. I, S. 377 f.; v. Stengel, Preuss. St.R. im H.B. des öff. R. S. 76; Seydel, Bayer. St.R. I, S. 405; v. Sarwey, Würtemb. St.R. II, S. 165; Gaupp-Götz, Württ. St.R. (in H.B. d. öff. R.), S. 99.

④ 如果否定了这种成员放弃资格的可能性,那么即使不存在法律的强制规定,这些成员也对维持机关地位负有绝对义务。君主、议员、官员在满足法律规定的条件时可以自行离职。即使是前一脚注提到的学者所否定的也只是君主任命的上议院成员的单方面放弃资格的可能性。这种反常的情形在法学上毫无根据。梅耶举出了自治行政机关地位的强制承担和某些德意志小邦宪法中规定的议员地位的不可放弃性(G. Meyer, Staatsrecht S. 310)。这些情形无法让人理解,却被规定在法律之中。这一问题在匈牙利以一种独特的方式得到解决。在下议院当选的上议院成员,也包括世袭议员,其上议院议员的资格在他们于下议院任职的期限内被中止。而终身议员有效地放弃其议员资格则需国王认可(Ges. Art. VII v. J. 1885 §§ 10, 12)。由此,这一最具实践意义的问题至少在立法层面得到了令人满意的解决。最新版的《巴登宪法》(32条b)明确规定:"如果上议院的成员当选为下议院议员,那么其上议院的议员资格就此停止。"

投和选择性公投中,^① 存在于瑞士市民参与修改宪法的表决中,^② 还存在于几乎全部瑞士州的市镇制度或强制公投、选择性公投以及国民对官员任命的一定程度的参与中。^③ 在这些事务中,个人拥有要求被视为国家权力的构成机关的请求权。这些请求权获得的司法保护比与之近似的大多数代议制宪法中的选举权和当选者的权利获得的司法保护更为完善。例如,除了瑞士联邦的选举,联邦法院还有权审理关于这些请求权的案件。许多案件只是在表面上与个人的请求权有关,而实际上却涉及以司法形式进行的对州的法定机关的控制^④或两个国家机关之间的职权冲突。例如,当人民和州委员会都在任命某位官员或决定某项事务上主张自己的权利时,人民全体中的任何一员都有通过诉讼主张权利的资格,这表明他拥有可推知的代表人民全体的权利。这是绝对民主制的应有之义。

八、基于国家公职的请求权

(一)国家公务员的请求权

广义的、作为一种有限国家职权的"国家官职"(Staatsamt)的

---

① Bundesverf. Art. 89.
② Bundesverf. Art. 120, 121 in der Fassung vom 21. Juli 1891.
③ Vgl. den Überblick bei v. Orellri, St.R. der schweiz. Eidgenossenschaft bei Marquardsen S. 101 ff. 在某些州,新的宪法修正甚至扩展了这些权利。美国的联邦州内也存在修正宪法的全民公决制度。参见: E. P. Oberholtzer, The Referendum in America, Philadelphia 1893.
④ Bundesverf. Art. 5, 113, Blumer-Morel a. a. O. Ⅲ, S. 174. 联邦法院在1884年10月25日在"施米德林与社员(Schmidlin und Genossen)案"的判决中指出,任何州的人民都拥有合宪地组建州行政机关的权利(Entscheidung X, S. 510)。

概念在主体上与"国家机关"(Staatsorgan)的概念相重叠，但"国家官职"这一术语极少被用于这一范围 。一般而言，这一术语表示的是形式上的立法事务以外的国家事务，即行政事务和司法事务。在这层意义上，官职承担者是那些基于针对其个人的具体的国家行为而被委以国家机关资格并在职务上隶属另一机关的人。按照委任的法律基础，各种官职在法律属性上有所不同。此处，首先要进行阐述的是基于公法上的服从合同向国家承担公职义务（Dienstpflicht）的人［国家公务员（Staatsdiener）］的请求权。

在现代国家之中，任何人都未被赋予要求官职的请求权。宪法赋予所有国民平等的担任官职的能力，但宪法规定的只是被动资格而不是主动资格 。① 只有基于这些资格，个人才能与国家缔结公职合同。但对国家而言，却不存在任何形式的强制缔约。甚至在法律将特定官职保留给有特定资格的人时，情况也是如此。即使大部分关于官职的法律要求一种通过国家考试获得的特定能力证书，以优异成绩通过国家考试的人也并不拥有任何形式的要求官职的请求权。即使特定的职位被明确地保留给特定范围的人，这类人也不会基于相应的法律规范获得这种法律请求权。② 在这种情形中，只是拥有成为官员的被动资格的人被限制在了较小范围内。

---

① 更进一步说，这一原则是纯粹消极的。它无非表明，在法定的、任何人都享有的担任官职的资格以外，不存在任何其他担任官职的资格。

② 关于这种所谓的"个人权利"，参见: für Preußen v. Rönne, Preuss. St.R. 4. Aufl. III, I, S. 451 ff., für das Reich § 77 des Reichsges. vom 27. Juni 1871 betreffend die Pensionierung und Versorgung der Militärpersonen R.G.B. S. 275 und R.G. vom 4. April 1874 R.G.B S. 25, ferner Bundesratsbeschlüsse vom 7. Und 21. März 1882 Reichszentralblatt S. 123 und für Österreich das Gesetz vom 19. April 1972 R.G.B. Nr. 60.

第十章 主动地位(主动市民地位):国家机关的承担者资格

基于公职合同(Dienstvertrag),官员获得了主动资格。这种资格与之前阐述过的资格有原则性差异。官员没有要求官职的请求权,正如当选者没有要求赋予议员职能的请求权一样。① 移交官职职能的行为永远是单方面、使官员承担义务而非获得权利的行政行为。这一点适用于所有的官员,包括法官。法官的不可免职性和不可调动性,只是出于司法免受政府不当干预之目的而规定的。如果某个法官仍被免职,他也不得主张解除继任者的职务和恢复自身职务。法官无权要求也不能促使相应的违宪行为被撤销或以其他方式被修正,只有那些被赋予修正违反客观法行为之职权的人才能如此。同样,合议庭的成员也不能在他自认为任务太少时,主张要求指派案件和审查任务的请求权。人们无法证明担任官职的主体在其行使的具体职务上拥有一种被法律承认的利益。这种利益可能存在于封建国家和可以买卖官职的国家,也就是存在于违背公法理念、将国家高权当作私法权利之从属物的国家体制中。在当今的国

---

① 要求行使职务职权的权利曾被普遍地承认,参见:die Zitate bei Laband I, S. 437 N. 1. 基尔克试图构建这种权利(Gierke, über Labands Staatsrecht a. a. O. S. 45,46)。他采用的方式是将这种权利和选举权以及君主的统治权并列起来,却忽视了公职地位和直接国家机关之间在法律基础上的深刻差异。梅耶与我的观点完全一致(G. Meyer, St.R. S. 529)。而奥托·迈耶则指出了与行使公职紧密相连的在荣誉和权力上的利益。由此,他将公职人员要求职务的请求权与要求薪酬和级别的请求权归为一类(O. Mayer, Archiv f. öff. R. III, S. 85; vgl. auch derselbe, Deutsche V.R. II, S. 225)。这种利益不能成为法律上的利益,对这种利益的保护也仅仅是反射作用。最近,普罗伊斯也尝试构建要求职务的权利(Preuss, das städische Amtsrecht in Preussen 1902 S. 100 ff.)。人们应清醒地认识这种所谓的权利将会引发的后果。假如一个法官在民法上的荣誉权被判决剥夺,并在之后的法律审查中得以恢复,而在此期间其职位被委以他人,那么他就只能要求支付薪酬,而不能要求解除现任者的职务并重新担任之前的职务。因为如此一来,现任者就成了违法者!毫无疑问,我们的法律中没有"要求职务的权利"。拉班德正确地驳斥了普罗伊斯(Laband im Archiv f. öff. Recht XVIII, 1903 S. 81)。

家，在 X 城担任政府委员或者在 Y 城担任基层法官，只是纯粹的事实上的个人利益，无论如何都不能成为法律上的利益。①

按照拉班德的研究结果，应该对官职关系中的两个要素——创设国家公职关系和向公务员移交官职——加以区分。② 后者是单方面的国家高权行为，仅使官员承担义务，且只能间接地成为官员获取权利的前提。相反，鉴于此种高权行为，国家公务员合同仅赋予个人一种更高级的被动资格，这种资格使个人成为以创设具体的官职为内容的国家意志行为可能之对象。

公职合同建立的主动资格表现为国家公务员获得了主张其为国家公务员的请求权，也就是要求国家承认的请求权。对个人利益有重要意义的不是官员身份而是公务员身份。这一请求权完全不取决于国家公务员担任的官职，并且也为那些仍未获得官职或者等待被授予官职的人所拥有。因此，存在要求承认通过聘用获取的作为国家公务员的资格的请求权。此种请求权受到公务员法的保护，法官的这种请求权甚至受到宪法规范的保护。直接国家机关的请求权要求的是机关地位本身，而国家公务员的请求权的内容仅为承认其获得国家机关地位的高级被动资格，因为这一资格与其他方面

---

① I, S. 404 ff. 尽管雷姆引用了拉班德之前学者的观点（Rehm, die rechtliche Natur des deutschen Staatdienstes, Hirths Annalen 1884 S. 652 ff., 679 ff.），但却是拉班德首先在法律上深入地论证了被引用的理论。这一理论的反对者（vgl. die Aufzählung bei Laband I, S. 420 N.3; ferner Preuss, Städt. Amtsrecht S. 177 ff.; Anschütz, Enc. II, S. 589）或明或暗地以"合同只是一个私法范畴"这一个错误的前提为出发点（Laband I, S. 421），但是国家公职合同是服从合同，通过这种合同被委以国家职务之人服从于更高级的国家权力。

② 奥托·迈耶提出的选民和当选者权利的例子也不能推翻上述观点（O. Mayers. Deutsches V.R. II, S. 225 Nr. 10）。这些人的请求权指向的只是机关地位，而非职能的内容。同样，官员的请求权指向的也只是官员身份而非官职。

第十章　主动地位（主动市民地位）：国家机关的承担者资格

的一系列请求权相关联。因此，国家公务员针对国家的法律请求权的内容是维持公职关系，而非要求官职。牧师和教会之间的关系是这一请求权的范本。授予神职的仪式向牧师赋予了不可剥夺的被承认为牧师的请求权，却未赋予牧师要求指派任务的请求权。无官职的公务员在教会法上对应着的是没有审判权的牧师。

与任何具体的国家机关地位一样，国家公务员关系改变了权利人的消极和积极地位。如前所述，二者都在特定方面被扩展而在其他方面被限制。此外，官员通过客观法的反射获得了更高级别的刑法保护。① 毫无疑问，他们拥有要求级别和官衔的公法请求权。针对国家的经济上的请求权的情形则较为特殊，人们在此种请求权的属性上没有形成统一的看法。一些权威学者将它们归入私法请求权的范畴。② 此外，在德意志帝国及其成员国中，这些请求权由民事审判机关审理的事实，也促进了这一观点的形成。③ 当然这种情况并不普遍。这些请求权其实是公法请求权，因为这些请求权具有公法上的法律基础，主要服务于公法上的目的。出于国家利益制定的薪金等级制是确定官员对国家的薪金和退休金请求权的主要标

---

① 这些刑法上的保护习惯上被归入官员的"权利"之中，甚至拉班德也接受了这种非法学的传统（Laband I, S. 464）。

② 参见雷姆整理的结果（Rehm, Hirths Annalen 1885 S. 143 ff.; und Rehm selbst S. 194 ff.; ferner G. Meyer, St.R. S. 533; dagegen Laband I, S. 490 ff.; Seydel, St. R. II, S. 237 f.; Wach, Zivilprozessrecht I, S. 95 ff.; Meves in Holtendorffs Rechtslexikon s.v. Gehaltsansprüche II, S. 32 ff.; Löning, Verwaltungsrecht S. 131 u. A.）。伯恩哈克认为，官员根本不拥有针对国家的财产性请求权，他们只是从国家获取赏赐（Bornhaks a. a. O. II, S. 72）。这种观点不值一驳，但它表明了，在原则上否定公法请求权会得出何等荒谬的结论。

③ 瓦赫正确地指出，这种现象对公法请求权的属性而言是无足轻重的（Wach, Zivilprozessrecht I, S. 96 f. Vgl. auch O. Mayer I, S. 214, II, S. 248 ff.）。

准。因此,它们都被恰当地称为按等级要求薪金的请求权。① 与之相反的观点虽然承认薪金请求权的公法属性,却将国家向官员支付的薪金理解为官员履行公务的对待给付,② 这种观点经不起推敲。某些国家官员并未获得对待给付,然而他们的工作量和个人对工作的付出却并不比获得薪金的官员少。而另一方面,无官职的国家公务员通常也享有薪金请求权。最后,薪金的确定并不取决于被履行之公务的种类和数量。人们不能认为州高等法院的法官承担的职务本身应获得比基层法院的法官承担的职务更多的对待给付。人们也不能认为一个行政机关的首脑为国家承担的职务比他的属员承担的职务更重要。在确定官员的薪金等级上,纯粹公法上的因素实际上发挥着远远大于对待给付的观念的主导作用。当然,私法因素在薪金的给付中也起到辅助作用,但根据已阐述的原则,必须依照主导因素认识事物的整体属性。

薪金请求权作为公法请求权仅受特殊公法规范的调整,这些规范是为这一请求权量身定制的,所以这一请求权是特别请求权。官员针对国家的其他经济性请求权也具有公法属性,如搬迁费用、工作津贴、差旅费和职务津贴等。这些请求权也由特殊公法规范调整。这些立足于共同利益的规范与私法上的相应规定不同。在一定程度上,这些请求权也具有薪金请求权的属性。国家对官员的特殊给付以向特殊职务进行对待给付的意图为基础,例如奖金,这种给付是由国家单方面给予的,不能要求国家给予。

即使在薪金请求权产生之前就存在不同于法律规定的类似合

---

① Laband I, S. 469; v. Ihering, Zweck im Recht I, S. 200 ff., u.A.
② Seydel, St. R. II, S. 237 ff.; O. Mayer II, S. 249.

同的约定,然而薪金请求权仍然具有公法属性。在这些情形中,为了使国家能够延揽或挽留特别重要的人,共同利益被具体化了。当然,在这些情形中私人利益也占有一席之地。但国家认为有必要采取不同于法律的做法时,国家利益就在其中起到了决定性作用。

(二)国家名誉官员的请求权

不基于先于官职存在的特别的、原则上持续的公职关系而担任国家官职的人被称为名誉官员(Ehrenbeamte)。① 尽管这些名誉官员与国家之间的关系也是公职关系,但这种公职关系的法律基础不是国家公职合同。其在某些情形中源于国家的任命,但一般而言这种关系是通过选举产生的,或是通过市镇机关进行的选举,或是通过其他公法团体进行的选举,也可能与帝国保险机构和商事法庭的成员的选举一样,通过行业协会进行的选举。在这些情形中,国家基于法律将移交官职的权利转移给了在某一方面发挥着国家机关作用的主体。如此产生的官员不是基于一种特殊的权力关系受到委任,而是被直接委以特定官职。这种官员被赋予了主动资格,也就是说,他们通过选举或者国家的承认获得了机关地位请求权。这种请求权类似于当选的议会成员的请求权。由普鲁士省委员会选举的省委员会或区委员会成员可以向国家主张被承认为这一行政机关的成员的请求权,而省长或区长则没有这种请求权。基于上文

---

① 雷姆在用语上区分国家公务员和国家官员的做法是完全正确的(Rehm Annalen 1885 S. 80, 81)。国家公务员是缔结了公法上的公职合同的人,而国家官员则是担任国家官职的人。名誉官员是国家官员却不是国家公务员。名誉官员的概念同样被接受为国家法上的术语。帝国法律在很多地方提到了名誉官职,并为此给出了确定的概念。

论述过的原因,国家名誉官员也不享有要求官职的权利,官职请求权绝对不可能成为个人请求权的内容。他们的请求权的实践意义在于,他们只能且必须被特定机关任用,国家不得针对他们进行任何的工作调动和升迁。被任命的名誉国家官员和选举产生的名誉国家官员这一点上是完全相同的。①

名誉官员可能基于自由意志或公务义务被委以官职。然而,在国家公务员关系中相互分离的两个行为——职务关系的创设和官职的移交——却在这两种委任中合二为一了。

(三)公职义务人的请求权

国家不仅可以为了选任名誉官员设定公职义务,也可以将议会选举权和其他选举权转变为选举义务,例如比利时的情形。选举义务在这种情形中总是与权利相联结,因此个人也可以通过选举义务获得要求参与选举的请求权,选举义务人也可以主张其选举权。国家也会规定强制性公职,② 如兵役义务和司法义务(陪审员义务和陪审法官义务),这些义务也同时具有权利要素。这种权利要素表现为与职务相连的荣誉。因此,参与公职活动、参军以及参加司法活动,对公职义务人而言是一种荣誉,而在受到刑法处罚时,公职义务人会失去这种荣誉。因此,人们可以将这种义务称为授权性义务。在众多的这种义务之中应该区分被动资格与主动资格。基于

---

① 关于名誉国家官员的其他权利,参见:Löning a. a. O. S. 139 f.
② 强制性的职务义务和非强制性的职务义务的区别在于,前者以超完全法律(lex plus quam perfecta)为基础,后者以次完全法律(lex minus quam perfecta)为基础。基于服务义务获得的名誉职务可以被解除,但基于强制规定产生的名誉职务则不能被解除。参见:auch Löning a. a. O. S. 138 Note 1.

被动资格，个人成为国家行为的可能的对象，而基于主动资格个人通过具体的征召行为与国家建立起了特殊的义务关系。① 被动资格是被委以某种职务的能力，依其属性，它永远不能赋予个人请求权，② 因为它只是反射作用。相反，从主动资格中可以产生对国家的请求权，尽管国家考虑的只是义务之履行。士兵对军饷的请求权，③ 陪审员和证人对报销差旅费的请求权都属于这种请求权。基于公职义务（通过选举或任命）被委以名誉官职的人与自愿承担公职的人享有相同的请求权。

此外，法定的公职义务也可能基于实在法的规定改变公职义务人的消极地位和积极地位。④

（四）私法劳务关系中的人的请求权

国家可以和私人一样通过劳务关系获取劳动力。这种工作人员基于合同也服从国家的纪律权力。另一方面，他们也可以被单方面地赋予公法请求权，例如使用头衔的请求权和成为国家公务员

---

① 关于兵役，拉班德清楚地区分了国防义务、兵役义务和职务义务（Laband IV, S. 135）。

② 将能够承担陪审员职务和陪审法官职务的被动地位称作政治权利是常出现的错误。例如：H. Schulze, Deutsches St.R. I, S. 364; Ulbrich, Österr. St.R. 87. 导致这一错误的原因之一是法律用语的问题。在用语上，这种能力被归入可被刑法贬损的荣誉权中。

③ 关于士兵请求权的反射属性，参见（本书）第73页；关于这种请求权与国防义务之间的关系，参见：Laband IV, S. 152 f., 司法职务原则上的无偿性，参见：Laband III, S. 449.

④ 关于军队成员的特别规定，参见：Mandry, Der zivilrechtliche Inhalt der Reichsgesetze S. 80 ff.; Laband IV, S. 211 ff. 陆军和海军现役人员的主动地位被削减了，这表现为他们不能行使议会选举权。

时，将私法劳务关系中的工作年限计入工龄的请求权。

九、公法团体的代表人和官员的请求权

公法团体具有国家职权和国家机关的承担者的属性，基于这种属性，公法团体赋予自身的机关公法机关之属性。这些机关可以被分为代表人和官员。① 直接的团体机关（例如市镇代表机关、市镇委员会、市长）在团体中拥有与代议民主制中的人民代表机关和行政机关相同的地位。相反，公法团体中的职务关系与职业官员的国家公职关系非常相似，只要公法团体的官员不是基于自由意志或者法定的职务义务而被赋予名誉官职。

基于德意志国家中的国家行政机关和地方行政机关之间的特殊关系，直接的市镇机关只要行使国家职权或有义务完成直接的国家任务，就具有服从于国家纪律权力的间接国家官员的属性。确切地说，它们对国家负有法定的公职义务。向国家承担的公职义务是地方机关地位的法律后果，这一后果不由其自身的意志决定。

第三节　主动地位在法律上对第三人的作用

一个人的主动地位基于法律可能对第三人产生特殊的作用。

---

① 很多学者都正确地区分了直接市镇机关和市镇官员，例如：Gierke, Genossenschaftsrecht I, S. 732 ff.; Löning a. a. O.S. 164 f.; Jolly in v. Stengels Wörterbuch des Verwaltungsrechts s.v. Gemeindeorgane I, S. 518 ff. 而另外一些学者则未作区分或未明确区分。这是因为，市镇的管理和执行机关具有间接国家官员的属性，因而它们被归入"官员"这一上位概念中。梅耶就持此种观点（G. Meyer, St.R. S. 495 ff.）。

第十章 主动地位（主动市民地位）：国家机关的承担者资格

它可能赋予第三人一种地位，基于这种地位，第三人能够分享更高级的、原则上只属于国家机关的荣誉。另外一方面，第三人也能获得特殊的消极地位和积极地位。这种情形主要表现在统治家族的成员身上。他们享有的较高级的荣誉绝非来自可能的王位继承人的权利，因为不具有王位继承资格的家族成员同样享有这种荣誉，君主的配偶甚至比王位继承人享有更高的国家荣誉。实际上是特定范围的人与君主之间的家庭法关系，赋予了他们高级的、在原则上取决于国家机关之资格的国家荣誉。他们与机关承担者一样受到法律更高级别的保护，尽管他们不具有机关承担者的资格。然而，这一家族的男性成年成员可以被赋予一种被优待的主动地位，这表现为拥有上议院议员资格和要求成为摄政王的请求权。在那些王室法的立法需要父系亲属同意的国家中，这些父系亲属不是以私人身份而是以国家的特别机关的身份从事活动的。① 因此，这种

---

① 确切地说，或是在宪法不涉及王位继承问题的国家中单独行使，如萨克森-魏玛或利珀（Vlg. Anschütz zu Meyer S.259），或是与州议会共同行使。例如，罗伊斯荣格利尼 1852 年 4 月 14 日的《国家基本法修正版》第 11 条规定："当以合乎宪法的方式对王室法进行变动所涉及的是统治者继承顺序、对按顺序继承王位的未成年统治者的监护、在此期间摄政王资格以及统治者的成年等问题时，需要州代议机关的同意才能被确定下来。"此外，1831 年 4 月 29 日的《萨克森-阿尔腾堡基本法》第 11 条规定："大公同时是德意志邦联和萨克森邦联的成员。在这一关系中，大公根据德意志邦联和萨克森邦联法享有权利并承担义务。这些权利义务不能被本国立法所变动。"因此，在利珀王位争议中时常被讨论的"王位继承顺位的变动是否以国王父系亲属的同意为必要"的问题不能按照对所有德意志国家都适用的普遍原则作出判断，只能按照各国法律进行判断。深入研究后将会发现：在大多数德意志国家中，尤其是在全部较大的德意志国家中已不存在这种父系亲属的同意权。仍然存在这种权利的国家同样可以通过合乎宪法的方式改变这种权利。就此，应在具体情形中确定的是，动议在君主需要征得父系亲属同意的国家里是否被违宪地终止了。根据上面引用的规定，罗伊斯荣格利尼和萨克森-阿尔腾堡就是这种情况［对于罗伊斯荣格利尼，安许茨也持这一观点（接下页注释）

188 父系亲属权就其本质而言不是私法权利,而是机关职能。这些职能的承担者与这些机关职能的关系类似于拥有世袭议员资格的人与他们拥有的立法职能的关系。①

最后,他们也通常享有针对国家的经济性请求权。这种请求权具有当下形式的原因类似于规定君主收入的原因。尽管这种请求权照顾了他们的私人利益,但在确立这些请求权上起到决定性作用的却是公法上的利益。因此,这些请求权必然被归入公法请求权。同样,对王室成员的自由领域的限制也是出于对王室地位的考虑。这些限制表现为关于门第婚姻、跨门第婚姻以及王室成员从事其他人可以自由决定的行为时需要君主许可的王室法规定。

189 外交人员的家属和随员分享的② 外国国家机关基于国际法所享有的治外法权的情形与业已阐述的情形具有类似的法律属性。

主动地位对第三人之作用的另一种情形是源于国家公务员关系的亡故官员之亲属享有的向国家要求经济性给付的请求权。如今这些请求权已经被视作国家在公共义务的履行中为保障生活无来源者规定的一系列规范中的一环。向事故保险协会主张的抚恤请求权和1888年2月28日的帝国法律所创设的为国家服务人员家庭的扶助请求权是向着为需要帮助的人、无人供养的家庭成员(主要是丧偶的女性和孤儿)提供公法救助的这一德意志帝国的伟

(接上页注释)(Anschütz zu G. Meyer S. 259),舒尔金对这种观点的驳斥则毫无根据(Schücking, die Richtigkeit der Thronansprüche des Grafen Alexander von Welsberg in Oldenburg 1905 S. 45)]。

① Übereinstimmend aus der neuesten Literatur Anschütz zu G. Meyer S. 259, Schücking in der vorerwähnten Schrift S. 53.

② Ger.Verf. G. § 19.

大目标迈进的一步。在追求这一目标的道路上，德意志帝国领先于整个文明世界的全部国家。

第四节　主动地位的不完全形态

　　由于历史的延续性，在大多数的欧洲国家中，尤其是在曾经属于德意志邦联的国家中，特定范围内的国家成员享有特殊的个人权利，这些个人权利源自一种曾经存在而今业已消亡的机关关系。这种权利一般不再是要求机关地位的请求权，而只是要求承认产生于机关地位的高等荣誉以及免于特定法定给付义务的请求权。如此一来，这种关系就具有优待个人的积极地位和消极地位的效果。下文将对这些权利进行论述。

　　一、首先进入我们视野的是贵族及其家族依据《德意志邦联宪法》第14条所享有的权利。这些权利是基于这些家族过去在帝国国家法上的地位，尤其是这些家族族长的机关资格。这些族长如今通常享有对议会上院的议席的请求权。这一请求权在任何地方都以宪法规定为依据。如今只有宪法规定才能授予一个被优待的主动地位。以其他机关地位为对象的请求权已经被帝国立法彻底废除了。在这些家族享有的自治权中还余留一项属于主动地位的权利。这项权利表现为贵族家族享有的、原则上只属于立法者的作出不同于普通法律之规定的权利。由此，这些贵族家族就成为了拥有公法权力的团体。自治规定的内容主要是私法性的。至少根据当今的国家法，门第婚姻法和跨门第婚姻法也主要是贵族的私法，它们只具有间接的公法意义。从当今的国家法角度出发，过往时代中的某些公法请求权如今只能被理解为私法请求权。消极地位上的优待仍然表现为对国民义务的免除。① 因此，对于贵族家族的各个成员而言，仍然存留的基于与生俱来之权利的公法请求权只有要求特定的、主要是贵族家族族长享有的头衔请求权，以及要求承认家族特权的请求权。这些请求权包含了消极地位上的优待，例如这些人员被许可从事其他人不得从事的行为。另一方面，这些请求权也包含了对积极地位的提升，例如这些人员可以要求国家承认其享有的头衔和特权。

二、虚衔贵族的请求权与上述请求权近似，但受到了更大的限制。其较高的社会荣誉是基于对他们受优待的主动地位的历史纪念。这种纪念表现为最初在各地标志着一种职位或一种特殊的国家资格的贵族头衔。这一情形类似于如今不只具有社交礼仪意义的英国贵族头衔。如今，贵族在法律上一般不过是一种"世袭的虚衔荣誉"②，但它在某些地方仍然会赋予贵族特定的法律资格。从法律史的角度出发，它是曾与官职和门第紧密结合的权利的不完全状态，其社会意义远过于法律意义。③ 在中世纪晚期，公法上的权利转化为私法上的权利。基于私法属性，世袭贵族头衔上也存在私法成分。这种私法属性表现为贵族头衔的世袭性和对可移转给妻子的属性，也表现为贵族家庭成员所享有的私法上的禁止他人违法使用贵族家族应有的头衔的权利。

---

① 免除兵役、纳税义务。参见：G. Meyer, St.R. S. 835 f.
② H. Schulze, Deutsches St.R. I, S. 397.
③ （这里指的是）在上议院的席位（普鲁士、符腾堡、黑森），被委任为上议院世袭议员的资格（奥地利），被选入上议院和州议会的权利（巴登、黑森、蒂罗尔）。

三、向私人授予国家官衔或与之类似的头衔显然是现代国家制度的产物。由此，一种高级的、国家机关承担者所拥有的荣誉被作为表彰赋予了与国家无国家公职关系的人。官员也能基于表彰而获得高级官衔。即使在退休后或依照法律荣誉离职后，官员也能保留其最后的官衔。这些主动地位的不完全形态的法律内容与贵族的主动地位的法律内容几乎完全相同，不过前者更具公法属性，因此只能依附在特定的人身上。①

四、国家授勋行为具有独特的属性。起初只向士兵授予、后来也向其他人员授予勋章的制度在历史上与骑士勋章制度和由此产生的王室勋章制度有关。根据这种制度的理念，有益于共同利益的功劳应予表彰。因此，国家勋章的授予应以被表彰者有利于国家利益之行为为前提。这就意味着，被表彰的行为类似于国家机关的行为，类似于准国家机关职能的行使。因此，表彰者所享有的对高级荣誉的请求权同样也是基于机关地位的个人权利的不完全形态。这一请求权也首先主张的是国家的承认，而勋章的授予同时也是一种扩展自由领域的行为。②

从勋章的授予中还可以产生被授予人的其他积极请求权，尤其是要求授予或承认贵族头衔的请求权。然而这一请求权只能由国王个人予以满足，且不能获得司法保护。而与此不同的是，产生于授予某些勋章的要求退休金的债权。这些债权具有公共职务的薪金的性质，从公法请求权中产生，具有公法属性。它们与国家官员

---

① 拟制公职人员的头衔也可以被授予个人，它们也能赋予授予人一种公职人员的社会荣誉。

② Str. G.B. § 360^8.

的退休金类似。官员的退休金因其产生的原因和目的同样具有公法属性。

这种不完全的地位关系产生于单方面的国家行为,这种国家行为可能被受表彰人拒绝,从而失去法律效力。① 既然这种关系不创设个人的义务,不必通过合同产生,且国家只是在法律之外限制个人自由时才需要个人的同意,在扩展个人的自由时则无须征得个人同意。所以可以推定,这种关系是被接受的。这对被表彰者在被授勋前死亡的情形具有重大意义。在这种情形下,其家眷仍可基于授勋获得可能的请求权。②

第五节　主动地位与国籍

消极地位和积极地位在一定程度上并不取决于国籍,而主动地位一般却以作为被动资格的首要要求的国籍为前提。当然,也存在例外的情形。但有时拥有国籍也不能满足条件,在某些情形中,国籍的长期拥有者才能获得主动地位,例如议会的选举权有时甚至要求国籍是出生时获得的。③ 在某些国家,被赋予公民地位之人的主动市民的地位是通过特别的授予行为建立的。④ 获得不完全形态的

---

① Zustimmend Anschütz, Titel- und Ordensverleihungen an Richter, Deutsche Juristenzeitung 1899 S. 54.
② 例如向奋勇杀敌的士兵授予勋章。
③ 担任美国总统和副总统就以此为条件(Const. of the U. St. Art. I, sect. I, 5)。
④ 在英格兰,人们从这一观点出发区分了公民地位的授予和居留资格的授予(vgl. Hatschek, Engl. Staatsrecht im Handb. des öff. R. I, S. 222);在比利时和意大利,人们区分了低级或一般公民地位的授予和高级公民地位的授予(vgl. Vauthier, das

主动地位一般无需国籍。与之相应，本国也拥有承认或禁止接受异国授予之表彰的权利，毕竟异国授予的表彰不是毫无社会意义的。[①]

Staatsrecht des Kgr. Belgien im H.B. d. öff. R. S. 28; Brusa, das St.R. des Kgr. Italien ebenda S. 31)。

① 针对瑞士联邦的议会成员、官员以及士兵存在后一种情况（Bundesverf, Art. 12）。

第二编　国家与团体的权利

第十一章　国家的公法权利

如果人们孤立地看待国家，也就是说既不考虑国家与国家之间的关系，也不考虑国家与隶属国家之人格人之间的关系，那么就无法在国家的活动上运用合法或不合法的范畴。法就是主体之间的关系。如果假设国家脱离了这种关系，那它就只是为了实现其目的而行动着的权力，这种权力只能用道德和政治而不能用法律加以评价。因此，就其本身而言，作为国家内部关系的国家与其机关之间的关系不是法律关系。只有当这种关系同时也是国家与其机关之外的人的关系时，这种关系才具有法律关系的属性，才应被法律规范调整，例如国家与机关承担者之间的关系。因此，如果创设一个新职位的行为既没有设立新的权限，也没有触及臣民的经济性给付义务，那么孤立地看，这种行为就是一种不涉法的行为。这类似于与他人的权利领域无关的个人行为。相反，国家在直接或间接地作出触及其服从者的权利领域的许可、命令、给予、禁止时所处的关系都表现为法律关系。

第十一章 国家的公法权利

如果人们将国家视作法律之外或法律之上的存在,那么个人不仅不会享有公法权利,因为公法权利只能在国家和个人的关系之中存在,也不会享有私法权利,因为如前所述私法权利只能以公法权利为基础,所有脱离了这一基础的私法权利都会失去其实在法属性。国家权力本身因国家承认了其服从者的人格而变为受到法律限制的权力。如此一来,由国家法制确定并受到法制限制的权力获得了法律权力的属性,权力上的利益也获得了法律利益的属性。属于这种利益的首先是国家法制之维持和完善。追求着自身利益和目的的国家将自己变为受到法律限制的人格人。面对个人时,法律表现出创设性;面对国家时,法律主要表现出限制性。就其本质而言,国家在其权力所及之处是全能的。然而,国家基于法律只能为法制所授权的行为,国家只可以实施被法律约束的国家意志许可的行为。基于国家的法制给国家施加的限制,国家在法律上成为了相对于其服从者的权利和义务的承担者。

只有在国家认为自己受到法律限制时,国家才是权利主体。不承担义务的行为主体是权力主体而非权利主体。权利的概念已经包含了限制。[①]

只有通过国家本身对国家的法律义务的承认,国家和臣民的主观公法权利才是可能的。只有存在国家义务,才存在个人的法律请求权。确切地说,这些请求权主要通过单方面国家行为产生,即颁

[①] 奥托·迈耶对此有着错误的认识(O. Mayer, Deutsches V.R. I, S.110)。他仅仅把国家理解为权力主体,而非权利主体,因此他否定了真正的国家对其臣民的主观权利。这种观点并未被严格地坚持,因为他也认为国家处于公法关系之中,这种关系形成了对国家的"一定的限制"。

布法律、法规或进行处分。在私法中,私法主体通过自身合法的意思行为创设的单方面的义务只是罕见的例外,但在国家身上,单方面地为自己设定义务却是常态。①

我已经反复论述了国家自我设定义务(staatliche Selbstverpflichtung)是国家受限制性之基础的观点。② 这一观点的反对者一直未能令人满意地解决这一问题:国家为何始终受到自己以合法方式进行的单方面意思表示的约束? 如果不能回答这一问题,就不能主张自己理解了什么是制定法。反对国家自我设定义务思想的根源在于,在现代法学文献中,根本不存在关于义务概念的深入研究。人们往往忽略了义务概念并不局限于法律领域,伦理和社会道德领域同样需要义务的概念。事实上义务概念首先是一个道德上的概念。如果人们彻底理解了道德自治的思想,那么就会认识到法律义务只能被理解为上级权力之强制的观点是肤浅的。

全面研究义务概念便会发现,"权利和义务在任何情形中都是相对应的,因此任何义务都创设一个主观权利"的自然法观点是没有根据的。托马修斯(Thomasious)、康德以及德意志自然法学者都相信自己在爱的义务(Liebespflicht)和强制义务(Zwangspflicht)的对立中找到了道德和法律的区别。这种区别体现为,法律义务中产生了某人的强制性请求权,而爱的义务却不对应任何请求权。爱的义务和强制义务的这种对立是站不住脚的,没有因自身的缘故而存在的义务。任何义务的产生都是为了保护或实现一种不可尽归

---

① 参见下一章。
② Die rechtliche Natur der Staatenverträge S. 9 ff.; Die Lehre von den Staatenverbindungen S. 34, Gesetz und Verordnung S. 198 ff.

为私人利益的益。法律义务在保护法益的过程中也保护了法益对应的主观价值，即利益。然而受到义务保护的利益并不必然是个人利益，也存在共同利益受到共同体的义务的保护的情形。但在这种情形中，利益保护通常不能为某人创设一个法律请求权和主观权利。从最高国家机关对国家的义务中产生某人的主观权利，在逻辑上和事实上都是不可能的。例如宪法为君主规定了义务，但任何人都不会因此获得权利。君主的义务不能为臣民创设权利，因为创设这些义务不是为了臣民；君主的义务也不能给国家创设主观权利，因为机关之外的国家在法律上是不存在的，而且国家在这些情形中缺乏能使其作为权利主体存在的机关。其他直接国家机关的义务也是如此。例如议会的义务也没有赋予任何人权利，尽管这些义务是为了共同利益而被创设的。因此，所有与直接国家机关之职能相关的义务都是被不完全法律（lex imperfecta）规范创设的，它们没有强制或无效的后果。没有按照宪法规定的期限召集议会的君主和拒绝法定的拨款的议会违反了宪法，也就是违反了义务。然而，任何独立于国家的人格人的主观权利均未因此受到损害，因权限未被遵守或被逾越而受到侵害的只有其他国家机关。在这些情形中，无法设想原告和法官。所以国家制度本身以不为任何人创设权利的义务为基础。

只要国家机关能够给具体的人格人（例如国家机关的承担者）设定义务，其就从这种义务中获得了应由具体人格人实现的法律请求权。确切地说，这一请求权涉及的主要内容是服从。[①] 基于对国

---

① Löning a. a. O. S. 14, Binding, Die Normen und ihre Übertretung, 2. Aufl. I, S. 423 ff.

家权力的服从,也因为国家权力局限于法律确定的请求权,个人对国家的服从是法律上的服从。潜在的全面的服从关系,在现实中永远是法律上有限的服从状态。这一服从状态的内容对国家而言是有限的要求公民履行、容忍和不作为的请求权。① 在由此建立起来的服从者的被动地位之上,服从者是义务主体,而非权利主体。如前所述,服从义务是公分母,所有相对于国家负担的义务都可以归入其中。常常有人认为在此之外还存在着对国家的特别忠诚义务,然而这种义务完全没有独立的法律内容。如果这种义务要求的是基于忠诚义务的行为或容忍,那么这一义务就也能被归入服从义务;如果这种义务不是国家法律的要求,那么就只能从伦理的角度而不能从国家法的角度出发,去把握这种超法律的义务。② 虽然个人与国家之间全部的关系并不局限于单纯的服从,但是法学无法在总体上把握这种关系。爱国主义真的是任何健全的国家的命脉吗?哪种贫乏的法律形式能将其表达出来呢?

一种独特的国家服从请求权的专有形式是要承认国家高权行为的请求权。这一请求权构成了现实的服从义务之存在基础。的确,这一请求权有时会表现为独立的请求权,这时它指向的对象不是服从者,而是在道德上自由决断的个人。

---

① 因此一大部分法制同时使国家对被统治者的主观请求权,这些请求权源自国家作为立法权力的属性。这一点表明,客观法和主观权利并非是截然对立的,它们是可以相互转化的。

② 艾伦贝格最先论证了服从义务应是唯一可以在法律上把握的义务(Ehrenberg, Kommendation und Huldigung nach fränkischem Recht S. 112 ff.)。也参见他的另一著作(Die Treue als Rechtspflicht, Deusche Rundschau X, 7, S. 51; G. Meyer, St.R. S. 666; Seydel, St.R. II, S. 221)。特殊的忠诚义务论的支持者所能得出的法律上的后果无一不是源自服从义务的。

即使国家不向个人发布直接的命令,个人也负有承认特定国家职能的义务。这一点尤其表现在组织国家的过程中。在王位交接过程中,按照王位继承法获得王位的君主应被任何人承认为君主。共和国中新当选的总统、依法组建的议会以及行使法定职权的公职人员也是如此。此外,国家的任何意志行为,如创设法律、法规和作出判决、决定等行为也应被承认。只有以这种承认为依据,其他在职权范围内服从被承认的国家机关的义务才能产生,这些服从义务体现为尊重国家机关、实现被承认的国家意志行为。因此,在任何情形下都可以拒绝服从无职权的机关所作出的国家行为,也可以撤销缺乏职权的国家机关所作出的国家行为,或不按宪法或法律规定的形式所作出的国家行为。

这种请求权作为独立的请求权在两种情形中构成了国家法律上之行为的基础:在内部,发生国家革命时,对新的统治形式的承认是国家职能的必要条件;在外部,为了参与国际法上的事务,国家本身以及被赋予代表职能的国家机关也需要被承认。任何法制的实现都不能仅凭强制,必须存在一种渠道使国家制度得以建立在国家成员的自由承认之上。因此,承认是具体形态之法制的根本基础。[①] 曾被承认的也就是在法律上存在的制度,持续地要求对其之承认,法制也以此为基础,要求个人履行义务。这是自然法学国家理论的真正核心,即将国家建立本身分解为个人的意志行为。这一理论的错误之处在于,其从错误的起点出发,违背了自己的初衷,

---

[①] 根据各个民族和国家的属性,承认可能具有完全不同的表现形式,从惰性或恐惧的不反对到全民表决的积极同意。关于认可是法制约束力的根源,参见:Bierling a. a. O. I, S. 134 ff.

将国家制度视为个人意志的创造物。制度的存在不取决于个人的意志,而始终应被个人承认。这才是个人意志与共同意志之间的真正不间断的关系。①

国家全部的权力源自服从者的承认和服从。但国家的公法权利并不局限于对承认和服从的请求权。国家不仅可以通过命令和禁止限制个人权利,也可以通过许可和授权扩展个人权利。创设主观权利与创造客观法一样,都是国家的法律上的能为。国家可以通过立法一般地或个别地为服从者创设新的权利。通过创设权利的行政行为,国家可以创设个人权利和公法请求权,也能承认团体的法律人格。此外,国家甚至可以放弃其享有的权利。根据命令和授权之间的内在关联,创设权利的行为在所有这些情形中都体现了命令和要求服从的国家权力,因为这些行为也包含着要求他人承认的命令。

国家权利的行使与私法权利的行使截然不同。私法权利和个人的公法请求权可以仅仅按照个人的意愿行使,而国家的公法权利,无论其形式如何,都必须仅仅为了共同利益而被行使。即使国家原则上可以自由决定,在特定情形中是否行使要求服从者服从的权利,或拥有创设权利的法律权力,国家也绝不能恣意地行使权利和权力。如果国家承认其存在是服务于公共利益的,国家就为自己的行为设定了最高的准则。这一准则既是法律命令也是道德命令:国家的每个行为都应尽可能地符合共同利益。国家因这一最高

---

① 即使是作为自然法国家学说激烈反对者的斯塔尔也认识到,国家以"人民的道德和理智的意识"为基础,国家应该是人民的自由行为。

义务得以拥有其全部权利。① 在这一义务上,产生了国家在道德上的请求权,而道德上的请求权又成为国家的法律请求权之基础。这才是经常被人提起的"公法权利是公法义务"的真谛。作为道德和法律的规范,这一义务约束了国家和所有国家机关的全部职权。因此,这一义务也约束了创设权利的国家。共同利益许可时,服务于个人利益的行政行为才能被实施;而共同利益要求时,这一行政行为必须被实施。促进既存的个人利益和创设新的个人利益的义务同样产生于上述最高原则。尽可能的、最与公众利益契合的对个性的发展和保障属于最重要的共同目的,以此为目的的国家行为也同样服务于共同利益。②

因此,如果法律的明文规定或事务的性质规定了国家及其机关的自由行为,那么这仅仅意味着这些行为的内容不应由有约束力的规定确定,而应由国家机关在具体情形中自主获得的、符合目的之认识决定。如果可以通过制定规范实现某一目的,那么就必须制定规范。人们甚至可以主张,对国家而言,整个法制的内容只应是以无须裁量的方式规定合目的之行为。只有在变化着的暂时的目标和不断改变的行为条件使规则难以被制定的情形中,自由裁量才应介入,才应通过自由裁量寻找个案中隐含的规范。因此,在人类刚开始思考国家时就已遇到的一个相反的观点再次浮现了出来:法律

---

① 因为对这一义务的认识导致了国家的自我限制,导致了国家从权力主体变为权利主体。

② Vgl. oben S. 125, ferner Tezner, Zur Lehre von dem freien Ermessen der Verwaltungsbehörden als Grund der Unzuständigkeit der Verwaltungsgerichte (1888), S. 11 ff.

应彻底消失，统治者应亲自探寻并公布待处理个案中隐含的规范。①亚里士多德认为，在各种国家形式中，只有在服务于被统治者的利益时，也就是在服务于共同利益时，一定程度上可以自由行使的统治权才是值得肯定的。他由此揭示了"统治者的最高义务是为共同利益服务"这一真谛。②

因此，法国的·行·政·裁·量（administration discrétionnaire）、德意志和奥地利的行政机关的"·自·由·裁·量"（freie Ermessen）等都是由共同目的之专属规范决定的合义务的行为。在裁量的过程中，仅在对个人利益的关照和承认能够与具体情形中被规定的国家目的一起实现时，个人利益才能得到照顾。强调共同利益不等于排除国家满足个人请求权。对共同利益的强调只是在个人请求权与共同利益发生冲突时降低了个人法律请求权的可实现性。因此，与所有其他规范一样，赋予个人请求权的规范表现为带有例外情形的规则。如果个人请求权应被保障，那么就必须严格地规定例外情形的界限，并且应确保对这一界限的判定是公正的。

此处确定的这一合目的地行为之义务可能会招致这样的反驳：它只是道德上的义务，不具有法律义务的属性。然而，这一义务的法律义务属性却可以由此得出：国家能够明确地规定，这一义务是对国家负有服务义务之人的义务。在所有职务行为中恪尽职守是所有公职人员的一般性义务。③要求履行这一义务的主张一般在纪

---

① Plato, Politicus XXXIII, p. 294.
② Pol. III, 9.
③ 这一义务经常被错位地归入不具有法律属性的官员的忠诚义务中，例如：Laband I, S. 438; H. Schulze, Deutsches St.R. I, S. 327. 在法律上，这些官（接下页注释）

律审查程序中被提起。在战争之中，这一义务体现得最为突出，士兵战时不履行义务的行为是受到最严厉刑罚制裁的犯罪行为。在英美法中，甚至官员没有顾及其职务功用的情形也会导致弹劾。同样，巴登的宪法也包含了因严重危害安全和国家福利而控告部长的规定。[①] 只有在针对那些排除了法律责任的直接国家机关的承担者时，合目的地行为的义务才仅仅是一种不完全法。

有利于个人的国家行为可以扩展个人在法律上的利益领域，这种扩展可能赋予了请求权，也可能未赋予请求权。在后一种情形中，对个人利益领域的扩展可能是有意的，也可能是无意的。此时，个人受益于国家行为的反射作用。如前所述，在这些情形中判断国家是行使了自身的权利还是满足了个人请求权形式上的标准是个人请求权的存在与否。而实质上的标准则是，共同利益与个人利益是否重合，这一利益是否能被实在法承认。这一问题与所有脱离了形式上的法律的问题一样，令人难以判断。但是，我们必须直面这一问题，因为它在未来法层面上对区分国家和个人的权利具有重大的意义。

（接上页注释）员的义务是被"认真履行"职务的规范所规定的（Reichsbeamtengesetz § 10, Badisches Beamtengesetz vom 24. Juli 1888 § 8）。

① § 67a（Art. 2 des Gesetzes vom 20. Februar 1868）。这种规定产生于被这一规定所保障的法律义务之存在的可能性和实际状态。

第十二章 创设权利的国家行为

公法请求权主要由实体法创设。在此无须对这种国家的意思表示进行进一步的阐述,重要的是深入研究其他创设权利的国家行为。

不存在私法或公法专有的法律形式。实际上,整个法律领域都被相同的法律后果之原因支配。两种广泛出现的种类尤应予以强调。法律上的后果或是通过单方面的意思表示产生或是通过达成一致的意思表示产生。在第一种情形中,存在一项处分(Verfügung);在后一种情形中,存在一个协议(Vereinbarung)或一个合同(Vertrag)。

处分在公法中占据主导地位,因为处分是职权的法律表现形式。它也是私法行为的一种固有形式,例如对死后事宜的处分、所有权人的禁止性与授权性处分、雇主基于雇佣关系而有权作出的命令。达成一致的意思表示在私法中殊为重要,在公法中也有一席之地。确切地说,意思表示在公法领域主要表现为协议。协议是在多个个别的意识行为中产生一个统一的、涉法的意思表示行为。协议可能由相互独立的人格人或共同体的机关作出。相反,合同则是多个人格人关于给付之履行和受领的约定。协议是以满足共同利益为目的之合意,合同以满足相互对立的或不一致的利益为目的之合意。

如果多个分散的意志不具有形成特定涉法的意思行为之法律效力,那么就会出现协议。实质上的统一的意思行为永远不可能从多个意志中产生,只有基于某一法律制度,才能在多个意志中产生一个法律上的统一的意志。这一制度将实质上相互分离的意思表示统一为法律上的统一体。因此,协议也是通过多个国家机关共同作用产生的终局性的国家意志行为的形式。在这种情形中,这些国家机关本身未被赋予最终的意志权力。主导着国家意志形成的所有同意、协作以及所有与他人达成一致的行为都是协议。法律产生于君主和议会之间的协议;国家性团体(议会、合议庭)作出的决议是协议;应由多位部长颁布的法规或决定是基于协议;由一个政府部门作出的、需要其他部门同意才能完成的意思行为同样是协议。合同的范畴无法适用于所有这些情形,这一点无须证明。合同以独立的、不依赖于对方的人格人为前提,国家机关则不具有这种属性。上述情形在结果上也与合同不同。合同中产生的永远不是统一的、与缔约人的意志不同的意志,而是缔约人就同一意向相互同意的意志本身。被约定的国家行为与所有独立的、终局性的国家机关的意思表示相同,都是国家本身的统一意志。此种意志也对参与形成意志的机关具有约束力。即使国家的组织结构发生了根本性变动,以致参与形成此种意志的国家机关被其他机关取代,此种意志仍是国家意志。

上述协议仅在国家机构内具有效力(其他团体中的情形也是如此)。另一种协议是能够调整独立的人格人之间的关系的协议。

因此,为数众多的、能够由公法团体按照法律缔结的协定都是协议。协议可以构成市镇合并的基础,也是市镇间统一道路、学校以及其他行政团体的常规条件。协议可以由市镇为了设立商事法庭、为了施行共同的医疗保险而缔结,也可以由地方医疗基金为创建基金联合会而缔结,还可以由同业者为设立联盟而缔结。下面的原理可以作为原则被确定下来:当国家为公法团体设立一项义务,而履行这一义务的种类和方式却在一定程度上由义务人自由决定时,这种自由履行的空白在任何地方都可以被相互一致的、以共同的法律后果为内容的多个团体的意志表示填补。甚至个人也能通过协议履行公法上的义务,例如以事故保险为目的自主设立的同业者协会。

协议在国际法中也具有重要的意义。由于不存在超国家的立法者,约束国际联合体的法律,只要不是源于习惯法,就只能通过共同的、以相同的意思表示为内容的约定产生。因为国际联合体不是组织体,所以通过协议产生的意思不是统一体的意思,而是共同意志。此种意志的内容是对单个国家具有约束力的法律规范。因此,"不得于海上劫掠"的规范不是通过合同而是通过协议产生的。这一规定不是为了个别的也就是不断变化的一个或另一个国家的利益基于一项对待给付而被约定的,而是为了国际联合体之持久利益而规定的,因此,它是客观国际法的规范,而非严格意义上的合同条款。废除这一规范不是解除某个合同,而是解除国际法上的国家纽带,使世界回到野蛮时代。因此,协议在国际法领域内是客观法的法律渊源。① 但协议的意义远不止于此。国际法上的国际联合

---

① 国际法理论一贯认为,客观法可以被相互独立的国家间的合意创(接下页注释)

第十二章 创设权利的国家行为

体也不是基于合同，而是基于协议。这也解释了为何并非产生于一个上位权力的联邦法律却是适用于各联邦成员的客观法。[1]

协议在私法之中也占有一席之地。私法中也可能存在以产生共同意志为内容的意思表示。创设社团的基础行为一般应被认定为协议。[2] 社团决议本身、社团的各个机关之间的协作不是合同而是协议。这与国家机关之间达成一致的意思表示不具备合同属性的原因相同。股份公司的全体会议的决议，社团董事会的决议等，也都是协议。从这些协议中产生的意志不同于参与形成这一意志之参与者的意志。不具有法律人格的"多人团体"[3]的决议也是协议，而不是参加者之间的合同。因此，协议也是参与合伙关系的人共同意思表示之表现形式。无限责任贸易公司的股东、所有权共有人、共同监护人、家长和家族会议的共同行为都是协议行为的结果。这些协议创设的不是相互对立的权利义务，而是关于客体、行为或关系的共同规定。这种共同规定或者与协议的制定人没有任何关系（共同监护人、跨宗教婚姻中家长关于子女的信仰的约定），或者其约束力不是基于协议本身，而是基于设立共同关系的行为。

尽管合同与协议的共同特点使它们能被归入合意这一上位概

（接上页注释）设。因为人们将这种协议与合同混为一谈，所以缺乏区别超国家法律的制定与国家之间法律制定的标准。默克尔将协议称为法的渊源，意在将它与合同等同起来（Merkel, Jur. Enzykl. § 121）。深入的阐述，参见：Triepel, a. a. O. S. 63 ff.

[1] 参见本书第十九章。国际行政团体的法律也是如此。

[2] 基尔克强烈地否定团体创设行为的合同属性，他将这种行为称作"单方面的共同行为"（Gierke, Genossenschaftstheorie S. 133 f.）。此外，还参见：Karlowa, Grunhuts Zeitschrift KV, s. 406 ff.; Berntzik, Archiv f. öff. R. V, S. 250.

[3] Bekker, Zeitscher, f. Handelsrecht XVII, S. 394; namentlich aber Goldschmidt, enbendaselbst XXXV, S. 364 ff.; Bernatzik, Archiv S. 226.

念,但它们却属于不同的法律范畴。近来,这一点已经被认识到且得到论述。① 宾丁首先在公法领域清楚地揭示了这一差异。② 他的论述具有清楚地揭示一个重要的法学范畴的意义。前文已体现出这一论述对整个法学的价值。进一步探讨这一范畴是有学术价值的,也是为厘清基本法学概念所进行的必要研究。其实践意义更为重要。一方面,现今很多本来属于协议的合意被归为合同,并因此对它们作出了错误的判断;另一方面,我们如今获得了更为确定的合意类型,它可以被用来解释迄今尚未被充分认识的重要法律事务的现象。

如果说处分是公法中最重要的范畴,协议是贯穿公法和私法、在这两个领域内同等重要的法律形式,那么合同就是私法中固有的、占主导地位的法律形式。当然,在公法中也可以找到这种普遍的法律形式。合同永远都以两个相互独立的意志为前提,这两个意志基于客观法的规范经由双方的表示结合在一起。缔约人具有何种属性,他们基于何种目的缔约并不重要。因此,对国家而言,合同作为普通的法律形式总是在国家面对与其平等的、不受其统治权力支配的国家性人格人时被应用,即在国际法中得到应用。即使是在国家法领域中,也可能存在合同。一般而言,国家基于其统治权

---

① 可以参见我的论述:Lehre von den Staatenverbindungen S. 107 ff.

② Die Gründung des norddeutschen Bundes S. 69, 70. 关于协议,参见:Kuntze, Der Gesamtakt, ein neuer Rechtsbegriff, in der Festschrift für O. Müller(对这一文献正确的批评,参见:Triepel, Völkerrecht und Landesrecht S. 59 f.);但他未能正确认识协议的属性。Menzel, Die Arbeiterversicherung nach österr. Recht S. 115; O. Mayer, Deutsches Verwaltungsrecht I, S. 431 N. 16, II, S. 137 N. 3; G. Mayer, Staatsrecht S. 49 N. 18; namentlich aber Triepel, a. a. O. S. 49 ff. 这些文献都是很全面的研究成果。

力获得给付，但这种方式有其局限性。承认服从者的消极地位必然会导致一个领域的产生，在这一领域内国家和个体人格人依照现有法制是相互独立的。在不触动现有法制的前提下，如果国家希望个人在其自由领域中为其服务，那么合同就是达成这一目的之唯一的法律上的可能性。

这一点在私法上获得了普遍的认可。然而"国家和国库是两个相互分离的人格人"却是一个极为错误的看法。无论从私法角度出发还是从公法角度出发，作为财产权主体的国家即为国库。[①] 在具体情形中运用公法权利的实质标准可以辨别国库的行为是公法行为还是私法行为。"所有人格都是统一的都是公法的"这一原理也应完全适用于国家。

在公法中，国家与个人之间的合同必然是建立按照现行法不能通过单方面的国家意志行为产生的关系之必要形式。赋予国籍和建立国家公务员关系均属此类情形，其他机关关系的建立也是如此，例如议会的成员资格、共和国的总统资格、任命新君主。在所有这些情形中，被移转的不仅有权利也有义务。如前所述，国家成员或国家机关仅被赋予权利或特权是极不合理的。个人对国家承担的任何一个新的义务都以服从程度的提升为基础。这种服从可以建立在法律的基础上，于是在法律上就产生一个一般的职务义务。如果不存在这种职务义务，合同就成了在法律上确立这种服从状态的唯一途径，这是国家承认自由地位的结果。立足于自由地位，国家和个人彼此完全独立并表现为平等主体。认为国家和个人

---

① Vgl. oben S. 60 f.

之间的地位不平等①是完全错误的。只有基于现行法，个人的服从是全面的服从，免于服从的自由可以被任意撤回，如同从国家那里借来的可以随意被撤回的东西，这一观点才是不得质疑的。因此，建立在这一观念上的理论都是站不住脚的。例如，在赋予国籍和任命国家公务员时，人们认为被赋予国籍者和被任命者的同意是相应行为的有效条件，但这一行为究其本质仍然是单方面的国家行为，②所以满足这一有效条件不会产生相应的法律后果，只是不妨碍其产生。然而，单方面的、限制自由领域的国家行为是并始终是统治行为，因而始终以个人原则上的义务为前提，例如拥有拒绝权的人也应承担监护职责的履行义务。③因此，如果被任命为官员的人不接受任命，那么并不意味着一个本身有效的国家行为因欠缺条件而落空，而是意味着这一行为自始没有成立。④在某些国家中，任命自任命日起生效，而不是自递交任命证书时生效。从合同理论出发不难解释诸如此类的现象，因为法律行为的生效回溯到完成这一行为之前的日期在法律生活中并不罕见。

在所有上述情形中，不应通过统治权力而应通过合同建立相应的法律关系。就此，存在一个重要的法律政策上的原因：它们都涉及以道德为基础之义务的创设，而道德基础不能为国家所创设，其事实上只存在于个人对其存在的自由确信之中。忠诚和奉献是所

---

① G.Meyer, Staatsrecht S. 500 und die daselbst in Note 18 angeführten Schriftsteller, welche wesentlich in Opposition gegen die Ausführungen Labands ihre Ansichten entwickeln.

② O. Mayer, Archiv f. öff. R. III, S. 42.

③ B.G.B. § 1785, § 1786 letzter Absatz.

④ 关于赋予国籍的相反观点未被进一步论证(O. Mayer, Archiv S. 47 Note 66)。

有通过公法合同建立关系的不可或缺的道德基础,但它们不能被强求。人们可以忠诚和奉献,但不能被如此命令。某些宪法承认职业的自由选择权是消极地位的构成部分。由此,在这些国家中针对通过单方面的国家行为建立国家公务员关系之不可能性的怀疑都被排除了。国家公务员关系的开始、持续和结束也毫无疑问地由官员的意志决定。①

但这种合同是纯粹的服从合同,② 也就是说这种合同通过个人对客观法规范的自愿服从得以实现。因此,被赋予国籍之人与本土出生之人的服从义务完全一致。国家通过国家公务员合同获得了使个人服务国家机关之活动的权利。因此,向国家公务员移交职能永远只能是单方面行为。尽管国家任命在外观上一般③表现为一个单一的行为,但其中必然存在两个不同的元素——国家公务员合同与职权的移交,即招录和任命。④ 这一区别在职位升迁上体现得最

---

① Laband I, S. 492 f.; Rehm, Hirths Annalen 1885 S. 204; Seydel, St.R. II, S. 188; O. Mayer, Archiv S. 72 ff.; V.R. II, S. 230. 勒宁否认了解职请求权的存在(Loening a. a. O. S. 134 Note 1)。这种认识的错误可以从将官员固定在职务关系中的不可能性之中得出。对于持续拒绝职务的官员的最后手段只有纪律性的开除。国家至多在官员身上设立职务义务,而不会设立强制性义务。参见:oben S. 182 Note 2. 虽然《普鲁士邦法全书》第二编第十章第 95 条、第 96 条规定了在可能对共同利益造成显著危害时可以驳回官员的辞职,但如今可以认为这一规定是过时的。

② Schmitthenner, Grundlinien des allgemeinen oder idealen Staatsrechts S. 509 und namentlich Laband I, S. 410 ff. 奥托·迈耶称此种合同为不真正合同,他认为私人的意志不是由其建立之关系的法律后果的共同缔造者。参见:O.Mayer, Archiv S. 43. 服从状态的确是由服从者的意志共同建立的,不过这种服从的结果却是由国家单方面规定的,因为这种合同已经通过服从状态的发生得以实现。

③ 在针对我的毫无缘由的驳斥中,安许茨忽视了这个词(Anschütz zu G. Meyer S. 505 N.2)。

④ Vgl. oben S. 180. 该处明确地提到了两者在时间上相分离的可能性。

为明显。升迁永远是单方面国家行为,因而只要法律没有明确的相反规定,升迁可以违背被升迁人的意志。在这一行为中,第二个要素——单方面高权行为——单独出现。与所有公法请求权一样,^①被赋予国籍者和官员针对国家请求权的基础也不是使服从状态产生的合同,而是国家的单方面意志。服从合同是严格的单务合同,因此无须国家的对待给付。^② 由此,官员对国家的财产性请求权是基于法律还是基于合同的争议已久的问题终于得到了解决。它们是由国家单方面意志授予的。这一点同样清晰地体现在与薪水以及工资的提高有着密切关系的升职上。此外,工资的变动由法律加以规定,无须官员的同意。因此,作为官员财产性请求权之基础的合同并不存在。上述合同不能创设公法请求权。如前所述,这些财产性请求权也不是私法请求权,因为它们不具备私法属性。已故官员之家属的抚恤请求权也是由法律创设的,而非产生于第三人受益的合同。

　　服从关系的建立是以合同为基础的,解除服从关系则并非如此。^③ 国家有义务准许不再对其承担国防义务以及其他义务的人移居海外,有义务在官员满足职务的法定条件之后按照他的愿望解除其职务。当国籍的拥有者或官员要求放弃国籍或辞职时,他们的行为无异于任何要求行政机关作出行为之请求权人的行为,他们在利用自己的主动地位。如果某国在移民方面不存在这样的一种义务,

---

① 拉班德持相反观点(Laband I, S. 464)。他认为国家赋予官员请求权的义务源自合同。

② Laband I, S. 408 ff.

③ 正如拉班德对退出国家联合体的论述(Laband I, S. 160)。

那么同意移民的行为就是一种自由的行政行为，而非缔结合同。

人们曾希望在招录的形式中找到论据证明官员招录行为严格的单方面性，却完全忽视了铁路企业、金融机构、贵族等委任职员的形式与国家委任官员的形式是相同的。在法律后果方面，大的经济和交通机构中的职务关系也与国家官职关系完全相同。这些企业和机构一般都有详细制定的工作守则，其职员享有的针对薪酬、退休金、公费报销等的财产性请求权也是由章程规定的。甚至特定的荣誉权，例如使用特定的头衔，也可以基于社团的规范性章程授予职员。这两种关系仅在它们的目的以及国家给予其官员的优待上有所不同。非公职职员与官员一样，没有职务请求权。服务就其本身而言永远不是权利，仅仅是服务提供者的义务，这是贯穿所有服务关系的法律现象。雇员仅仅基于雇佣合同绝不能享有提供特定服务的权利。

国家对国家官员的纪律权力也不是国家法的独有现象，因为纪律权力不是统治权力，也不是统治权力的行使，① 尽管它是基于统治权力得以确立的。国家官员更高程度的服从义务与国民服从义

---

① 尽管在拉班德之前人们也开始认识到纪律权的本质，但纪律权仍被视作国家惩罚权力的一种特例（Labdand, St.R. I, Aufl. S. 447 ff.）。拉班德首先阐明了纪律权的特性是从公务权中产生的。他将纪律权理解为要求给付的合同之诉的替代物。这种理解是站不住脚的，因为纪律权也存在于国家通过统治权建立的权力关系中。受到拉班德的影响，许多人研究了一般惩罚权和纪律权的差异，其结论各具特色。参见：u.a. Binding, Normen 2. Aufl. I, S. 501; Handbuch des deutschen Strafrechts I, S. 796 ff., v. Liszt, in Holzendorffs Rechtslexikon s.v. Ordnung-und Disziplinarstrafe 3. Aufl. II, S. 966 u. Lehrbuch des deutschen Strafrechts 10 Aufl. S. 232 f.; Merkel, Lehrbuch des deutschen Strafrechts S. 46 f. 旧理论的坚持者们不能解释拉班德举出的纪律处罚法上的一系列现象（Laband I, S. 453 ff.）。

务的基础完全不同。毫无疑问，任何私人都可以向对其负有法律上之服从义务的他人发布命令。雇工应基于庄园规章服从庄园主；劳动者应基于工商业管理条例服从雇主；[①] 海员应基于海员规章服从船长。[②] 确实有人提到工资奴隶制，也有人主张：工资合同实际上就是服从合同！无论如何，我都有权命令我的雇员、工人、帮工。他们在法律上有义务服从我的命令。在所有这些情形中，似乎存在一种通过发号施令者自己的权力实现的统治关系，因为发号施令者使用的法律手段完全不同于在其他形式的债法关系中可以使用的法律手段。在上述情形中特定的纪律权力处处可见。为了维护秩序，雇主可以训斥、惩罚（例如违反义务规章的情形）。[③] 如果有持续的不服从或者违反义务的情况，雇主甚至可以宣布解除服务关系，将违背义务的人赶出其家庭、工厂或者经营场所。

然而，所有这些情形都缺乏统治的一个要素。只要雇员愿意容忍，雇主就可以斥责并惩罚。但如果雇员希望解除雇佣关系，那么无论他是否具有法律上的理由，雇主都无权阻拦。只有国家才能通过自己的判决或权力这样做，例如关于学徒和船员的规定。[④] 雇主可以将雇员从服务关系中开除，但只有国家才能将雇员固定于服务关系中。

区分统治权力与其他权力关系的根本标准为，任何权力，只要不是统治权力，就是有限的并在时间上受到限制的权力。它们或是

---

① Reichsgewerbeordnung §§ 121, 134 für Handlungsgehilfen vgl. H.G.B. § 72.
② Seemannsordnung vom 2. Juni 1902 § 34.
③ R.G.O. § 134b.
④ R.G.O. § 130, Seemannsordn. §§ 66-68, 77, 93.

被设定了期限，或是取决于服从者的意志。只要国家没有规定合同的强制履行（强制履行在当今只是例外的情形），服从者随时都可以基于自己的决定恢复自己的自由，甚至通过违反自身负担的法律义务。在雇员和前雇主之间可能由此产生了一种其他债法关系，但服务关系本身却被不可逆地解除了。

作为统治者的国家则拥有无限的权力。国家基于其统治权力享有一种不受他人限制、只能被自己限制的权利。基于这种权利国家不仅可以要求履行，也可以强迫履行。这种国家意志对臣民的强制和只能由国家权力自己免除的义务都显示了统治权力的至高无上。我可以摆脱所有权力，但无法摆脱统治权力。

因此，人们必须对权力关系和统治关系加以区分。并非所有权力都是统治权力，统治权力是更高级的权力。

系统地研究各种权力关系，而非一笔带过，将很有思考意义。所应研究的权力关系不仅包括以上论及的情形，律师、公证人、火车乘客、交易所的客户、公共集会的参与人、大学的注册学生参与的关系虽然彼此不同，却也都是权力关系。在所有这些关系中都存在针对关系参与人的纪律权利；在这些关系中，开除都是最严厉的纪律惩罚手段；在这些关系中都不存在要求个人维持关系的强制手段；在这些关系中，个人可以通过放弃全部请求权或创设新的义务退出关系。纪律惩罚权的属性表现为，其产生于一种并非统治权的权力关系。[1]因此，地方团体、教会、社团、教育机构甚至个人都可

---

[1] 依据目的不能可靠地对各种惩罚权进行区分。关于惩罚的目的，从来没有达成一致的见解。索伊弗特正确地论述道："人们将纪律惩罚权理解为一般惩罚权的亚种还是独立的种属，取决于人们采纳绝对惩罚权理论还是相对惩罚权理论。"（接下页注释）

以拥有纪律权利。纪律权力不是统治权力，因为开除是最严厉的纪律惩罚手段。①

因此，国家也可以在统治关系之外建立权力关系。官职关系就是这样的一种普通的权力关系。国家对其官员行使权力，但不是对他们进行统治（在他们的这一身份上）。如果说官员是被国家统治着的，那么官职义务就必然具有履行强制力。

现在可以明确的是，当国家不基于统治权力设立权力关系时，必然会使用合同。因此，进入一个高等级、用特定纪律约束学生的教育机构是基于合同的，进入公共的疗养机构（养老院、生育院）也是如此，在这些地方存在对人身自由的广泛限制。②

（接上页注释）（H. Seuffert in v. Stengels Wörterbuch des deutschen Verwaltungsrechts I, S. 48.）只有依据国家惩罚权限的法律基础才能对惩罚权进行法学上的划分。由此可以得出，存在源于国家统治权的惩罚权，也存在源于普通权力关系的惩罚权。普通权力关系可能以私法上的合同为基础，可能以公法合同所创设的特殊的服从关系为基础，也可能以法定义务为基础——国家可以运用其统治权以创设普通权力关系。普通权力关系存在的标准是履行强制力是否存在。法定市镇中的职务义务就属于这种情形。如果一个更高程度的服从关系表现为统治关系，那么履行强制力就必然存在。尽管它与纪律权利存在某些外在的相似性，但绝非纪律权利。士兵、服刑人、证人可能受到从他们与国家之间的特殊关系中所产生的纪律惩罚的支配。这种纪律惩罚与一般惩罚权中的治安惩罚相似，并作为后者的补充而被加以规定。国家的惩罚权力因此分为：(1) 从国家的一般统治权中产生的惩罚权；(2) 从特殊的统治权中产生的惩罚权；(3) 从普通的权力关系中产生的惩罚权。相反，父亲、教师、学监的训诫权不是源于惩罚权的权力，而是源自教育性权力。其理由显而易见，训诫权一般是对无刑事责任能力或限制刑事责任能力人行使的。这种权利也含有强制履行力，但其强制力绝不是惩罚。对基于统治权和基于普通权力的惩罚权之间的关系和差异进行深入研究，不在本书的讨论范围内。

① 国家的纪律权力始终是公法性权力，而不是海福特所说的私法权力（Heffter im Neuen Archiv für Kriminalrecht 1832 S. 177），因为纪律权力是依据公法为了共同利益而被行使的。所有普通权力关系的内在相似性，不能阻止国家将它们从私法领域中抽离出来、转换为公法形式，正如国家对原本具有完全私法属性的官员权利的转化。

② A. A. O. Mayer, V.R. II, S. 326.

当国家原则上拥有实施创造个人权利或剥夺个人权利之行为的法定权利,并且该行为的实施以预先申请或个人的同意为条件时,存在的只是单方面的国家高权行为,而非合同行为。正如父亲、监护人、保护人的同意绝不意味着与儿童、被监护人、被保护人缔结合同,遗产的继承不是与遗嘱人缔结合同,公法中任何一个外在的合意也不能被理解为合同。同意一项请求不是合同,行政授权或行政许可也不是合同(特许、免除),对个人地位的扩展和提升亦非合同。当国家授予荣誉时,尽管授予荣誉的行为本身是一种单方面的国家行为,但被授予人可以拒绝接受,因为这一行为没有建立权力或服从关系。国家主动实施的创设权利的行为以及法院和行政机关基于个人之申请进行的全部活动都不是合同的履行,因为这些行为均未创设新的权力关系。所有这些情形涉及的国家权力已在总体上及各个方面上得到了承认,这些情形涉及的只是这些行为在特定条件下之实现。为特定国家行为提供契机或者不在效果上妨碍它们,并不意味着缔结一个合同。毫无疑问,当调动官员的工作岗位在法律上需要官员的同意时,例如法官的调动,也并不存在合同,因为法官地位的独立性问题涉及的不是个人权利之获取,而是客观法之维护。而证人同意在外国法官前作证则完全不同,证人在这种情形中向外国履行了一项该国不能通过统治权力创设的义务,因此这一义务必须以自由的合意为前提。①

区分国家高权行为和合同行为的主导原则为,如果一个行政行

---

① 关于现今的实务,参见:über die heutige Praxis v. Martitz, internationale Rechtshilfe in Strafsachen II, 1897 S. 725.

为不能为国家带来新的权利,并且这一行政行为是以普通的国家职权为依据的,那么这一行为就其属性而言是处分行为;而当国家获得了新的权利,那么无论这一权利是普通权力还是高级权力,都存在一个公法合同。这一区分具有的虽然主要是理论上的意义,却与人们对国家的总体观念有着内在的联系。

合同曾经在公法之中扮演了一个远胜今日的角色,即使人们不考虑封建权利的合同式起源。

过去,国家权力行使本身也往往以个人与国家之间带有私法色彩的合同为条件。在现代的法律中还能例外地发现一些那个时代的遗留物,只是面貌已变。费用是其中显著的例子。费用以给付和对待给付的私法观念为基础。然而,人们越是清楚地意识到二者之间的差异,私人的给付就越鲜明地带有公法属性。即便在今天,也存在着这种公法费用和私法费用的区别。区分二者的可靠的标准为,国家征收费用的行为仅仅是为共同利益还是也带有营利目的。①

随着对国家之重要属性的认识的不断发展,行政行为的合同属性逐渐减弱,它们成为可能以行为对象的同意为条件的处分行为。这种转变具有极为重要的法律史意义。通过这一转变,许多针对司

---

① 梅耶将费用的支付基础是法律还是合同作为区分国家性费用和私法性费用的标准(G. Meyer, Verwaltungsrecht 2. Aufl. II, S. 196)。如果存在使用某一设施的强制,那么相应的费用一定具有国家法属性。因此,基础教育的学费是国家法上的费用。梅耶将高等教育费用也视为国家法上的费用,他又如何自圆其说呢? 勒宁实际上将高等学校的费用认定为私法性的给付(Löning, a. a. O. S. 760 Note 6)。诚然,高级文理中学和国家铁路运输在法律上存在着显著的差异,这种差异影响了使用两种设施的行为属性。但是人们却不能主张,高等教育是学费在经济上的等价物。关于所有这些问题的正确的论述,参见: O. Mayer, Deutsches V.R. II, S. 339 ff. 他非常正确地揭示了在实在法中进行此种区分的困难。

法和行政机关的个人请求权具有了法律属性。由于在近代处于发展中的国家里，曾存在以合同的方式确立的、类似于私法上以交换为目的的请求权的个人针对国家的请求权，因而它们在现代国家之中被视作积极地位的内在功能。纵观这一发展过程就会发现，为何区分私法权利和公法权利如此困难，以至于在很多情形中，将它们归入这一范畴中或是那一范畴中的理由难分轩轾。因而，立法者可以在具体的情形中通过诉讼法之规定，选择这种观点或那种观点作为正式有效的观点。选择的余地到底有多大，可以通过法国的行政机关缔结之行政合同体现出来。此种合同因共同利益而被缔结，不受普通法院管辖而被指派给行政法院管辖。[①] 尽管在国家运输事务领域与公众进行的交易行为一般被视为私法上的合同行为，但存有疑问的是，国家在进行交易时，也就是说在身为邮政设施的所有人时，究竟是作为商人还是作为共同利益的管理人并与此相应地作为公法权利的主体开展活动。[②] 这一领域的专门立法具有一个明显的趋势——将双方的法律行为转化为单方的、有条件的行政行为。如果在法律上规定一个一般性的作为官员履行公职的义务，那么即使认可拒绝录用的权利，录用也无疑应被视作纯粹的行政行为。假如接受了大多数国家通行的规定，入籍仅仅通过法律，也就是说仅仅

---

① Vgl. oben S. 62 f.; O. Mayer, Archiv S. 20 ff.

② Vgl. Hierüber Goldschmidt, Handelsrecht, 2. Aufl. I, S. 488 ff.; Zorn, a. a. O. II, S. 274 ff.; v. Kirchenheim in Holtzendorffs Rechtslexikon III, 1. S. 119 ff. 戈尔德施密特（Goldschmidt）、佐恩（Zorn）、基希海姆（Kirchenheim）等人主张邮政管理行为具有公法属性。而拉班德则对各个邮政业务的私法属性进行了有力的论证（Laband III, S. 48 ff., 77 ff.）。 鉴于针对邮政业务的广泛的专门立法活动，这种争论的实践意义已经微不足道了（Laband III, S. 83 Note 1）。

通过单方面的国家行为(特别法)进行,情况也将是一样的。

从双方合同到以应承担义务的人或应被赋予权利的人的同意为条件的单方行政行为的发展路线不仅体现在国家行为上。一个以从事特定重要社会福利事务为目的的主体在经济上越强大,个人自由就越受到它的限制。尽管与铁路机构缔结了运输合同,与保险公司缔结了保险合同,尽管加入一个社团是以合同为基础,但个人的缔约自由却是微不足道的,因为合同的内容是被章程或社团细则确定的,关于重要内容之协商已被完全排除在外。在这些情形中集体人和个人之间的不平等尚未发展到足以排除合同概念之适用的程度。但如果我们将目光投向那些不仅仅服务于众多个人利益也服务于共同利益的团体或机构,情况就有所不同了。无须多言,在个人面前,市镇和国家一样,表现为一个或低级或高级的秩序,教会和宗教团体与个人之间的关系也是如此。如果认为加入教会以合同为基础,洗礼以与儿童的父母或改变宗教的人缔结的合同为前提,在天主教会中赐予圣餐也以合同为依据,接受圣餐的人事先需要与教会缔结一个合同,将会有悖于人们的法律观念。因为尽管圣餐不分发给不同意的人而应发给同意的受领者,对于受领者而言圣餐也仅仅意味着一种恩赐。确立纯粹的、单方面的国家公职的行政行为理论似乎在其与教会单方面确立神职人员身份的恩赐行为的相似性上获得了有力的支持。教会的这种行为也是以被赐予神职之人的同意为条件的,但这一点也恰恰体现出国家和教会的差异性。将官员与国家联结在一起的,不是不可磨灭的恩赐,而是可以解除的法律关系。

研究公法合同时还会遇到一个难题:作为判断这种法律行为之

规范的客观合同法从何而来？法律中没有这种规范，在法学文献中这一问题也仅被捎带论及。[1] 该问题只能通过这一认识解决——合同是一般的法律形式，[2] 并且存在特定的一般合同要素。即使立法者并未明确承认，这些要素也构成了客观合同法。例如，从合同的一般属性中可以推导出国际条约的客观法，而关于这种客观法从未有过明确的约定。

---

[1] O. Mayer, Archiv S. 49 f.; Seydel, St.R. II, S. 194.
[2] Zuerst betont von Savigny, System des heutigen röm. Rechts III, S. 309 f.

第十三章　国家机关的权利[1]

　　国家意志是基于法律规定从自然人意志中产生的。形成国家意志的人仅在这层意义上成为国家机关。承担国家机关地位的人或是直接依据宪法被委任，在这种情形中，宪法通过特定的法律事实使机关地位基于法律规定产生，或是从直接机关那里获得公法使命而成为国家机关。由此就产生了直接国家机关（unmittelbares Staatsorgan）和间接国家机关（mittelbares Staatsorgan）的区分。这一区分只涉及个人的机关地位，不涉及机关本身。因为所有的国家意志行为都是直接的，一旦这些行为被完全确定下来，那么无论这些行为是由哪个机关作出的，其效果都是一样的。法院的一个终审判决和行政部门的一个不可上诉的决定在它们作为国家意志行为的这一属性上和法律或者君主的命令是等同的。

　　国家事务在行政和司法这两个领域被相互区分并形成一个整体。由此，产生了部门（Behörde）。部门既指客观的事务范围，又

----

[1]　关于下面的内容，也可参见：Allg. Staatslehre Kap. XVI, 及其脚注中被征引和被批判的文献。施洛斯曼意欲使机关这一概念被代理概念吸收（Schlossmann, Organ und Stellvertreter, dogmatische Jahrbücher 1902 S. 289 ff.）。针对他的这一观点，参见普罗伊斯的论述（Preuss, Stellvertretung oder Organschaft, ebenda S. 429 ff.）。即使对于拒绝国家有机体说的人而言，普罗伊斯的论述在其要点上也必然是完全正确的。

意味着为这一事务设置的机关。服务于个别地确定下来的行政目的之行政手段是国家性机构。[①] 国家性机构也因作为负责这些机构的机关被标识出来，从而具有了主观意义。

只有部门和机构中的命令性、指示性和领导性的活动才是国家性的。学术性、艺术性和技术性的事务只属于个人活动。这些活动虽然由国家规定却不能由国家执行。使这些活动得以进行是国家的事务，至于如何进行则不属于国家事务。这些活动只要与国家相关就是国家意志之贯彻而不是国家意志本身。[②]

如前所述，国家机关本身没有人格，只是在职权范围内表现为国家的自然人。他们不是代理人，因为代理关系以代理人和被代理人两个人格人为前提。基于宪法或者法律的规定，国家机关的承担者的意志在其职权范围内应被视为国家意志。机关不代表任何其他人格人，而是表达意志的国家本身。国家只能通过机关这一媒介才能进行统治，如果将机关弃之不顾，那么国家的观念也会随之消失。

这一简单的被普遍承认的事实却未得到坚定地贯彻。人们不由自主地就会产生国家机关拥有独立权利的观念。君主、议会、部长、法院和行政部门在通行的观念中似乎是权利的主体。有些国家

---

① 在德意志的国家法学文献中尚无关于国家性机构属性的明确说明。它被包含在法国法中的公共服务这一概念中，参见：O. Mayer, Theorie des franz. V.R. S. 225. 不应将国家性机构与公共机构的概念相混淆，后者是独立的法律主体。也不应将前者与法国法上的公共设施相混淆。在德意志法中没有与之相应的、用以区分二者的内在差异的术语。因此，由基尔克发展出来的机构概念也不能被应用到国家性机构中来（Gierke, Genossenschaftsrecht II, S. 958 ff.）。国家性机构是无职权的国家公职机构。关于国家性机构迈耶与我的观点一致（O. Mayer, Deutsches V.R. II, S. 318）。

② 关于其他不同观点，参见：Jellinek, Allg. Staatslehre S. 253 Nr. 1.

法文献，即便它们不承认机关之独立的权利，在论及权利的时候也和日常用语一样，称权利的所有者是国家机关。为了消除这个显而易见的矛盾，人们提出了大量的假说。有人曾建立了相对人格、不完全人格和机关人格的范畴，试图将机关和人格联结在一起。所有这些理论建构的尝试都失败了。贝尔纳茨克曾深入地揭示了这些尝试中充斥的不可成立性和内在矛盾。① 他在部门和国家之间的关系层面解答了这一问题，认为部门不是自己权利的承担者，而是他人权利、即国家权利的承担者。②

然而，这一解决方案也以失败告终。如果人们也与贝尔纳茨克一样，完全立足于国家有机体学说，就能立即意识到这一解决方案的失败。国家不是机关以外的人格人，机关正是国家本身。与代理一样，他人权利的观念也以两个人格人的存在为前提。在统一的国家有机体之内，自己权利和他人权利根本无法同时存在。国家机关被委托行使他人权利意味着国家机关本身被提升为人格人。诚然，其意志成为机关意志的自然人是在行使他人权利，但这些自然人本身不是国家机关。这里涉及的不是个人意志和机关意志的关系，而是机关意志和国家意志的关系。关于前一种关系，不会产生任何误解。由于贝尔纳茨克在机关意志之中持续不断地考虑个人意志本身，并仅在个人意志和机关承担者之间建立关系，所以产生了"国家机关是他人权利的承担者"的错误观点。③

---

① Archiv S. 204 ff.

② Ebenda S. 230 ff. 普罗伊斯进行了一次重建机关人格的新尝试（Preuss, Über Organpersönlichkeit a. a. O.）。

③ 贝尔纳茨克将关于部门地位的理论错误归咎于主观权利学说中（接下页注释）

第十三章 国家机关的权利

下文将揭示,为何对机关意志之非独立性的认识不能阻止有意识或者无意识地使机关人格化的尝试,揭示国家机关本身表现为权利主体的假象以及这一假象背后的真相。

国家的活动,即便是专制国家的活动,也不是通过唯一的机关而是通过多个机关开展的。国家的职能被有计划地分配给这些机关。某个国家机关有义务承担的国家职能之整体构成了它的职权,职权以外的机关意志在法律上一般不应再被视为国家意志。

因此,机关并不当然就是国家,它只是在其职权范围内表现为国家。职权以外的国家意志,亦即其他机关表达的国家意志,对这一机关而言是他人的意志,尽管维系所有机关的是同一个主体。这种情况导致了一个假象的产生——机关似乎是独立的人格人。事实

(接上页注释)的意志论。在他看来,意志论无法解释国家各种不同的意思表示为何会产生冲突。他认为,如果人们将权利主体和意思主体加以分离,那么在部门的法律属性这一问题中的所有谜团都会迎刃而解。然而认为国家主体目的是由多个独立的意志实现的,不仅无助于问题的解决,反而会使问题更加复杂化。因为实现国家目之意志的统一性是所有国家学说的理论前提,否则国家机关之间和谐的共同作用就不再可能,国家也会变为无政府状态。贝尔纳茨克只解决了机关意志之可能冲突这一次要问题,而并未解决最为主要的问题——是什么将这些意志统一在一起并确保它们的协同作用的?他向意志论追随者抛出了这一诘问(S. 208):将各种可能相互冲突的意志统一在一起的纽带到底在哪里?人们有充分的理由反驳他的诘问。通过一个不证自明的事实可以充分地解决机关意志之间可能产生冲突的问题:机关意志是依据法律从个人意志中产生的,无法保障国家通过法律事实在众多人的实体意志中获得意志行为的绝对和谐性。国家法也是人类的作品,绝对完美的国家法是不可能产生的。职权的冲突和类似的现象确实不符合理想中的国家图景,所有制度的目的都在于尽量缩小这些矛盾和纠纷的领域。如果人们沿着贝尔纳茨克的理论继续推导,就会得出这样的结论:法人是权利主体,其机关本身也是权利主体。依据对意志论的批判,法人不能成为意思主体,它被有别于它的自然人代理。这一从贝尔纳茨克的论述中必然得出的结论与贝尔纳茨克所捍卫的国家有机体学说水火不容。贝尔纳茨克的结论与那个陈旧的、被贝尔纳茨克正确抨击的法人拟制说至少存在着不可否认的相似性。

上，在机关之间对立的绝非人格而是职权。所有关于两个国家机关的权利界限的争议都是关于职权的争议。职权从来都不是主观权利，永远只是客观法。国家可以通过客观法规范其机关的职权。行使这些职权的主观权利不由无人格的机关享有，而仅由国家人格人本身享有。因此，职权的冲突永远都不会涉及这一机关或者那一机关的主观权利，只会涉及委任这一机关或那一机关实施某个国家行为之客观法的解释。解决这一冲突的法院的审理对象不是主观权利而是客观法。

国家本身不可能以其全部职能之主体的面貌出现，只能表现为被赋予了职权并在职权上被限制的机关。因此，国家能够通过自身的机关表现为一个——表面上是多个——自己与自己对立的人格人。作为法院的国家可能与作为行政管理者的国家相对立；作为政府部门的国家可能与作为议会的国家相对立。国家使赋予机关的职权产生了主观权利的假象，毕竟这些机关的承担者是血肉之躯。在通行观念的推动下，这一假象被当作事实真相，即便是国家法学的文献也无法有意识地摆脱这种假象的魔力。

国家将其统一的人格分割至机关之中，由此国家以属性互不相同的面貌出现。换句话说，国家在其机关中将自身特定的、相互分离的特性人格化了。基于这种可能性，国家能够将其机关置于上级、下级和平级的关系中，也能通过法院审查其机关的职权的界限。作为法院的国家能够审查作为议会的国家或者作为部长的国家在具体情形中是否遵守了自身的职权；作为君主的国家能够将作为部长的国家或者作为议会的国家之意志以有拘束力的形式颁布出来。这一认识能够揭示国家组织体的内部活动，使部门事务的多样性与国家的统一性相协调。由此，人们也就能够理解，为何一个部门向另一部门咨询、汇报或被另一部门提出要求；为何国家的意志能够从多个国家机关的合意中产生；为何国家人格虽然具有内在的统一性，各种不同的国家最终意志之间却有产生矛盾的外在的可能性（消极的职权冲突以及类似的现象）。

尽管如此，所有这些职权的主体的统一性并未受到影响。国家意志本身永远都是不可分割的。站在国家本身的立场上，职权的多数性就会消失。对国家而言，其机关的各个意志表示不过就是国家人格人的内在活动，它们会导致一个由国家发出的终局性意志行为的产生。所有国家组织的目的都在于实现国家意志的统一性。因此，相对于在形式和实质上都具有法律效力的最高审级的法院判决，先前的一切判决都不能表现为终局性的国家意志行为，这一最高审级的法院判决因而对所有在其他方面处理同一事项的机关都具有拘束力。[①] 因此，在所有国家机关面前，即使是在参与这一意志形成的机关面前，国家的终局性意志都是统一的、不可变更的，具有主宰性的。

此处阐发的观点以一种直观的形式体现于英格兰国家法中。在英格兰，所有与君主平行和下辖于君主的部门都被视为相互分离的君主本身的表现形式。君主被假定出现在议会、枢密院以及枢密院下辖的部门和所有法院之中，并作出决定。议会中的国王颁布了法律，而委员会和法院中的国王则依据法律进行活动。这一情形仍鲜明地体现在如今的司法程序中。"在法律看来，国王出席所有法

---

① Bernatzik, Rechtsprechung und mat. Rechtskraft S. 241 ff.

庭，尽管他不能亲自过问司法。"① 不仅所有的司法机构来源于国王，甚至各个司法命令也被视作出自国王。这一点如今也体现在由威斯敏斯特帝国法院结合成的最高法院中的某些诉讼程式中。这些诉讼程式行文均以国王的口吻表达意见。国王作为正义的源泉被视为所有法院的真正主体。即便是在法院之中追究公共罪行的公诉人也是国王的代表，因为"在法律看来，受到冒犯的是国王"②，并且"所有公共罪行或是破坏国王的安宁，或是有辱国王的王位和尊严，因此任何控诉都以这样的方式被提起"③。

　　只有清楚地辨别职权的本质才能在法律上对国家组织进行规范，而不会荒谬地将国家分裂为多个无关联的人格人。只要其他机关的职权包含着国家的统治权力，其对国家机关而言就同样也是统治权力，在这一点上国家机关与服从于国家权力的个人是一样的。因此，法律对国家部门和臣民具有同样的拘束力，尽管立法者和国家部门在本质上是同一的。因此，国家组织体内部的命令和服从、请求和给予或者驳回是可能的。"一人承担多个人格"与国家法中的"多人汇聚成一个人格"是截然对立的。个人面前的国家总是表现为一个特定的有着有限职权的机关，因此个人只能通过特定的机关与国家交往。个人不是直接向国家本身，而是向为此设置的部门履行他的义务。同样，个人针对国家的请求权也只能向具体情形中有职权的部门提出。在国家以机关的形式与个人交往的过程中，产

---

① Blackstone, Commentaries I, 7, p. 270.

② "因此，他是追究一切公共罪行和破坏和平行为的合适人选。在法律看来，他是被伤害的人。"(Blackstone I, 7, p. 268.)

③ Blackistone, l.c.

生了针对机关,也就是针对国家部门的侵权行为的可能性。这种侵权行为的客体永远是国家,但不是完全意义上的国家,而是以特定职权为表现形式的国家。

国家的服从者不是向完全意义上的国家交税而是向财政局交税,不是向任意部门而是仅向有职权的法院寻求法律保护。以特定的部门为媒介对国家进行诽谤是可能的,从机关的立场出发,国家在这一过程中受到了损害。

上述情况会引起极为重要的法律后果。首先,它们使人认识到"主观权利的概念不能适用于任何形式的国家机关的职能上"这一原理的正确性。君主没有批准法律的权利,只有批准法律的职权。同样,议会也没有控告部长的权利,只有控告部长的职权。必须认识到,作为这些职权的基础的权利仅为国家所有,尽管人们在用语上没有对此进行严格的区分。职权的内容是纯粹公法性的,其永远都不会是一项可为,而是一项能为,因为其为在法律上有限的一部分国家权力。

第二个后果是对机关本身的权限和承担机关者依据机关资格的权限进行严格区分的必要性。前者可能表现出主观权利的假象,但这一假象永远都不应掩盖真相。所有与此相关的法律规定都不是为了被委以机关地位的个人的个人利益而设的,而永远只是为了国家利益而设的。因此,职权与个人利益始终不存在目的关系,而这种目的关系是主观权利的本质属性。国家机关本身完全不具备主体性足以证明这种目的关系不可能产生。如果不进行这样的严格区分,人们必然又要重新陷入不完全人格理论中了。因此,对于议会成员而言,不存在言论自由权利、表决权利、质问权利,提案权,只存在规定议员的职权的客观法。这些客观法规定了在何种条件下、在什么范围内一个议会成员作出的意思行为应被视为公法上的涉法行为。委员会的成员要求主持会议、优先投票等权限也是如此。在这些情形中虽然存在被委以机关地位的人的个人利益,但这种利益永远都只是事实上的利益,不具备法律属性。所有这类法律规定均由共同利益所决定,它们所规范的职权绝不能被定位于个人的权利领域之中。

源于机关关系的个人权利则与上述情况有所不同。当国家主要为了个人利益向承担机关的个人赋予请求权时,个人权利才得以创设。我提到"主要"是因为在国家中不存在完脱离国家利益的、以机关地位为基础的国家统治者和公务员的个人利益。进一步的内容在关于主动地位的章节已得到阐述了。

从职权的本质出发,可以得出有直接的实践意义的结论。例如,在行政法院的程序中,诉讼主体不是政府部门本身,永远只是国家,即使在法院中还存在一个高于其他职权的职权。判决一个部门本身在财产法上为给付、作为和承担责任是荒谬的,因为执行程序涉及的不是这一部门,而只是寓于部门中的国家。① 此外,国家出于规范诉讼程序的考虑,赋予其部门当事人的地位。由此,职权纠纷在形式上就成了法律纠纷。

接下来应探讨关于国家意志形成之规范的法律属性。这种规范一部分是法律规定,一部分是行政行为,后者一般是行政法规。

---

① 在奥地利帝国法院中,政府各部门常常因为财产法上的请求权被国家官员起诉。但是,有责判决所针对的永远只是由被起诉部门所代表的国家财产(Vgl. z. B. Hye, Sammlung Nr. 87)。

如果国家调整的仅仅是国家与国家机关的关系，那么这种调整就只能通过不具有法律属性的规定进行，因为绝不能依据法律规范判断一个仅在人格人内部进行的、对他人没有作用的活动。然而，在大多数情形中，也在所有最重要的情形中，国家在规定其机关之职权的同时也为它的服从者设立了法律上的义务和请求权。确切地说，此处的服从者一方面是承担着国家机关的个人，另一方面是国家的全体臣民。法律之所以规定了由谁拥有王位、由谁颁布法律、由谁提名部长、由谁宣战和媾和，是因为只有那些由法制所标明的国家意志的承担者才应被服从，只有他的或以他的名义作出的国家行为才能得到承认。法律之所以规定了议会的组建和职权，是因为议会成员资格的承担者被赋予了法律请求权，只有合法组建的并且以合法的方式作出决定的议会才拥有参与立法、监督行政的职权。与此相应，法律的服从者才有义务遵守议会所决定的并经其同意所颁布的法律作为有拘束力的法律，部长本人也只能基于议会的控告才能因违宪行为被要求承担责任。法律规定了法院的职权、诉讼程序以及法官的地位，由此保障了司法的稳定性和独立性。国家的整个内部秩序是法制，因为这种内部秩序不是为了抽象的国家，而是为了形成国家的人类共同体而存在的。因此，按照法律规定的形式在法律规定的职权范围内形成国家意志也是一种共同利益。国家创设相关的规范，监督职权的遵守，在具体情形中通过判决解决关于职权的争议。由此，国家担当了共同利益之保护人和捍卫者的功能。在国家职权之存在及遵守上享有法律利益的不是个人，而是结合成一个统一体的人的整体。

基于此种认识，我所主张的"国家秩序的法律正当性之形式上的法律基础寓于国家自我负担义务之中"的学说，就获得了不可争辩的基础。然而，一个被设想为孤立存在的人格人自我负担义务是不可能的。孤立的也就是脱离了与臣民之法律关系的国家人格观念是所有反对我的观点的依据。但是，若无我的这种学说，就绝不可能在法学中理解法制的基础。

在国家法制的存在和实现上享有法律上的利益的，正是人民共同体。但人民共同体与国家是同一事物，人民共同体在法律上表现为国家之主体，正如国家本身就是人民共同体的全部法律利益之主体。由此，国家获得了国家权力之主体与共同利益之管理人的双重属性。进一步思考，自我负担义务是作为行动者的国家，也就是作为创设权利并行使权力之主体的国家向作为共同利益之代表的国家承担的义务。因此，普遍存在一种要求法定的国家秩序之存在的主观法律请求权，一种要求各个国家机关遵守相应职权的请求权。这一请求权是由作为共同利益之代表的国家针对作为意志权力的国家所享有的。① 任何关于国王和议会之间、法院和行政机关之间的职权纠纷的判决都隐含着一个牵涉遵守法制这一共同利益之实现的判决。在这层意义上，任何关于客观法的存在和适用的判决也都同时包含了一个关于主观权利的判决。这一主观权利的承

---

① 拉班德的论述显示了，国家自我负担义务观念的反对者为何会不由自主地产生国家人格的内在分裂和人格人的一部分向另一部分承担义务的观点(Laband II, 168)。韩勒尔虽然正确地揭示了此种论述的内在矛盾(Hänel, Das Gesetz im formellen und materiellen Sinne, S. 230 ff.)，但是他的正面论述却由于在这部著作中缺乏一个清晰的国家概念而站不住脚。针对国家自我负担义务理论的支持者宾丁(Binding, Normen I, S. 18)，克勒佩尔反驳道，他的论述是基于自然法学说对于义务和责任的混淆。可惜的是，克勒佩尔只是对此一笔带过。如果能证明义务和责任的对立，并发现不是义务的法律责任，毫无疑问将从根本上颠覆整个法学。

担者与法制的承担者当然是同一的。一系列国家制度都服务于这种共同利益。例如，在职权纠纷的司法判决制度之外，还有各个国家里的宪法法院和国家法院制度，以及各个国家中形式各异的法官对法律和行政法规的审查权制度。共同利益之代表和国家意志之代表可以通过为前者设立自己的机关而在外观上相互分离。这个机关可能是临时性的或偶然性的，例如在瑞士联邦州中的情形。在那里，任何一个联邦州的公民都有权在联邦法院针对违反联邦法和州法的法律提起宣告无效之诉。这种诉具有公共的民众诉讼属性。法官审查的不是起诉人的个人请求权，而是共同体要求实现法制的请求权是否被有义务满足此项请求权的国家实现了。

国家公诉机关是捍卫共同利益的常设国家机关之一。在这层意义上，其具有作为起诉人的当事人资格。其他国家部门当然也具有保护共同利益的职能，只是在其他部门中这一职能很少完全独立于其他职能纯粹地表现出来，但这一职能却极为明显地表现在君主国家的议会职权中。在君主国家中，议会之存在主要是为了使共同利益得以参与国家意志的形成。只有被议会认为是符合共同利益的法律才应获得法律效力。此外，议会之存在还保障了国家合法并合目的地进行意志活动这一共同利益。长久以来，议会之地位都未被认识清楚。尽管在如今的国家法理论中占主导地位的是议会的机关性理论，议会仍被赋予了社团法人的属性。这一观点与国家统一性观念有着尖锐的矛盾。即便是莫尔也将议会称为"人民权利的捍卫者"。所有这些观点都基于一种模糊的感觉——国家本身的性质比流行观念所认识到的远为丰富。流行观念总是将国家界定为形成意志和行动着的国家。依我之见，这只是广义的政府。国家不仅是统治着的国家，即自由决断的国家，也是共同利益的代表。共同利益不仅在法律上也在国家的各个目的上决定着国家。因此，统治不仅仅是权利，也是义务。这一思想在迄今为止的全部国家法理论中尚未被毫无矛盾地、清晰地认识到。因此，在当前的各种国家观念中，国家绝对不受限制之主张和所有公法权利不过是公法义务之观点必然不可调和地对立着。

237　　只有认识到国家的双重属性——共同利益的服务者与个人（共同利益源自由个人构成的整体）的统治者——才能理解议会的法律属性。议会是服务于共同利益之国家参与形成国家意志的机关。当然，如前所述，就所有国家职能的内在联系而言，所有国家机关都具有国家的后一属性。即使是君主，也必然是为了共同利益而存在的。但无论是君主，还是所有依赖于君主的部门都在竭力展现其执政机关的属性。在专制国家中不存在促使执政行为实现共同利益的保障。因此，上个世纪末产生了以颠覆此种国家形式为目的的蓬勃运动。因为人们发现，在一个着重设立执政机关的国家中，公共利益之实现得不到保证，完全取决于君主个人，即便是一个励精图治的君主也不能保证其实现。建立了当前国家的整个立宪运动旨在创设相对于执政职能主要代表共同利益进行活动的国家机关。在审判和行政活动中引入民众的参与就是服务于这一目的的。基于这一认识，人民代理的概念才获得了能够被理解的意义。在法学上这一概念至今未被掌握。人们或是假定一种法律上的人民代理，并据此得出一个不合逻辑的理论，这一理论暗中向作为个人的集合的人民赋予了法律人格；人们或是将人民代理正确地理解为代表，却将议会意志理解为人民意志本身，而不知道将人民意志置于统一的国家结构之中。因此，在所有以此为出发点的理论家的著作中，人民意志都或多或少地具有独立于国家意志的地位。恰因如此，人民代理机关之法律人格的观念会一再出现，① 这一思路的最终结果是将人民的代理机关置于国家之外。只有认识到国家的各种制度之存在是服务于共同利益的，共同利益与全体利益是相同的，既将国家理解为共同利益的代理人和管理人又将国家理解为国家权力的主体并不矛盾，将议会作为共同利益之代表嵌入国家权力本身的组织中才是可能的。在德意志国家中，人们就是顺着这一思路思考问题的。这些国家希望新的立宪国家秩序仍将全部统治权力保留给君主，并据此宣布，所有统治权力为君主所有，新的共同利益的机关不得影响国家统治权力之承担者的地位。

很大一部分关于国家组织的规定和为国家机关制定的规范都包含着法律规范，这不仅是基于国家自我负担义务，也基于另一个因素。国家意志和国家行为不是通过自然作用着的、无意识的力量，而是通过各种人类有意识的活动产生的。因此，为了能够合法且合目的地产生意志和行为，国家必须针对其机关的承担者制定规定。这些规定中的一部分确定了机关承担者之意志的内容，一部分设定了界限，在这一界限内合乎义务的个人行为应被视为国家行

---

① 这种现象甚至也出现在那些认识到议会机关地位的学者的著作中。在最新的文献中，塞德勒就是一个这样的例子。尽管他全面阐述了正确的学说（Seidler, a. a. O. S. 63 ff.），但却在其著作的标题中使用了"代理团体"这一概念，并在文中提到了"立法的法人团体"。同样，安许茨也承认国家人格的统一性（Anschütz, Kritische Studien zur Lehre vom Rechtssatz und formellen Gesetz S. 80），但他这样做却是为了将人民代理机关作为"人格化的人民权利"嵌入国家人格之中。 安许茨在《科勒百科全书》中的观点与我文中的观点其实是完全一致的（Anschütz, in Kohlers Enzykl. II, S. 578）。

为。因为国家意志永远是人的意志，所以为了将个人意志行为转化为国家意志行为并对这一过程进行限制，必须存在一个高度复杂的法律规范体系。因此，针对国家机关的规范同时也是针对机关承担者的规范。关于部长责任、召集议会、副署、诉讼程序以及法官对诉讼的处理等的规定都是法律规定，因为它们确定了国家机关地位承担者涉及机关行为的权利和义务。因此，它们一方面是国家的客观法，另外一方面也赋予国家要求承担机关资格的相关个人遵照这些规定进行活动的主观权利。遵守这些规范之义务的依据是个人的一般服从义务，因为基于永远的单方性的国家高权，那些处于特殊的、不以一般服从义务为基础的与国家之间的义务关系中的人也要服从法制。在这种情形中，服从义务不是源自义务关系本身，而仅以义务关系为前提。以另外一个法律领域的相似情况为例，重婚罪虽然以原有婚姻为前提，但这一罪行却不是源自原有的婚姻关系。同样，职务贪污、滥用职权的禁令等也不是官员与国家之间的公职关系的法律后果，而是基于对刑法规范的一般服从义务指向任何满足了刑法规定的情形的人。

为了将国家与其机关之关系的**法律规范**（Rechtsnormen）从**行政规范**（Verwaltungsnormen）中分离出来，作出这一区分是非常必要的，尤其是在国家与其官员的关系之中。基于公职合同，官员服从于一个特殊的公职权力。与所有法定权力一样，这种权力的范围和正当性都是由法律规定的。但是源自这种权力的命令却不是客观法的直接适用，而是在行使通过履行公职合同获得的主观权利。因此，国家的职务命令并不创设客观法，其对于国家而言只是主观权利之行使。职务命令不是来源于高级的统治者权力，而是来源于一般的雇主权力。建立在法定职务义务上的关系也是如此，尤其是以国防义务为基础的兵役义务关系。因此，行政性和军事性职务命令和规定没有在国家与个人之间创设任何新的法律关系。[①] 这一原理的实践性后果为，仅仅违反职务义务不会产生刑法上的后果，只会产生纪律性后果。这一点在其他地方已经得到阐述。

综上所述，无论是直接的国家机关还是间接的国家机关，其本身都不是法律主体。它们其实是在其职权内将国家表现出来，并以人格人的面貌呈现在所有对象（无论是国家的服从者，还是另一个被机关体现出来的国家职权）面前，国家机关拥有各自人格的假象就是由此产生的。一切与国家组织有关的规定，只要创设了服从者的权利和义务，就是法律规定；如果仅仅是要求履行业已存在的义务，就不是法律规定。当国家仅仅作出一项毫无外部作用的组织性安排时，[②] 存在的仅仅是行政规定（这是与职务规定相对的组织性规定）。属于此种情况的有关于各部门负责人集体讨论的规定、关于通过某个部门所作的建议性报告的规定（只要征询意见的部门在意见的征询和采纳上是自由的），关于按部门划分一个行政部门的事务的规定等。一般而言，这些组织性的行政规定同时也具有职务规定的属性。但也不尽然，因为存在某些不作出命令而仅仅授权的规定，例如授权一名过去应由单一官员代表的部门主管可以被多个官员代表。

---

① 参见我的进一步论述：Gesetz und Verordnung S. 384 ff. 针对韩勒尔"具有法律形式的行政规定是法律规定"（Hänel, a. a. O. S. 246）的错误理论，安许茨的评论（Anschütz, Kritsiche Studien S. 57 ff.）甚为公允。

② 相反的情况下则存在一个法律规定（Jellinek, Gesetz und Verordnung, S. 387）。

在职权学说之后，还应讨论一个极为困难的问题：国家机关的越权行为具有哪些法律上的意义？只要违反职权的行为尚在法定的国家事务范围内，由无职权的机关实施的行为就能获得完全的法律效力。为维护职权而颁布的法律规定可能具有不完全法律（lex imperfecta）的属性。① 但一般而言，国家在宣布违反职权之行为无效上拥有利益。表面上看，任何国家机关都基本上被授权从事国家行为，这一推定永远有利于机关之职权。因此，必须在国家组织内建立消灭越权的机关意志行为的机制，否则此种行为将会产生法律效力。原则上可以认为越权行为是无效的，尤其在狭义的越权情形中，即一个部门的行为不在其事务范围内。一般而言，不同机关的上下级制度保障了职权之遵守。但如果这种保障失灵，那么越权的机关意志也会导致国家意志的产生。一个显著的例子是，在不承认法官审查法律的权利的国家中，未按照宪法规定的形式决定和批准一项宪法修正案。同样，针对下级机关作出的违反职权的处分行为，如果上级机关只在受损害的当事人提出申请时才能采取措施，而该当事人却未提出申请，那么其情形也是如此。站在未来法的立场上，上述情形要求国家进一步保障相关职权得以严格遵守。只有越权的机关意志不被视为国家意志，完美国家的图景才能得以实现。在国家的理想图景中，英国国家法上的"国王不可能犯错"原则必然会被扩展成"国家不可能为不法行为"这一无可置疑的真理。

只要不存在这种保障，国家行为本身就会受到法律的评判，国

---

① 例如，在司法判决生效后不可提起对积极职权冲突的异议；又如，由无职权的婚姻登记机构登记婚姻的行为。

家通过其机关从事不法行为之可能性就会存在。这种不法行为甚至可能使整个国家秩序本身遭受质疑。此后的革命和政变可能形成一种不能为先前有效的宪法所评价和规范的状态，这种状态能够为新的秩序奠定一个不能继续向上追溯的基础。

将越权的机关意志归责于国家本身，在国际法中具有极为重要的实践意义。虽然国家可能通过其机关对内从事不法行为，却无须对此承担财产赔偿以外的责任，而违反国际法的国家所要承担的责任虽然与刑法上的责任不完全相同，却与之类似。任何拥有国籍的人在国家中享有的成员地位在国际法上的意义表现为，不属于国家机关的臣民的行为也被归责于国家。例如，中立国的臣民大量增援交战国会导致该国中立地位之丧失；国家往往尽最大努力也无法阻止的民众对外交人员和他国国旗的侮辱会导致被损害的国家在一定情况下获得广泛的要求赔偿的请求权。产生于早期文化阶段的、由一个社会群体（家庭、家族、氏族、市镇、族群）的所有成员承担的共同责任在国际法这一最不发达的法律部门中依然未被削弱地持续存在着。

与越权行为一样，违反职权的不作为[①]也可归责于国家。如果没有采取预防措施，或未通过其他方面的主动的机关意志消除这一不作为的后果，那么依据国际法，国家在这种情形中承担的责任与国内法制中的责任相比就更为广泛且具有不同的形式。

国家与违反职权地作为或不作为的机关之间的关系究竟如何

---

① 因为此处使用的是最为广义的职权概念，即依义务应履行的公务范围。所以，任何违反义务的机关承担者的行为必然也是违反职权的行为。

呢？此处应区分善意的和有过错的违反职权的行为。前者未在国家与其机关承担者之间建立任何法律关系。既然机关是由人构成的，国家就必须考虑到可以容忍而又不可避免的人性的缺陷。相反，滥用职权的机关行为则为间接国家机关带来纪律性的，甚至可能是刑法和民法上的后果。直接国家机关一般不承担这些责任，仅在当代的共和国家中，行政权力和司法权力的代表才会承担这种责任。

依据法律思维的严谨性，只要满足了违反职权的条件，行为违反职权的机关就不应被视作国家机关。即使这一原则不能得到严格地贯彻，有过错的违反职权的行为对外也是可归责于个人的行为。因此，当官员通过违反义务的公职活动损害个人权利时，就可能产生个人针对官员的法律请求权。因为此种请求权从来都不是针对国家本身的，而是针对有过错的国家机关承担者的，所以其非公法性的，而是私法性的。但国家应在何种程度上为其官员的过错承担责任，基本不是法学上的问题，而是立法政策的问题。从事理出发，不能必然地得出倾向于责任的判断。① 国家机关之越权行为的归责对象正是作为高权之主体的国家。统治权力的主体仅在有明文规定的情况下受私法的约束。② 所有对私法上的第三人承担损

---

① 虽然在论证上与我不一致，但在结果上与我观点一致的有：Löning, Die Haftung des Staates aus rechtswidrigen Handlungen seiner Beamten S. 93 ff.; Piloty, Hirths Annalen 1888 S. 245 ff. 文中论及的只是国家统治权行为的责任，并不涉及独立法律行为的责任，这一点无须点明。

② 因此，国家向因国家合法地行使统治权而受损的被害人赋予的请求权也是公法性的。个人基于一般法律原则基本不享有此种请求权，它是由国家自由决定赋予的，并因此表现为纯粹的能为。在未来法的层面上，这种请求权无疑源自于此种认识：对虽不违法却有错误的国家权力之行使所导致的损害进行赔偿是共同（接下页注释）

害赔偿责任的类推适用都是不被允许的，因为不同时代的法律在这一问题上是以完全不同的观念为出发点的。一方面，纯粹的共同责任已经演进为纯粹的个人责任；另一方面，其他法律部门仍然以无责任原则为原则，责任逐渐得到确立和扩展，在现今的实在法中仍能发现这一扩展的趋势。所以，国家的责任何时产生、范围如何完全取决于各国的实在的国家法的明确规定。①

如果实在法因国家官员违反义务的作为或不作为赋予了个人针对国家的财产性请求权，那么此种请求权依然是私法性的，因为国家不是因为归责于它的国家机关的行为而是基于国家机关的承担者（在此种情形中为独立的人格人）的过错而承担责任。这种可责性只是因第三人过错而承担责任的一个特例，或者更宽泛地说，是一种将已经产生的财产损害分配或转嫁给直接当事人以外的第三人的情形。②

（接上页注释）利益的要求。这种请求权主要是赋予被判有罪和被要求承担责任的无辜者。奥地利上议院的司法委员所作的关于现行《不正当判决赔偿法》的实施报告正确地强调了此种请求权的公法属性。参见：Nr. 94 der Beilagen zu den stenogr. Protokollen XI. Session S. 2; Darüber noch Jelinek, Staatsrechtliche Erörterungen über die Entschädigung unschudig Verurteilter, Gründhuts Zeitschrift XX, S. 455 ff. 法国大革命之前就发生的首次有关这一问题的讨论中就出现了"赔偿义务源自社会契约，它所针对的对象是共同体，因而是社会之债"的观点。因而，按照我们的观念它是公法性的。参见：Drucksachen des Reichstages 1882 Nr. 267（v. Schwarze, Bericht der X. Kommission）.

① 有关最新这一学说的文献总结，参见：Dock, Die Haftung des Staates aus rechtswidrigen Handlungen seiner Beamten. Archiv f. öff. R. XVI, S. 247 ff.

② Vgl. Merkel, Enz. S. 283 ff.; E. Steinbach, Die Grundsätze des heutigen Rechts über den Ersatz von Vermögensschäden S. 66 ff.; Binding, Normen I, S. 433 ff.; Mataja, Das Recht des Schadenersatzes von den Standpunkten der Nationalökonomie S. 19 ff.; Unger, Handeln auf eigene Gefahr, Jahrb. F. Dogmatik XXX, S. 363 ff. 迈耶以一种极为独特的方式尝试论证此种赔偿的公法性（O. Mayer, Deutsches V.R. II, S. 358 ff.）。

第十四章 国家高权的私人行使

一般而言，国家仅通过其机关开展活动，即通过与国家有着持续性特别关系的人开展活动。这些关系之产生或是基于法律或基于特别的、法律基础各异的职务义务。然而，这一原则也存在其广泛例外情形，例如国家不设置自己的机关，而使与国家无职务关系的私人有义务或有权行使职权或统治权力。

这种义务与特定的非国家性职业和工作相关联，例如私人铁路企业的职员应行使的铁路治安权以及船长应行使的船舶治安权。远洋轮船船长享有较为广泛的治安权。[①] 医生拥有的限制精神病人的人身自由、为了治疗之目的破坏身体的完整性、为了抢救母亲而进行堕胎的权限也属于这种情形。这些权限都以国家的授权为基础。只有国家才能为了共同利益决定对精神病人之人身自由的限制，决定人类生命和健康比身体的完整性具有更高的价值，决定必须被牺牲其一的两个生命中哪个更加珍贵。因而，依据这些成文的或者不成文的规范而行为的医生不是在行使一项权利，而是在履行

---

① 远洋船船长对全体船员的权力也不是纯粹的纪律性权力，同时也具有治安权的属性。如1902年7月2日的《帝国海员法》第91条第2款和第3款所规定的那样，船长不是为了确保工作义务的履行，而是作为违法伤害的防护手段（适合的保障措施），可以采取捆绑船员的措施。

一项义务，正如刑法中的相关部分所明确体现的那样。①

然而，不具备上述非国家性事务的前提时，私人也能成为国家权利的承担者。如果防卫的只是针对本人的违法侵害，那么应将正当防卫理解为个人权利的行使，尽管共同体也参与了对违法侵害的防卫。如果正当防卫是针对正在发生的、侵害对象为他人的违法行为，那么就不应将其理解为个人权利的行使，因为防卫行为完全不涉及防卫实施人的个人利益。此时进行防卫的人实际上是作为实施法律保护之国家的代理人而出现的。这种情形的另一例子是私人在没有法官命令的情况下拥有的临时逮捕现行犯和被追捕之犯罪人的权利。②事实上，这两种情形涉及的都不是个人权利的行使，而是临时国家机关实施的治安行为。如果说上文提到的情形是法定职务义务，那么此处提到的情形则类似于自愿承担的职务义务。

因此，上述相关人员拥有的只是由客观法之反射产生的权利外观。由此可见，当国家无论基于何种原因阻止个人行使此种从国家中导出的职能时，个人都不能拥有任何救济手段。因此，如果某个国家官员实施了铁路治安行为，那么私人铁路企业无权对此提出行政诉讼；如果国家出面干预远洋轮船船长的治安权限，他也不能对此提起行政诉讼；如果对病人的逮捕妨碍了进行手术的医生，情形

---

① Vgl. Binding, Handbuch I, S. 802 ff.; v. Liszt, Lehrbuch S. 132 f.; Finkelnburg, Holtzendorffs Rechtslexikon Art. Perforation III, 1. S. 33 f.; ferner die eingehenden Untersuchungen von Lilienthal, Die pflichtmässige ärztliche Handlung in der Festgabe für E.J. Bekker 1899, S. 35 ff. 依据德意志法，这一义务不是源自国家给医生颁发的执业许可。因为在德意志帝国医生职业与其他国家不同，是不受管制的。关于医生责任的最新文献，参见：Goltdammers Archiv f. Strafr. 1904 S. 225. 大多数其他的"职业权利"都属于被分配给国家和地方的公职人员或兵役义务人的职权。

② Str.P.O. §127.

也是如此。

与上述情形有所不同的是公法权利被作为个人权利赋予个人的情形。封建国家中的世袭权利为这种情形提供了大量的例子,即使现在也能在家庭法中发现公法权利被整合进个人领域的例子。要求法院设立监护人①的请求权、父母和监护人的训诫权都是由公法赋予的,因为这些权利远远不局限于权利人的个人利益。

私人行使国家高权的一个特殊形式是既往官员收取手续费之权利。此种费用在原则上表现为基于国家高权之行使这一法律基础而应向国家承担的给付义务,因而具有公法属性。因为国家官员的薪金已被职务收入所支付,所以一项为了自己的利益行使的国家性的请求权就被转让给作为人格人的公职人员,而非国家机关。这种手续费收入的当下形式是听课费和分配给国家考试委员会成员的考试费。考试费的公法费用属性是毋庸置疑的。此种费用是为了对个人从事特定职业的能力进行国家性审查而支付的。这种审查是公法上的行政行为,确切地说是创设权利的行政行为。审查的结果为,通过考试的人获得了一项被提升了的职业资格。听课费的情形与此类似。大学的入学许可(注册)是一种公法性的行政行为。这一行为会给被许可者带来公法上的后果,因为大学学习是被许可参加国家性考试的法定条件,因而也是从事特定公职之能力的法定条件。听课以及履行与此相关的支付费用的义务是继续留在大学

---

① 教育上的训诫权与纪律性权力有着本质的不同,纪律权力从来都不是为了遵守纪律之人的利益而存在的,而训诫权则主要是为了受教育人的利益而被规定的。宾丁忽视了这一重要的区别,他把纪律惩罚与教育性的训诫权混为一谈(Binding, der Handbuch I, S. 797 ff.)。

里的法定条件,也是由此产生的要求参与考试之请求权的法定条件。因此,听课费具有公法费用的属性。然而按照法律规定,这一费用不是缴纳给国家的,而是支付给讲师的。讲师是与国家存在职务关系的教授还是一个仅仅被允许授课的私人教师,对听课费的属性毫无影响。①

如今在关于公证人的规定中仍能找到这种收入的例子。众多国家均在立法中效仿法国的这一做法。公证人是公法上的公职人员,他们处理的是国家特有的非诉管辖的事务,尤其在他们作为公证官行使职权时。为他们的行为所规定的特定费用作为国家行使主权的费用具有公法属性,但这一费用一般不向国家缴纳,而由公证人收取。尽管如此,这一费用在形式上无疑具有司法费用的属性。法律为这一费用明确规定了与司法费用相同的追索途径。

律师制度是现今国家制度之国家职权作为个人权利由个人行使的例子。律师不是国家机关,但其职业却是公法性的,是为了国家司法的缘故而被规定的。律师的职能在一定程度上是私人行使诉讼权利的公法前提。律师"不是将国家事务作为个人权利主体的事务而承担,他们承担的是在国家的客观法制中作为完成国家任务的必要前提而被创设的事务"②。律师承担一项公职,也就说,他们在法定范围内承担一定的国家任务。然而与官员不同,律师履行公

---

① Vgl. Entscheidung des österr. Verwaltungsgerichtshofes vom 28. März 1890, Budwinski, Erkenntnis des k. k. V.G.H Nr. 5227. 关于我针对维也纳市政府提起的一个诉讼,参见: A. A. v. Stengel, Lehrbuch des deutschen Verwaltungsrechts S. 337 Note 2. 德意志民法典为此种请求权规定了两年的诉讼时效(§ 196 Nr.13)。按照这一规定,这种请求权在德意志形式上是私法性的,正如它被规定受普通法院的管辖。

② Laband, III, S. 426 f.

职不仅仅为了国家利益,同时也为了当事人和自己的利益。他们不是由国家任命的,他们应基于公职履行公法上的义务,但不必成为国家组织体的构成部分。与官员不同,律师拥有行使公职的权利、在法定条件下要求获得公职的请求权(在自由律师制度所及的范围内)、要求维持或不得被剥夺职业资格的请求权(只要不存在法定的职业终止原因)。相对于私人,律师以其公职进行经营活动,"律师法既是法院组织法的补充,也营业法的补充"①。律师被借予了公法权利,行使这一借来的权利对国家而言是在行使公法权利,对私人而言则是在行使私法权利。

向个人移转国家权利在诉讼法中,确切地说是强制执行的制度安排中,表现为具有重要意义的普通法律制度。关于这一制度,存在两种对立的观点。一种观点认为,国家是执行人,执行行为由法院执行官按照国家指令进行,而这一指令则始终以执行申请人的意愿为条件。另一种观点则认为,当事人是执行的主导人,法院执行官的职务行为受到当事人之权利的控制,法院执行官作为当事人的受托人进行活动,并因此作为受托人对当事人承担私法上的责任。②两种观点都不能说明事物的本质。根据第一种观点,无法理解债权人和法院执行官在私法上的关系。如果国家是强制执行的主体,那么债权人因法院执行官的错误提起的赔偿之诉就不能针对法院执

---

① Laband, III, S. 429 f.
② 后一观点的主要代表是 A. S. 舒尔茨(A. S. Schultze, Privatrecht und Prozess in ihrer Wechselwirkung I, S. 64 ff.);持有前一种观点的主要是普朗克(Planck, Lehrbuch des Zivilprozessrechts I, S. 136)。对前一种观点尤为深入的阐述,参见: v. Schrutka-Rechtenstamm, Grünhuts Zeitschrift XIII, S. 567 ff. und XVI, S. 673ff. 在这两个论文之中还有众多的文献介绍。

行官提起，而只能针对国家提起，或者法院执行官必须与官员一样对当事人承担责任。另一方面，使机关中的国家（强制执行法院和法院执行官）成为个人之服务人的观点也让人难以接受。此种观点与国家之本质和国家之司法存在尖锐的矛盾。其实这一问题只能通过这种方式得以解决：国家将源自其权力的权利让与个人，使其成为强制执行的主体。如今，在本质上属于国家的强制执行权成为了个人的请求权，但它并未成为私法上的请求权。由此，个人作为自己利益的执行人成为公职人员。国家让个人意志自由决定，在具体的情形中应在多大程度上保障强制执行这一共同利益。在责任上，法院执行官和债权人之间的关系与官员和国家本身之间的关系完全一致，而不同于官员与私人之间的关系。官员违反义务的行为会导致国家针对他的私法上的请求权的产生，基于相同的法律原因，债权人也能从法院执行官的错误行为中获得针对法院执行官的请求权。[①]私力救济这种原始的个人权利被国家收为己有，以便将其作为如今的国家职权的构成部分以强制执行权的这种形式归还给个人。在历史的进程中，个人仿佛将实现权利的权利托付给了国家，而后再向国家索要这种"出借物"。

[①] C.Pr.O. 753(674 der alten C.Pr.O.).（这里写道：）"强制执行由法院执行官实施，按照债权人的委托进行。"根据帝国法院联合民事庭于1886年7月10日所作的关于这一条文的判决(Entscheid.in Zivil. XVI, S. 399)，法院执行官应按照委托合同的原则而不是作为公职人员就其错误对债权人承担责任。这一判决的合理之处在于，它认为债权人与法院执行官之间的关系不同于私人与公职人员的关系。而错误之处在于，它将"委托"理解为民法中的"委托"（反对这一观点的正确的评论，参见 v. Schrutkas, a. a. O. XVI, S. 680 ff.)，并因此在债权人和法院执行人之间建立一种合同关系。对债权人而言，法院执行官履行的不是与债权人之间的合同，而是他自己的公职义务。因此其责任与公职人员对国家承担的责任一样，不是合同责任。

与之相似的进程也出现在刑法中的自诉中。一般而言,刑事起诉权仅为国家所有。然而,在有些情形之中国家将原则上仅由公诉人享有的地位赋予被害人。在这些情形中,公法法制受损的程度在本质上取决于受害人或与其有家庭法关系的人对损害的感知,或者国家认为只有在被害人揭发自己受到损害时法制才被触及。私人起诉人和附带起诉人行使的权利毫无疑问是国家的权利,这种权利被转让给私人起诉人。①

奥地利刑事诉讼法中的辅助起诉与自诉的情形类似。② 与之相反,提起《德意志刑法典》第 61 条意义上的刑事申请的权利,以及申请人针对公诉机关的驳回决定提出要求司法裁判的请求权,③ 都不是国家性权利,而只是从积极地位、确切地说从法律保护请求权中产生的权限。在自诉的情形中个人在刑事审判的组织中拥有地位,而在刑事申请的情形中个人只拥有要求国家机关的诉讼行为的请求权。

253　　一种极为独特但与上述类型有相似之处的向个人让与国家权利的类型是征收。仅仅为了公共利益而被规定的征收权只由国家享有,个人或团体只能通过国家授权的方式成为征收权的主体。无论谁是征收人,行使的都是国家高权。然而这种权利与机关承担者的职权不同,其非征收人承担的义务,相反,是征收人所享有的针

---

① 这主要体现在公法上的刑罚绝不是相对于个人而是相对于国家承受的。自诉人的地位在奥地利的刑事诉讼法中体现得最为明显。依据该法(第 46 条),国家公诉机关可以按照自诉人的愿望成为他的诉讼代理人。

② Österr. Str.Pr.O. § 48.

③ Str.Pr.O. §§ 170-175.

对国家本身的请求权。① 征收权是服务于共同利益的，在法律上行使这一权利往往也可以促进与共同利益紧密相连的个人利益。因此，被法律或行政行为授予征收权的个人享有要求国家积极承认其征收权的请求权，以及要求国家采取有助于实现这一权利之国家行为的请求权。

某些国家职能通过新的社会政策性立法转让给从事特定经济职业的国家成员，在这些国家成员与国家之间不存在公职关系，例如企业主设立企业医疗基金以及基金章程的权利②、资方在听取劳方意见后规定劳动守则的权利③、在劳方同意的前提下将特定规定纳入劳动守则的权利④，以及劳方参与探讨和制定事故防范条例的

---

① Grünhut, Enteignungsrecht S. 78 ff. und Handwörterbuch der Staatswissenschaften 2 Aufl. III, S. 631. 这些著作认为国家权力是征收权唯一可能的主体。由梅耶等人所持的主流观点不仅能在诸多征收法中获得支持，也通过这一认识得到了更为深刻地论证：国家可以将其主权植入私人领域（G. Meyer, Das Recht der Expropriation S. 260 ff.; Seydel, St.R. II, S. 354 ff.; Randa, Grünhuts Zeitschrift X, S. 633; Layer, S. 236 ff. u. a.）。只有这一观点才能解释个人针对国家的征收请求权。如果国家永远是征收权的主体，那么在具体情形之中个人之于国家的关系就与公职人员之于国家的关系相同，而公职人员不能主张任何要求行使公职职能的请求权。

② Krankenversicherungsgesetz §§ 60, 64, Österreichische Krankenversicherungsgesetz §§ 42, 47. Vgl. Menzel, Das Recht der Arbeiterversicherung, Grünhuts Zeitschr. XVIII, S. 302.

③ Reichsgewerbeordnung §§ 134a, 134b, 134d. 持类似观点的还有伯恩哈克（Bornhak, Hirths Analen 1892 S. 669 ff.）。雷姆也认为，劳动守则的颁布是资方统治权之体现（Rehm, Hirths Annalen 1894 S. 132 ff.）。最近，奥特曼又将劳动守则归入团体的自治权利中（Oertmann, Die rechtl. Natur der Arbeitsord. 1905, S. 20）。其他持类似观点的学者有申克尔（Schenkel）、诺特哈德（Nothardt）和劳特玛（Lotmar）（vgl. Koehne, Die Arbeitsordnungen im deutschen Gewerberecht 1901 S. 115 ff.）。与上述观点相反，也有人认为劳动守则是合同性的约定，例如班德（Laband III, S. 224）。克内（Koehne）正确地调和了这两种观点（Köhne, S. 120 ff.）。

④ Gewerbeordn. § 134 b letzter Abs.

权利。①

上述所有权利都在法律构造上与既往国家法中的一些现象有着广泛的共同点。在封建制和等级制国家中，国家高权被分割得支离破碎并散落到国家中数不清的个人和团体手中，成为他们自己的权利。然而，私人行使国家高权的新旧形式是建立在差异深刻的法律理念上的。在过去的时代，共同利益必须让位于个人利益，而现在则应如此理解国家中的类似现象：在所有上诉情形之中，只有通过承认个人利益共同利益才能得到最佳的保障。因此，将国家高权作为自己职权行使的自治社团在本质上与上述情形具有相似性。然而，自治团体的统治权力与上面已经讨论过的情形有着本质的区别。②世袭领主对其奴仆或臣民进行统治的权力对等级制国家法而言是原始权利，在现代国家中非国家人格人的高权则始终具有派生性。因此，前者被认为是私法性的，而后者被逐渐认为具有公法属性。

因此，所有前文业已讨论的本质上为国家所有的权利③都可以通过让与行为植入个人的权利领域。这种行为可以通过法律、行政法规或行政处分的方式进行。个人可能享有或不享有要求授予权利的法律请求权。在前一种情形中，请求权体现为要求承认的请求权或者要求国家为个人利益而实施法律上的国家行为的请求权，所

---

① Gewer-Unfallversicherungsgesetz §§ 113 ff.
② Vgl. unten Kap. XVII.
③ 文中的罗列当然不能穷尽所有相关情形。而且为符合本书的宗旨，所有被列举的情形只能简要论述，尽管它们能给一系列的深入研究提供契机。对行政法进行深入的研究对已经讨论的内容必然有补充作用。

以在本质上属于积极地位。从另一角度出发，一部分这种请求权也可以被归入主动地位，只要享有权利的个人同时也表现为国家的间接机关。

第十五章　私法团体的公法权利

国家在法律思维中是实现目的之主体。同理，按照法律思维，哪里存在一个持续、独立，也就是在本质上不依附于特定个人之目的，哪里就存在一个实现这一目的之主体。这种主体基于法制的承认被提升为法律主体。即使是未被承认之目的主体也拥有一种内部制度，该主体的意志在这一内部制度的基础上得以形成，其成员的地位以及其权力范围之内的客体也为这一内部制度所规范。就这一内部制度而言，该主体不依赖任何外部的承认，也是法律主体，但它只是一种相对的法制之主体。这表现为，任何受特定范围内的人承认的调整他们之间的外部行为的规范都是这一范围内之人的内部法，并在这一范围内之个人面前表现为与创设法律的国家所制定之规则和命令相似的规则和命令。人们不必立刻由此联想到社团法人，任何一个大家庭、疗养机构和公共浴池的室内守则都是这样的例子。而这种规则是否具有国家认可的法律基础，例如合同关系，对其相对法制的属性而言是无足轻重的，只要这种规则实际上作为行为规范为应受规则规范的群体所认可。就与国家法律的关系而言，就与完全意义上的客观法的关系而言，它们既是不涉法的，又是当事人之间的法律。这种相对法在一定程度上被主体自己的纪律性措施保障，但这种纪律性措施绝不具有强制遵守的属性。

第十五章 私法团体的公法权利

如果这种目的统一体被国家所认可，那么无论这种认可是通过一般性法律还是通过特别处分行为，都会由此产生一个法人。[①] 确切地说，如果共同体的目的由一个共同体之外的意志决定，[②] 就会产生一个财团法人（Anstalt）；如果共同体的意志是共同体固有的、在其内部产生的，就会产生一个社团法人（Körperschaft）。因而，通过国家之承认，不依赖于国家意志而存在的共同体被提升为法人。当然国家意志本身也可以设立或辅助设立财团法人或社团法人。例如，国家能够以自己的机关实现财团法人之目的，并据此将该财团法人并入自身；[③] 例如，国家对自由创设的团体之组织形式作出一般性的规定，或者强制团体的成立；例如，国家本身通过任命或强制参与设立或协助设立被国家提升为社团法人的共同体的意思机关。[④] 后文将对这些情形进行研究。

所有人格都是公法性的，法人的人格也是如此。那么法人的人

[①] 由于人格（vgl. oben S. 84）是一个变量，这种认可的范围可能会在程度上有所不同。通过对当事人能力的认可（C.P.O. § 17），一个非法人团体拥有人格的不完全状态。此处不仅存在瓦赫所言的"形式上"的当事人能力（Wach, Zivilpr. I. S. 520 ff.），我们还可以看到一个"不完全的权利形态"，之所以不能否认其存在的合理性，正是因为其尚不完备（Vgl. Bekker, System I, S. 63; sowie Gierke, Genossenschaftstheorie S. 733）。这种团体的一个类型就是无权利能力的团体（C.P.O. § 50. Vgl. Gierke, Vereine ohne Rechtsfähigkeit, 2. Aufl. 1902, S. 12 ff.; Endemann, I, S. 202 ff.）。

[②] 为极为模糊的财团法人概念赋予了远超基金会的丰富内容，是基尔克的贡献（Gierke, Genossenschaftstheorie S. 25 ff.; vgl. auch Preuss, Gemeinde, Staat S. 249 ff.; Bernatzik, Archiv S. 250 ff.），法律用语的习惯不利于全面阐释财团法人（Anstalt）的性质。不具有人格的国家行政机关和私人企业均被称为"Anstalt"。关于财团人格，参见：O. Mayer, II, S. 377 ff.

[③] 例如大学、国家银行、国家保险机构和医院。

[④] 参见基尔克和贝尔纳茨克关于社团法人和财团法人的混合形态的研究（Gierke, Genossenschaftsrecht I. S. 960 ff.; Bernatzik, Archiv S. 253）。

格是否就因此与个人人格相同呢？如果不是，二者的区别何在？

　　法律平等原则是存在着诸多例外情形的原则，因而无法从中得出关于法人权利范围的必然结论。财团法人和社团法人的权利能力基于其本质属性受到了限制，它们不享有所有以自然人为前提的能力。如果立法者没有明确规定，它们就被排除在一切以纯粹的个人行为和个人的内心世界为基础的事务之外。家庭法上的关系是个人之间的关系，同样，宗教信仰也是纯粹个人性的。即使社团法人和财团法人要实现的目标是纯粹的宗教性的，它们也是无信仰的。① 相反，如果为了达成法人的目的必须进行的自由行为不以自然的人类个体为前提，那么法人就必然基于其人格与个人一样被赋予了一个不受国家强制力干预的自由领域。因此，只要不与事理上的原因相冲突，或者只要法律没有明确地规定例外情形，它们就与个人一样享有自由领域，并且这一自由领域与个人的自由领域一样，只能基于法定原因加以限制。这一点主要表现为，法人人格只能基于法定原因加以剥夺。

　　法人的被动地位与消极地位一样，受到法人自身属性的限制，这尤其表现在社团法人的违法行为能力上。近来的研究表明，实在法上存在这种能力。② 然而，法人不能实施任何以纯粹的个人行

---

　　① 法院的相关观点，参见：össterr. Verwattngsgerichtshof Nr. 1806, 1931, O.L.G. Kiel vom 14. Dezember 1884, Seufferts Archiv XL, S. 219. 基尔克认为有自己人格的教会的分支团体具有获得教会成员资格的能力。在这一点上，基尔克驳斥了后一个判决的观点（Gierke, Genossenschaftstheorie S. 912）。然而，法人既不能接受圣餐，也不能参与教会的内部的活动。但法人可以通过资助权、神职授予权等权利参与教会的行政管理，不过这些权利不会使法人以委托人的身份作为教会组织被并入教会。

　　② Gierke, Genossenschaftstheorie S. 743 ff.; Merkel, Strafrecht § 18. 关于财团法人侵权的历史，参见：Gierke, Genossenschaftsrecht III, S. 234 ff., 342 ff., 402 ff., 491 ff.

为为前提的违法行为。所有涉及故意和过失地侵害法益的情形都是如此。盗窃、谋杀、背信行为和叛国都仅是个人行为。从刑法的角度出发，以叛国为目的的社团行为只是参与相关活动的个人的叛国行为，而不是仅仅通过其机关获得行为能力之社团本身的叛国行为。因此，法人的违法行为能力仅仅局限于纯粹的不服从。这一所有违法行为构成要件中的共同要素被社团法人的侵权行为纯粹地表现出来。由此产生的可能的惩罚都是对不服从的惩罚，如财产罚、剥夺特权、解散社团以及暂停社团活动。法人为其机关造成的损害①承担的法定责任或由法人承担的罚金不是刑法性的，而是民法性的，②这一点如今已毫无疑问。由此，新的德意志民法彻底地解决了这一旧的争议。社团法人的刑法责任本质上具有治安责任的属性。③此种责任的目的侧重于预防而非压制，而且过错行为的程度也不会影响法律后果，可归责的触犯刑法的事实已经足以确立刑事责任。故意和过失的精细的区分以集体人格人所不具备的人类内心世界为前提。只有法人的机关已经完成的意志行为才属于法人，产生这一意志行为的自然人的行为则不然。不能由此当然地排除法人在民法上为在法人的事务范围内活动的机关承担者的故意

---

① Nunmehr B.G.B. § 31. Vgl. dazu Endemann, I, S. 197 und die daselbst Note 18 angegebene Literatur. 恩德曼正确地指出，这一责任是客观性的，虽然社团的机关行为应被视为社团本身的行为，但机关的过错却不是责任的必要前提。因此，《民法典》第31条中的责任要远超第381条中的责任范围。

② A. A. Merkel, Strafrecht S. 50.

③ 戈尔德施密特正确地指出，法人的违法行为能力属于行政法的范畴（J. Goldschmidt, Die Deliktobligationen des Verwaltungsrechts, Sonderabdruck 1905 S. 31）。

和过失承担责任的可能性,而且这些承担者的错误、强迫和恐惧也能给他们作为法人机关所实施的行为带来民法上的后果。

众所周知,团体为其成员或机关的犯罪行为承担之刑事责任,在法律发展的初期曾扮演了一个重要的角色。[①] 随着对违法行为作为过错行为之本质的认识愈加深入,违法行为能力逐渐被局限在有过错的个人身上。直至今日,在法律上只有治安违法行为才可能是团体的违法行为。市镇对本应由其通过行使治安权力避免的人身或物品的损害[②]承担的责任与国家为其官员的过错承担的责任具有相同的法律属性,无论其形态如何,这种责任都绝不可能是刑事责任。国家人格人为其成员的不法行为承担公法责任的情形仅在国际法中存在,但这种责任只是源于国际法的落后性以及始终具有私力救济属性的国际诉讼程序的混乱性。

就团体的违法行为能力而言,法律发展的目的无疑在于将这一行为能力从法制中清除,因为团体的纯粹不服从行为的法律后果也以仅仅在个人行为中存在的内心行为为前提,而这种内心行为却不能被归责于团体本身。指向团体的治安措施以及对团体作出的带有附加刑性质的行政处分均与这一观点抵牾。所有可能针对团体实施的国家行为都已基于各种出版法被施加于报社,例如没收保证金、警告、停业和禁令。纵然如此,也没有哪个法律人会将报社本身视为具有刑事责任能力的主体。

[①] Vgl. Post, Ursprung des Rechts S. 74; Kohler, Das Recht als Kulturerscheinung S. 22; Mataja, a. a. O. S. 47 Note 3.

[②] 梅耶列举了德意志的相关法律(G. Meyer, Verwaltungsr. I, S. 164 N. 15; ferner in Österreich böhmische Gemeindeordnung § 37, galizische G.O. § 34.)。

第十五章　私法团体的公法权利

在私法上被赋予人格的团体当然也拥有积极地位，因为对人格的承认主要表现为对积极地位的承认，更因为法人与自然人一样也被赋予了法律保护请求权。[①] 其他要求国家实施行为之请求权的范围取决于具体法律规定，此外，也取决于请求权是否依附于自然人。法人的积极地位也可以通过获得特定国家成员资格而得到提升。将这种成员资格赋予之前未被承认的法人，同时是将本国法人的资格赋予法人，其前提为法人在本国拥有住所。然而，被外国承认的团体不需要本国的特别承认，应按照属地或属人原则确定其权利能力，只要在本国规定分支机构设立权的法律中没有相反的明文规定。[②] 外国法人也可能不被承认，例如在教会不享有法人权利的国家中，在其他国家被承认为人格人的共同体只能以共同体的这一身份继续存在。[③] 本国团体的资格与个人的国籍的类似之处在于，团体与个人一样从这种完全的国家成员资格中获得了一系列有保留的消极和积极的请求权。[④]

某些以主动地位为基础的请求权也可能属于法人的请求权。[⑤] 集体人格人也可能与自然人一样拥有选举权。[⑥] 它们可能基于公法合同被提升为国家机关，这种公法合同类似于国家官员的录用合

---

① 此处使用的人格概念是在本书 256 页以及 127 页中发展出来的人格概念。

② 依据《民法施行法》第 10 条，尚未被联邦议院决议认可其权利能力的外国团体（非公法）应被视为合伙。

③ Bernatzik, Archiv S. 250.

④ Z.B. Reichsgesetz betr. das Flaggenrecht der Kauffahrteischiffe vom 22. Juni 1899 §2 Abs. 2.

⑤ 关于法人的政治权利，参见：E.Mayer in v. Stengels Wörterbuch I, S. 698 f.

⑥ Österr. Reichsratswahlordnung vom 2. April 1873, R.G.B Nr. 41 § 13 Landtagswahlordnung vom 26. Februar 1861 (beziehungsweise 10 oder 12).

同，例如由宗教团体承担监狱机构的监管或学校的领导事务。在这种情形中，与国家有公职关系的不是团体成员个人而是团体本身。基于法律，团体能够且必须承担国家机关的职能。这一点将留待下一章中论述。这些团体不再是私法上的团体，而是公法团体。

确定团体法律上的事务范围之主导原则永远是团体的目的。不涉法行为不具有团体行为的属性，尽管它们也是由集体人格人作出的。相反，如果基于实在法的规定，团体的行为只局限于章程规定的行为，那么任何超越章程所规定事务范围的行为都是被禁止的。仅在相关行为本身原则上扩展了团体的目的时，这一行为才被视作超越事务范围的行为。如果社交团体向他人寄送了集会地址，那么即使其章程对此未加规定，该行为也是不涉法的。相反，如果这一团体用自己的资金资助政治宣传，那么它就擅自扩展了自己的目的。

第十六章　公法团体的公法权利

我们已经认识到，社团法基本上没有脱离私法的范畴，在私法制度中存在一个类型独特的、囊括了各种私人结社形式的法律领域。然而，非国家性团体在公法中也有重要的地位。因而在此应对这一问题进行研究：一个团体是如何成为公法团体（öffentlich-rechtlicher Verband）的。

罗辛（Rosin）极为深入并透彻地研究了这一问题。他曾令人信服地批判道："很多关于公法团体性质的观点都是站不住脚的。"[1] 他提出的公法团体的认定标准为，公法团体向国家承担了实现自身目的的义务。

罗辛极富价值的研究极大地促进了人们对公法团体属性的认识，但这一认识仍不完善，因为他没有认识到并指出融入国家之公法团体扑朔迷离的全貌。

确定公法团体概念的一大困难在于，国家和团体之间可能存在多种关系，人们因而完全不能肯定地认定，私法团体止于何处，公法团体始于何端。[2] 从一个角度出发，人们可能认定某一团体是私

---

[1] Das Recht der öffentlichen Genossenschaft S. 1 ff.
[2] Gierke, Genossenschaftstheorie S. 158.

法团体；而从另一角度出发，该团体却毫无疑问地表现出公法属性，因为在现实的流变中确定一个区分私法团体和公法团体的界线与区分所有持续变化着的事物一样，往往只能取决于个人的判断。

首先应该确定的是，所有团体都与公法存在关系，无论其创设是基于法律还是自由意志，无论它是否具备人格。如果现代国家将结社自由作为消极地位的重要结果予以承认，那么团体的成立原则上就无须国家许可。但国家却为社团的组织创设了法律规范，为社团的活动确立了法律上的限制，这种限制保障了国家的职能和目的不被社团阻碍甚至损害，社团则基于国家的治安和监管原因被规定了公法义务。

但这种义务却不能将公法属性赋予团体本身。履行此种义务是社团存在或社团活动不被阻止的一项条件。然而，任何拥有人格的团体都与个人一样处于与国家的公法关系之中。[①] 团体甚至能够拥有主动地位，而不必因此脱离私法领域。[②] 如果人们因为团体具有积极和主动的国家成员权利就将其认定为公法团体，那么公法团体和私法团体就不再具有任何区别了。

依照罗辛的观点，存在一种具有独特属性的团体，它们基于国家法制向国家承担了实现自身目的的义务。假如人们只从这一特

[①] Gierke, Genossenschaftstheorie S. 163. 然而，由于团体之人格的动态属性这种关系可能存在多种多样的形式。团体可能缺乏财产能力而只拥有行政法上的当事人能力，却不必由此丧失其私法属性。

[②] 迈耶的观点则过于激进（E. Mayer, Krit. Vierteljahrsschrift XXVIII, S. 455 ff; v. Stengel Wöterbuch I, S. 694），他认为所有依据一般邦法和共同法的基本原则所创设的法人均为公法法人。基尔克反对这种过激的观点（Gierke, Genossenschaftstheorie S. 912）。

征出发认定公法团体的属性,就会因为忽视了很多重要的区别而不得要领。团体向国家承担的义务对团体成员的法律地位毫无影响,团体和团体成员之间的关系仍然可以是纯粹的私法关系。公法团体与国家之间的法律关系和私法团体没有区别,或者仅仅存在量的区别,而不存在质的差异。因为就团体和国家之间普遍存在的义务关系而言,公法团体与国家之间无疑存在着一种高级的义务关系,但这仅是一种义务关系。无论义务具有何种形式,这种纯粹的义务的负担都不会创设公法团体。通过规定一个团体必须实现自身的目的,国家虽然间接地承认这一目的应由国家自己实现或由国家负责,但服务于这一目之团体的活动并未因此具有公法属性。① 这些活动只在公益性这层意义上是公法性的。因此,可靠地认定团体活动的公法属性不能通过活动所追求的目的,只能通过活动所采用的手段。无论负担何种义务,人格人都只能成为公法客体而非公法主体。任何向国家承担的义务都意味着对行为能力的限制。公法团体的标准不可能寓于其与私法团体相比较为有限的行为能力之中。因此,一个团体承担的实现自身目的的义务不可能是使该团体获得公法属性的特征。

认定团体具有公法属性的标准只寓于团体作为公法权利主体的这一身份中,这意味着它拥有原则上属于国家统治领域的权利。公法权利主体的基础是其所拥有的统治权力,公法团体与国家本身在这一点上并无不同。为了将一个团体提升为公法团体,必须使该团体拥有不同于它与任何其他人均享有的源于法定地位的权限以

---

① Vgl. auch Gierke, Genossenschaftstheorie S. 657 Note 1.

外的权限。这种不同的权限正是统治权利（Herrschaftsrechte），因为统治权利并不必然被包含在人格人的国家成员地位中。①

这种统治权利必然以双重方式表现出来。一方面，法律将进行统治的权利植入相关团体的领域，使该团体也享有针对国家的、要求行使统治权之请求权。国家以此种形式将统治权力转让给团体：团体在行使统治权力时，不仅是在履行义务，也是在行使权利；国家不能通过行政行为将法律赋予团体的统治权力收归己有，团体所享有的要求行使统治权之请求权受到法律的保护。

另外一方面，团体必然在其成员身上行使其享有的统治权利。它统治着它的成员。也就是说，它在他们身上行使着高级的权力，它可以基于自身的权力以自己的手段要求其成员履行其命令。②

这种团体原则上不能任意支配自身之存在及活动之范围，因为它们被赋予了公法上的权力，所以国家为它们设定了实现自身目的之义务。国家赋予这种团体统治权力是为了使其更好地实现自身的目的。因此，此种团体实际上能够向国家承担实现自己的或者实现其部分目的之义务。这种义务相当于其权利领域之提升的对待给付。③

另外一种团体类似于上述公法团体，因为国家不仅能通过统治

---

① 迈耶的论述在结论上与此观点完全一致（O. Mayer, Deutsches V.R. II, S.271）。他认为公法法人是为进行公法行政活动而存在的法人。他将此种活动定义为公法上权力的活动。

② 罗辛针对这一观点的反对意见并没有触及问题的核心（Rosin a. a. O. S. 6 ff.），因为他针对的主要是个别作者的相反观点，而不是他们的基本观念。

③ 罗辛的观点与此恰恰相反（Rosin a. a. O. S. 19），教会作为公法团体并不向国家承担实现自身目的的义务。据此，罗辛否定了教会的公法属性（Rosin S. 35 ff.），基尔克正确地对他进行了反驳（Gierke, Genossenschaftstheorie S. 657）。

权力的赋予,也能通过规定较小的法律上之利益将一个团体从普遍权利状态中提升出来。国家可以命令设立一个团体,或通过行政机关亲自设立一个团体。[①] 国家可以强制个人成为团体成员,可以通过命令使团体的成员向团体承担给付义务,可以通过不同方式优待团体对其成员和第三人的请求权,可以通过行政或行政法院的途径解决团体和团体成员之间的纠纷,等等。然而,在这些情形之中,团体并不必然是特定优待权利的主体。这种优待可能是纯粹的客观法之反射。能够获得此种被优待地位的首先是拥有统治权力的团体。此外,还存在为数众多的虽然未被委托行使统治权却对国家任务具有重要意义的其他团体。鉴于这种团体与国家目的之间的紧密关系,鉴于国家通过不同于一般法的保障措施对这种团体施加的高度关注,鉴于这种团体与其团体成员之间通常存在着不同于其他团体的更紧密的关系,人们可以将此种团体认定为公法团体。但人们必须注意到,上述情形不会使团体成为在权利和资格方面超越私法人格人的公法权利主体。为了清除公法团体的概念中的歧义,至少应在术语上将被动公法团体和主动公法团体加以区分。[②]

主动公法团体一方面被授予了职权,另一方面必须履行对国家及团体成员承担的义务。主动公法团体应向团体成员承担的一部分义务是那些原则上被国家承认为属于自己的、不通过国家机关而通过独立的团体人格人履行的义务。由此产生的团体成员的请求

---

① 例如济困团体、筑路团体、学校团体、运输团体。关于这类团体,参见:O.Mayer II, S. 286ff.; Hatschek, Das engl. Local-Government, Verwaltungsarchiv IX, S. 111 ff.

② 哈切克极为透彻地论述了被动公法团体在英国对国家事务安排上的重要性(Hatschek, Engl. Staatsrecht I, S. 35)。

权同样获得了公法属性。属于此类的团体主要是通过劳工保护立法建立起来的团体。保险义务人针对医疗保险公司、职业协会和保险机构的法定请求权是公法性的。这是因为国家承认，为劳动者防范特定的风险、对这些风险造成的后果进行补偿、保证丧失劳动能力者的生存是自己的任务，① 国家只是为请求权人指定了另一主体作为义务的承担者。自愿加入这种团体之人的请求权也是公法性的。请求权的产生是直接基于法律还是基于权利人的申请② 都不会对请求权之属性产生影响。国家在这些情形中是最终承担义务的主体，这体现为，国家通过自己的机关作为监督者或上诉法院对拒绝给付或关于给付义务范围的纠纷进行裁判。因而，这种请求权作为间接的公法请求权可以对直接向国家提起的直接公法请求权起到辅助作用。

通过将统治权力赋予一个团体，国家创设了双重的公法关系。它将该团体人格人的地位提升为主动地位，并使该团体的成员对团体所享有的要求给付的请求权以及要求参与团体之意志形成、行政

---

① 此种请求权的公法属性是由拉班德以及雷姆和佩洛狄提出的（Laband III, S. 266 ff.; Rehm, Archiv f. öff. Recht V, S. 529 ff.; Piloty, Das Reichsunfallversicherungsrecht S. 168 ff.）。尽管罗辛尚未明确论及这一问题，不过根据由他所提出的救济权的概念，可以认为他也是承认这一领域的公法属性的。将救济请求权理解为私法请求权的有门泽尔和基尔克（Menzel, Archiv f. bürg. Recht I, S. 327 ff. und Grünhuts Zeitschr. XVIII, S. 307 ff.; Gierke, Die soziale Aufgabe des Privatrechts S. 45）。通过形式上的法学考量无法就这一问题作出正确的判断，只能像解决关于公法和私法界线的争议问题那样，通过对相关法律制度实质要素的审查得到正确的观点。法学理论的构建应当接受实质要素为其提供的基础。对这些新创设的法律制度进行深入的研究将是非常有趣的，但这会超越本书的范围。

② 拉班德以及伯恩哈克认为这种请求权是私法性的（Laband III, S. 270; Bornhak, Zeitschr. F. Handelsrecht XXXIX, S. 222, 243）。

事务和裁判活动①的请求权具有与国家成员所享有的相应请求权相同的属性。主观公法权利皆以统治权力和被统治者之间的关系为条件。因此，基于法律获得统治权力的团体与国家之间的关系以及团体的成员与团体的权力之间关系都具有公法属性。因此，主观公法权利理论也应将主动公法团体的情形纳入考量中。

这种团体中可以被分为极为丰富的各种类型。这些团体可能拥有不同程度的统治权力，并因此具有不同程度的公法属性。②在各级市镇中，这种公法属性体现得最为显著和广泛。对这些团体的研究将留待下一章进行。

此处仍应探讨一些困难的问题。

首先应该解决的是间接公法请求权和私法请求权的区分问题。只能依据一个一般性的标准解决这一问题，即相关请求权是为了共同利益还是为了个人利益而被赋予的。但在具体情形中往往难以查明这一点，以至于前文所确定的公法和私法之间的边缘区域被扩展了。由于立法者可能将相关请求权归入私法或归入公法的特别规范中，所以就产生了形式上和实质上的公法请求权的区分。在这一边缘区域内也可能存在公法权利和私法权利在个人和国家的关系中相互渗透、相互交叉与相互制约的情形。如果立法者没有进行这种形式上的区分，并且私法和公法之间的实质区分会影响法院的职权，法官就肩负着按照实质要素在具体情形中解决职权问题的艰

---

① 可能的情况下享有这一请求权的可能还会是第三人（Krankenversicherungsgesetz § 38）。

② 罗辛深入地阐述了这些团体的不同类型（Rosin, Öff. Genossenschaft S. 181 ff.）。

巨任务。然而，这实际上给主观的裁量保留了一定的余地。

第二个问题是，相互合作的公法团体之间是否存在公法请求权。观察各国的行政和司法实践便可发现，这种请求权是可能存在的。如果一个市镇、一个济困团体、一个医疗保险机构等为一项应由其他团体承担的法定给付义务支付费用，并且这一给付本身是公法性的，那么前者对后者的请求权也同样是公法性的。存在这种请求权的可能性似乎在根本上与公法权利作为统治者和被统治者之间的权利基本属性相矛盾，因为在这些情形中凭借自身的请求权而相互对立的是原则上权利平等的人格人。①

如果人们认识到这种团体之于国家行政任务的地位，这一矛盾就能迎刃而解了。通过为这些团体设定实现特定的服务于共同利益的目的之义务，国家使这些团体服务于国家的目的。如此一来，国家不仅可以通过其全部的机关，也可以通过对国家负有义务的公法团体实现自己的目的，而这些团体就由此获得了人格人和无人格机关的双重属性。此处涉及的给付行为的不是以相关团体的自由的意思行为为基础，而是以法定的给付义务为基础，这些团体从而作为间接的国家机关进行给付。因此，关于这种请求权的法律纠纷与关于个人公法权利的法律纠纷并无不同。如果一个市镇否认自己有义务补偿另一个市镇承担的济贫行为，那么提起诉讼的市镇是以人格人的身份作为原告的。这是因为，依照原告的主张，具体情形中遭受了财产减损的是不负义务的市镇财产主体。与之相反，另

---

① 这种请求权在根本上不同于行政法上在作为个人的当事人之间的纠纷中被主张的请求权。因为在这些情形之中，诉讼最终的客体永远是一个行政处分。

一市镇则是以机关义务承担者的身份作为被告的，因为其作为机关义务的承担者应该负担有争议的给付。国家在这些情形中是个人请求权的间接义务人。因为国家将原则上属于自己的特定权利和义务植入特定团体的领域，所以个人请求权的直接相对人不是国家而是公法团体。国家基于统治权力将自己处理相关事务的义务转嫁给相关的团体，国家正是通过这种方式承担了这种义务。

国家承认的教会在公法团体中占据了特殊地位。教会拥有独立的、完全不取决于国家的事务。国家可能以各种不同的方式对待这些事务。国家可能将这些事务视作与国家的目的和目标不再相关的事务，将其等同于非国家性的活动。如此一来，国家至多会对这些事务进行限制或为事务的执行设定特定的条件。在这种情形中，所有的教会行为本身对国家而言都是不涉法的行为。这在国家和教会彻底分离的体制中得到了法律上的体现。任何一个仍然具有意义和组织的教会，对于国家而言都只是私法团体，为社团法所规范。

而在那些将某一教会提升为统治性教会、宣布其为国家教会的国家中，情形则完全不同。在这些国家中完全无法可靠地区分国家任务和教会任务。教会本身是国家统治秩序的一个组成部分。在某些情形中，教会能够获得统治国家的地位；在另外一些情形中，教会可能彻底地臣服于国家意志，沦为治安手段，正如从古罗马的国家教会到约瑟夫主义这段历史所展现的那样。无论国家教会在实践中具有何种形态，确定国家教会的法律标准始终为教规从国家那里获得了统治权力（只要教规能够通过世俗统治权力得到实现）。如此一来，能够凭借外在的权力手段实现的教规获得了间接的国家法规范的属性,以至于这部分教会事务被转化为国家职权。

然而,教会与国家之间的关系也存在第三种可能。国家可能以如下方式承认教会之存在和职能对国家的任务具有重要意义:国家虽然明确地区分国家制度与教会制度,却保障教会之存在和运行。国家可以通过向被承认具有独立性的教会赋予权利并为其设定义务实现这种保障。国家将教会从受一般法律的调整团体中提升出来,授予教会被优待的地位,这种被优待的地位可能表现为消极地位,也可能表现为积极地位和主动地位。由此,国家向教会赋予了权利。国家使教会受到其更高程度的控制,通过这种控制将特定的教会行为与国家的同意和参与连结在一起。由此,国家为教会设定了义务。

凭借这种方式,教会获得了公法团体的身份。但是,还应注意公法团体这一概念的灵活性。[①] 教会是仅仅通过自己被提升了的权利领域获得了公法属性,还是也通过承担被并入其权利领域里的职能身份获得了公法属性,只能具体权利具体分析。在当前的国家中,只有被界定为被动公法团体的教会才符合这种类型。向教会授予更高程度[②]的统治权利会使教会成为国家机关,也会使国家拥有广泛的控制权,并因此意味着教会进入了国家教会的体制。这种情

---

① 辛休斯认为教会是公法团体,因为国家承认了教会的统治权(Hinschius, Staat und Kirche in Marquardsens Handbuch I, S. 255)。但只要国家不优待这种统治权力,它就与从上文定义的私法团体对其成员的权力别无二致。教会独有的权力手段是纯粹道德性的,因此教会的统治与国家的统治完全不同,不能用一个更高阶的概念将二者统一起来。

② 在当今的法律中,教会的统治权只有教会的征税权、批准国立学校宗教讲师的权利,以及针对神职人员的宗教惩罚权力。

形甚至也在那些确立教会为国家职能的被动承担者的国家中存在，例如奥地利那种不设民政局而由教会进行户籍登记的国家。就这一方面而言，教会在这些国家中受到了与其他国家相比更为广泛的控制，教会机关似乎具有间接国家官员的属性。教会被赋予的高权越多，现代国家中的教会机关表现出的国家官员的属性就越强。

为了理解教会针对国家以及教会成员之权利的独特属性，人们必须认识到权利概念的相对性。我们惯于将国家的权利概念与权利概念等同视之，而国家则从自己的立场出发看待其成员的全部权利。因此，对国家而言，只存在主要是为了国家制度而被创设的公法权利和主要是为了个人独自的利益而被创设的私法权利。但如果人们完全抛弃国家权利的立场，以教会的内部制度为出发点进行观察，就会发现另一番情形。以教会自己的标准而非国家的标准衡量，教会的权力及权利表现为远远高于其成员并（以和国家的手段不同的手段）统治着其成员的权力。天主教会甚至认为所有权利都是由教会设定并受到教会控制的权利。因此，存在一种国家意义上的公法权利，也存在一种教会意义上的公法权利。教会权利始终是对其自身而言的公法权利。这种权利对国家而言是否具有公法属性或在何种程度上具有公法属性，取决于国家在何种程度上将教会制度视作服务于国家目的的必要制度，并因此将其作为重要的构成部分纳入自己的制度之中。[①]

[①] 最好通过承认教会法是私法和公法之外的独立法律部门来避免这种永远无法彻底解决的争议。就此，人们只需意识到，此种独立性只是相对的。只要人们从国家法的角度出发，此种独立性就消失了。关于教会法的独立性，参见：Stutz, Die kirchliche Rechtsgeschichte 1905 S. 11 ff.

描绘国家和公法团体之间关系的完全样态不属于此处应解决的问题。出于监管的目的或基于其他原因，国家至少可以在法律中增添关于团体组织基本构成的规定，正如在现代国家中多数种类的团体身上所发生的那样。团体机关的批准和任命、团体决议的同意或撤销、团体的解散、对团体事务的临时管理等构成了众多法律规定的内容，国家通过这些规定规范了它与公法团体关系的具体形态。

第十七章　市镇的公法权利

市镇（Gemeinden）与其他所有被并入国家之团体的不同之处在于，市镇统治着一个区域，是区域性团体。区域是地域上的统治范围。居留在某一区域内的事实足以成为市镇对相关人员之权力的依据，而所有其他团体都只能拥有对其成员的权力。市镇与国家一样，也统治着处于其区域内的外来人。

毫无疑问，市镇只在其区域内行使统治权利，这种统治权利与国家的统治权利性质相同。市镇的统治权利主要体现在地方治安[1]、财政管理[2]以及市镇成员本人的给付义务中，如今也表现在劳

---

[1] 按照各个地方的法律，市镇与地方治安之间有着不同的关系。在奥地利、符腾堡以及一些德意志小国家中（不伦瑞克、萨克森-魏玛、萨克森-科堡以及哥达、施瓦茨堡-宗德斯豪森），所有地方治安都是市镇自身事务范围的构成部分。而在普鲁士、巴伐利亚、萨克森、巴登等国，市镇只能按照国家的委托行使治安权。然而在这些国家中，市镇也享有颁布独立的治安规章以及同意或者参与制定国家治安规章的职权。此外，即使是在国家明确委托的情况下，参与行使治安权也不只具有义务的属性，因为一般不能将市镇部门排除在地方治安公职之外。正如赛德尔论述的那样，一般而言市镇还拥有要求执行此项公务的法律上的请求权（Seydel, St.R. II, S. 30. Vgl. auch Rosin, Souveränität, Staat, Gemeinde, Selbstverwaltung, Sep. Abdr. Aus Hirths Analen 1883, S. 30）。国家也可以在这种体制下设立自己的地方治安部门，但必须为此进行职权的变动。即使是在前一种体制的国家中，此种职权之变动也能通过立法的方式进行。这两种体制在实践中的区别往往会导致这样的结果：在第一种体制之中，国家能够通过立法剥夺市镇的治安事务；而在第二种体制中，国家通过规章即可剥夺市镇的地方治安事务。

[2] 市镇的财政权力是公法性的，与国家的财政权力属性相同。这一（接下页注释）

动者的保障①措施中。在此,有必要讨论一个对上文论述的关于公法团体之属性的原则性观点具有决定意义的问题:这些统治权利从何而来?它们是来自市镇的属性,还是基于权利自身的属性,抑或本来属于国家的权力领域而由国家依据法律移交给市镇,以至于它们表现为市镇所享有的虽由国家赋予却也针对国家的权利?

某些国家的理论和法律习惯使用独立的、自己的、天然的以及被让与的市镇事务范围这些术语。这种表达方式已经对我们要解决的问题作出了先行判断。因此,应首先阐述这些术语的起源。②正如斯坦(L. v. Stein)③和基尔克④所称赞的那样,市镇的独立事务范围之观念并非产生于奥地利,它其实属于"1789年的观念",由法国的立宪会议最先表达出来。⑤

(接上页注释)点毫无争议。即使在某些地方市镇不能通过自己的机关而只能通过国家机关强制征收税费,执行行政强制手段的也只是市镇而非国家。市镇与强制执行官的关系类似于债权人与法院执行官之间的关系。

① Z.B. Krankenversicherungsgesetz § 2, Invalidenversicherungsges. § 24, Gewerbeordnung §142, Gesetz betr. die Gewerbegerichte § 1.

② 下文的历史研究早已由哈切克(Hatschek)进行了详尽的论述[Hatschek, Die Selbstverwaltung (Staats-u. völkerr. Abh. II, 1) 1898, S. 34 ff.]。

③ Die vollziehende Gewalt 2. Aufl. II, S. 283, 322.

④ Genossenschaftsrecht I, S. 744. 也参见:Preuss, Gemeinde u.s.w. S. 228. 在德意志的文献中,只有勒宁指明了对市镇自身事务范围和受托事务范围的区分与法国立法之间的联系(Löning, V.R.S. 181, Note 1)。

⑤ 早在古代政体的统治阶层中,有远见的人士就已认识到市镇的解放是有效重组国家的最重要步骤。在路易十五的时代,达尔让松(d'Argenson)就已呼吁通过重建和扩展古代市镇自由对国家进行重构,参见:Considération sur le gouvernement ancien et présent de la France, Amsterdam 1765, p. 190 sv. 在法国大革命的前夕,杜尔哥针对路易十六提出了《关于地方行政改革的备忘录》(Turgot, Oeuves ed. Daire t. II, p. 502 sv.)。这部著作将乡镇制度作为整个国家的基础。关于这两人在立宪会议的立法活动中的意义,参见:Oncken, Das Zeitalter Friedrich des Grossen I, S. 451 ff. und II, S. 614 ff.

第十七章 市镇的公法权利

法国国民大会的首要任务之一就是对地方行政进行全面改革。与古代政体的官僚主义观念截然相反,法国国民大会将全部内政移交给以完全否定一切历史传统之方式新设的行政区、城区、市政府以及它们所选出的代表,由此迈出了重构国家的第一步。图雷(Thouret)在1789年9月29日的宪法委员会的报告中宣布:地方拥有类似私人事务的自己的领域,在这一层面上的地方与国家的关系如同在私人事务上的个人与国家的关系;市镇自己的事务有立法性的也有行政性的,二者都只能通过市镇的机关进行。①

我们可以在这一论述中清楚地看到国家中不属于国家权力的第四种权力之理论,即市镇权力理论。这一理论不久之后就获得立法者的正式承认。1789年12月14日颁布的法律宣布,被选出的市镇代理机关应履行两种职能:市镇自身的统治职能和市镇代理国家行使的统治职能。② 自身的事务范围包括全部的经济管理和地方治安的各个方面之事务。市镇在这一事务范围内只服从上级自治团体的管理,因为正如这一部分法律的引言所表述的那样,"国家中的大行政区在良好地管理构成大行政区的小行政区上拥有利益"。

因此,市镇自身事务的观念是1789年的创造物。如果人们进一步观察,就会发现,这一观念与法国大革命的全部思想根源有着内在联系。法国大革命勇敢地尝试了将自然法的教义付诸实践。《人权宣言》之目的是在国家和个人之间划定一条清晰的界限,以保障个人自己的、不能被触及的权利领域。如今看来,市镇自主事务

---

① Archives parlementaires I. série t. IX, p. 208. 市镇被直接称为"小国政府"。
② Art. 49, Hélie, Les constitutions de la France, p. 63.

范围的观念不过是自然法思想在团体身上之应用。与自然人一样,市镇也应该拥有基本权利。这一基本权利非由国家创设,而只能由国家承认。这种基本权利不是从统治者的权力领域中推导出来的,而是团体与生俱来的。

在法国大革命的进程中,市镇立法上走上了一条与开端并不相同的道路。针对将国家分解为独立自主的地方行政区的做法,相反的思潮涌现出来。拿破仑的《雨月法》最终使市镇在公法上几乎不再像以前那样表现为国家的行政区域。代表逐级划分的地方团体的、由选举产生的代表人被直接服从中央命令的官员所取代。市镇自主权利基本上被局限在经济管理职能上,但即便这种权利也要服从国家的严格控制。这种法国的市镇体制在很长时期内都或多或少地在许多德意志国家的立法中产生了不利于市镇的影响,并由此产生了这样一种观念:似乎法国的政治理念天然地强烈抵制自由市镇的观念。

在法国之外,法国立宪会议的观念在很长一段时期内都未被遗忘。立宪会议的观念在德意志人民的广泛阶层中唤醒了对市镇自由的要求。斯坦男爵在实践上而非理论上的壮举(只局限于市镇并且在实施中未能实现发起者的意图)并不具有如今普遍认为的直接作用。[1]首先将自由市镇纳入国家蓝图的是立宪主义国家法学的自

---

[1] 尽管普鲁士的城市法对其他德意志国家的立法产生了实践性的影响,但在目前国家法和政治文献中对此鲜有提及。只有达尔曼赞扬他比只会筑碉堡、被称为德意志城市建筑工的海因里希国王更为深谋远虑(Dahlmann, Politik 1. Aufl. 1835, S. 217)。依据新近的研究,法国市镇权力的观念对斯坦男爵也有影响。参见:Max Lehmann, Freiherr von Stein II, 1903, S. 447 ff.

由主义学派。不容否认的是，法国大革命之后在德意志出版并引起广泛关注的首批此类著作在各方面都受到了1789年革命的原则以及复辟时期发展出来的法国立宪主义学的影响。伯顿（Berton）、迪韦吉耶（Duvergier）、潘西（Pansey）、朗瑞奈（Lanjuinais）、凯拉特里（kératry）、迪潘（Dupin）和巴朗特（Barante）构成了坚定地反对波旁王朝继续压迫市镇的前沿阵线，要求重新承认市镇的"一切古老的权利"。① 罗特克（Rotteck）以这些著作以及法国立宪会议的观念为依据，提出如下观点：市镇与家庭一样先于国家而存在。任何大国从根本上而言不过是市镇的联合。市镇的权利绝不是从国家那里得来的，事实上是国家从市镇那里获得了自己的权利，国家应因此受到市镇的绝对限制。真正的市镇在本质上是属于市镇的独立的政治事务之整体。国家不能创设市镇，因为市镇具有与国家相同的本质。市镇不是国家的市镇；相反，因其成员而存在的国家是市镇的国家。因此，市镇必然拥有一个自由和独立开展活动的领域。但在另一方面，国家也能为了共同利益使市镇服务于自己的目的，并赋予市镇一部分国家自己的权力。相反，自由选举市镇的代表人、自由接纳市民、财政管理、地方治安以及自主征税事务则是市镇自主权力最重要之职能。②

　　罗特克学说论述了德意志三四十年代的自由主义思想，其中关于市镇的观点很快就在另一方面获得了流行观念的强有力的支持。1789的观念再一次导致了一部宪法的产生。比利时这一国家正是

---

① Aretin-Rotteck, Staatsrecht der konstitutinellen Monarchie III, S. 27 ff.1818年的《符腾堡宪法》第62条宣布市镇是"国家联合的基础"。

② Ebendaselbst S. 25 f.; Rotteck, Lehrbuch des Vernunftrechts III, S. 469 ff.

以这部宪法为基础于 1830 至 1831 年之间建立起来的，而且比利时国民大会在法国 1789 年 12 月 14 日所颁布的法律的影响下，明确承认了地方权力的存在。这一权力是不依赖任何国家授权而由各级地方享有的自己的权利。《比利时宪法》第 108 条承认了如下地方权利：地方代表的直选、地方事务的管理、代议机关之会议的公开性、预算和决算的公开性。

不久就成为了典范宪法的《比利时宪法》与罗特克学派的自由主义理论一起，先是在德意志，稍后在奥地利，促使人们要求将市镇从不合理之国家强制中解放出来，并承认市镇为自主的公法人格人。这种观念的影响如此巨大，以至于诸如斯塔尔这样的保守国家法学者都不能完全拒绝它，[①]1848 年之前的立法也受到了这一观念之影响。前面提到的所有要素都在 1848 年被付诸实践，自由市镇的呼声激荡在德意志和奥地利的各个地方。以《比利时宪法》为范本，1848 年 12 月 5 日颁布的《普鲁士宪法》[②]、法兰克福《帝国宪法》[③] 和 1849 年 3 月 4 日颁布的《奥地利宪法》[④] 都赋予了市镇在组织、职权以及事务公开性方面的特定的基本权利。这些宪法同时也承认了市镇相对于国家所享有的类似于市民之基本权利的不可侵犯的天然权利。奥地利遵循这一原则，在《三月宪法》颁布后不久颁布了《市镇法》，该法规定了市镇拥有双重的事务范围：一方面是自主事务范围，市镇在遵守现行法律的前提下能够自主安排和决

---

① Staatslehre 2. Aufl. S. 23 ff.
② Art. 104.
③ §181.
④ § 33.

定所有主要涉及地方利益、在市镇的领域之内通过自身力量能够解决和执行的事务；另一方面是受托事务范围，这一事务范围包括了所有服务于公共行政目的的市镇的法定参与义务。①

当我们以前面所获得的法律史之结论为基础研究市镇享有的权利时，就会首先遇到这一问题：市镇事务范围具有哪些法律属性？市镇与国家权力有着怎样的关系？我们只能从现行法出发回答这一问题。依照现行法，如今所有市镇的组织以及职权都是由国家法规定的。市镇行政是以独立于市镇意志的法律为依据的行政。根据德意志市镇法，尽管市镇可以在法律的框架内并在国家监督部门的许可下颁布地方规章，也可以依据法律制定法规，但如今的市镇尚未获得在自由的、只受国家法限制的自主立法这层意义上的自治权。

为了解答上面提出的问题，我们必须研究市镇为行政而使用的手段和力量。它们一方面是任何管理者（私人以及团体）都能运用的精神的、经济的、技术的手段和力量。为达成社会目的、满足社会利益，这些手段和力量在法律的框架下被投入使用。扶贫济困、开设夜校和文理高中、建立敬老院、安装街灯、提供健康的饮用水、保持公共卫生、绿化公园、挖掘运河等活动虽然是公共事务，却不具有公法属性。它们只具有社会意义上的公共性，而不具有法律意义上的公共性。市镇自由选举代议机关的权利、接纳新成员的权利不具有特殊的公法属性。这是显而易见的，因为市镇和任何私法团体都享有这些权利。

---

① Provisorisches Gemeindegesetz vom 17. März 1849 Art. 4.

另一方面，统治权利也可以被运用到市镇的行政事务中。这才是所要解决之问题的核心。解答这一问题似乎是非常容易的，市镇自主事务范围难道不是由法律明确地规定和规范的吗？国家可以根据自身判断以法律的形式限制或扩展市镇事务范围，这一不可否认的事实难道不能表明市镇之统治权利是从国家权力中推导出来的吗？例如，国家通过废除领主裁判权宣布所有司法权均为国家所有，并由此轻而易举地废除了以前的市镇的自主司法权。

还有一种与上述观点相反的可能性：国家不能通过自己的法律创设市镇事务范围，只能通过法律承认市镇事务范围，法律仅仅确认了这种承认的范围。基尔克所奠定的德意志社团理论更进一步主张，市镇拥有自己的、独立于国家的统治权利。① 这种学说认为，任何有组织的团体都基于其不可更改的属性统治其成员。只要人的多数性被整合为团体的统一性，这一统一体的社会意志就必然在社团的职权范围内统治着成员的意志。各种统治层次繁多且相互交叉，它们束缚着个人，并使个人成为相互交叉之组织的成员，因为统治不是国家的特权。在国家之下和国家之外，个人还是家庭、市镇、管辖市镇的专区和省级团体、教会、各种公法团体和私法团体的成员。

为了检验这一学说，我们必须回答一个问题：统治（herrschen）

---

① 持有此种观点的除了基尔克外，还有罗辛、普罗伊斯（Rosin, Souveränität, Staat, Gemeinde, Selbstverwaltung S. 36 ff.; Preuss, Gemeinde, Staat S. 174 ff.; derselbe neuerdings in längeren Ausführungen, Das städtische Amtsrecht in Preussen, namentlich S. 117 ff., 151 ff.）。此外，以前还有不少学者主张市镇权力的原初性，但一般而言，这些主张都没有详细的论证。

到底意味着什么？当然我们的研究只针对如今的现代国家，这些国家依据自己的法制为自己配给权利并确定其成员的所有权利。毋庸多言，过去的情况并非如此。在曾经的时代里无疑存在着独立的、彻底支配人格的非国家性的统治。拥有生杀权的罗马家父、可以将债务人卖到台伯河外的债权人、中世纪以武力夺取自己权利的男爵家族和城市、可以废立诸侯的教会都毫无争议地行使着统治权。这些统治权都不是从当时以狭小领土为基础的国家权力中推导出来的。除了一些残余，这些统治权利如今已近消失，均被国家吸收到自己的领域中了。

尽管如此，如今还存留着非国家团体的独立统治权利吗？

为了准确地回答这一问题，我们应首先研究与国家目的没有任何关系的私法团体，因为我们必然会在这种团体中找到纯粹的、固有的、不依赖于国家权力的统治权力。任何此类团体都能制定自己的章程，在法律的限制下自由地组织，赋予其机关团体权力，确定其成员的权利和义务，为解决内部纠纷设立裁决机构。毫无疑问，团体成员是服从团体权力的。然而，团体为实现其意志所采用的手段至多与非国家性的上级主管对下属采用的手段相同，均为纯粹纪律性手段。所有由团体本身实施的以惩罚为目的的对社团成员之权利的减损都只具有纪律属性。团体所能实施的最后和最严重的纪律手段至多（并非绝对如此！）是开除违反团体内部法的成员。而在另一方面，团体成员也可以随时退出团体。团体只能开除，但不能强留成员。团体没有通过自身权力强制绝不服从的成员履行义务的手段。

市镇的情形也是如此。市镇拥有的自身权力是纯粹消极性的，受到法律极大的限制,其主要表现为市镇能够在特定法定条件下将外地人驱逐出自己的区域。相反,如今市镇权利最重要之基础,即市镇成员的资格,却不是以市镇自身权力为基础的。即使市镇能够通过自主的行政行为将某人纳入自己的团体,由此产生的针对该个人或第三人的公法后果也不是基于市镇的意志,而是以高高在上的国家意志为基础的。市镇成员资格的法律内容完全由法律确定。市镇无权以惩罚为目的像驱逐外地人那样将市镇成员驱逐出自己的区域。毫无疑问,国家能够将市镇成员约束在市镇团体中,所以只有国家才能强制个人履行对市镇的义务,因为将成员约束在团体中就意味着强制其向团体履行义务。因此,属于市镇自主事务范围的治安强制、劳务强制和财务强制都是原本由国家享有的统治权力。假如排除国家通过法律植入市镇的统治权力和强制性的市镇成员资格,市镇就只享有团体的纪律权力,不能将违抗市镇的个人限制在市镇的团体之中,不能使其受到束缚,也不能强制其履行义务,因为只有国家能够将成员约束在团体之中。任何具有强制性的共同体都只能是依赖国家权力、以国家的统治权力为基础的共同体。

如此一来,法国的市镇权力理论和与其基础不同但结果相同的德意志社团独立统治权利学说就都被消解了。法国理论植根于自然法学说。德意志的社团理论通过对中世纪丰富多样的团体事务的历史性研究得出这一结论:随着历史的演进,团体的属性虽然已被国家改变,但没有彻底被改变。社团理论阐述了存在于团体中的社会权力,并认为可以主张这一权力与国家权力具有相同的本质,因为这种理论认为任何团体成员对团体意志的依赖性均以整体对构成部分的统治权利为条件的。然而，无论是法国的理论还是德意志的理论都不符合对现代国家的认识。

只有中世纪的国家受到国家中团体之统治权利的绝对限制。在那个时代，国家的统治权力被剥夺了，无数团体甚至个人都拥有统治权力，以至于国家本身濒临崩溃，例如曾经分崩离析的德意志。对现代国家理念而言，这种中世纪的国家观念永远只能是前车之鉴，所有浪漫主义的法学都不能使其重获新生。

所有国家法上的认识都必须正视伟大的、不可阻挡的、不能被法学的发现所创造出来的历史事实——专制的君主制几乎在整个现今的欧洲国家世界中成功地废除了国家中的团体和个人的独立统治权利。专制君主的严酷统治瓦解了存在于国家和个人之间的多重层级的中世纪社会，并为国家法上同质国民社会奠定了基础。革命以及随之被广泛传播的立宪主义观念不但没有摧毁专制主义在这一方面的杰作，反而在将其引入另一条道路后完善了这一杰作。过去四百年的历史沉浮不断验证着霍布斯的名言：国家是吞噬了其所有成员的原初统治权利的庞然大物。

然而，新时代先进的政治思想和民族国家的自我认识都不能止步于这一结论。争取行使一部分国家权力是我们这个时代被统治阶级政治斗争的核心特征。这一政治斗争最终开启了由国家所进行的统治权力之自我限制和统治权力之委托行使的伟大进程。现代国家以不同于中世纪国家分封诸侯的方式将权利借于人民，这种权利虽然源自国家，却被持续地并入国家成员的权利领域。现代国家创设了市民的主动地位，其目的是使个人参与统治权力的行使，或者使个人具有影响和限制统治权力的能力。国民享有这种权利的方式与中世纪的诸侯享有封建主权的方式截然不同。国民的这种权利不是为了个人的缘故而享有的权利,不是国家单方面意志绝对不能处分的权利,不是只能以条约的形式支配的权利,而是国民作为国家成员依法律享有的权利。这些权利源自国家的共同体属性并受到共同体合法的制约。人们只有作为主动的国家成员、作为可能的国家职能的承担者,才能享有政治权利。

地方团体拥有的统治权力也表现为这种情形。与市民的政治权利一样,这种权利也来自国家并植根于国家成员资格。因为市镇是独立且必要的国家的构成部分,所以国家就赋予其统治权力,使其也能表现为相对于国家的公法权利的承担者。如此一来,市镇就被国家提升为主动的公法团体。但这一地位依据的不是市镇不可改变的性质,而是现代国家的性质。

基于上述认识,我们可以很容易地在各方面确定市镇在国家中的法律地位。市镇与任何国家成员一样都拥有被动地位,它包括被移交的(übertragene)、被强加的(auferlegte)、被委派的(delegierte)事务。市镇应按国家设定的义务履行国家职能。[①] 由此,国家将市镇融入了自己的行政组织,市镇成为国家的一个机关。

市镇拥有消极地位。基于消极地位,市镇可以作出自主决定,在一定程度上决定事务的范围。因此人们对市镇的选择性任务和强制性义务进行了区分。[②] 但相较于私法团体,市镇的消极地位以

---

① 主动权利的要素也可能被包含在被动地位之中(s. oben S. 276 Note 1)。罗辛正确地举出了委托行政的政治意义(Rosin, Souveränetät u.s.w. S. 57.)。

② 勒宁认为这一区分是唯一具有法律意义的区分(Löning, Verwaltungsrecht S. 181),但如此一来,勒宁构建的市镇相对于国家享有的权利(S. 809)就完(接下页注释)

及由此而来的选择性任务都受到市镇公法地位更为严格的限制。由于市镇是国家行政的构成部分，所以市镇不能行使妨碍其履行必要任务的职能。因此，为了保障市镇的行为与国家利益的和谐性，市镇处处受到比私法团体更为严格的国家监管。

关于市镇的积极地位没有什么特别值得论述的地方。相较而言，市镇的主动地位更有研究价值。

通过各种选举权的授予，市镇也能像个人那样被赋予主动资格。市镇能够向更高级的地方团体的代表机关或者国家部门派遣其成员。市镇也能享有议会选举权，因而英格兰的下院在法律上至今不仅被视为人民的代议机关，更被视为地方的代议机关。但在其他方面，市镇的主动地位却与个人的主动地位有所不同。

市镇基于法律享有要求行使统治权利的请求权。市镇的统治权利是出于国家的利益而被赋予的。在特定范围内，由市镇进行统治比由国家机关进行统治能够更好地保障国家利益。然而，市镇进行统治也是为了市镇自身的局部利益。如果市镇拥有治安权力，能够征收地方税费以及要求个人提供劳务，那么市镇拥有这些权利不仅是为了履行其向国家承担的义务，也是为了更好更可靠地实现自身的利益。强制服从市镇权力的市民缴纳之税费不仅是为了完成国家规定给市镇的任务，也同样是为了实现市镇自身的目的。因此，统治权力是市镇为了完成全部事务所使用的行政手段。

由此，市镇要求进行统治的请求权与要求参与国家职能的个人

（接上页注释）全被架空了。即使不考虑这一点，这种区分对于理解地方的情况也是不够的，例如征税权的情形：谁能决定哪一部分税款用于履行市镇的强制性事务，哪一部分用于履行市镇的选择性事务？

请求权相比就具有了不同的属性。个人的请求权只涉及承认和许可。个人基于被实现了的请求权而行使的职能永远是国家职能,因为这些职能的行使仅仅服务于国家利益,而绝不会服务于个人利益。但对市镇而言,不仅请求权,职能本身也是为了市镇的利益而存在的。在被委托的事务范围内,市镇就是国家机关;在自主的事务范围内,市镇行使自己的权利。

凭借这一认识,我们就可以认识到自治(Selbstverwaltung)的法律属性。与几乎所有国家法上的概念一样,这一概念原本是一个政治概念。① 随着研究的深入,自治概念中的国家法因素被逐渐从政治因素中分离出来。政治上自治概念的重点是治理者的性质,其含义为利益相关人自己管理某项公共利益事务。② 相反,自治的法律属性只能蕴于作为服从者的团体职权与国家职权的关系之中。所有在法学上理解自治的尝试都已走上这条道路,但所有这些尝试都不曾阐明自治概念的一个核心要素。它们或是认为地方或者其他自治团体拥有自己的统治权利,却没有认识到普通权力与高级权力或统治权力之间的区别,而审慎的研究表明,统治权力原本只能属于国家;它们或是认为团体的统治权力是从国家统治权力中推导出来的,却没有发现纯粹的行使统治权力的义务与针对统治权力的

---

① Vgl. Laband I, S. 96 N. 1; G. Meyer, S. 346; ferner Löning, V.R. S. 34 ff. 勒宁反对将法学上的内容赋予自治概念的尝试。这一观点之所以不正确,是因为它在根本上反对了所有意在理解当下政治关系法律内涵的国家法学理论。

② Vgl. Gluth, Die Lehre von der Selbstverwaltung S. 39 ff. und namentlich Rosin, Souveränetät u.s.w. S. 50 ff. 罗辛将自治的政治因素界定为与"团体性自治"相对的"市民性自治"。这种二元论在新近的文献中并非毫无争议。哈切克企图证明市民自治是具有法律内涵的(Hatschek, Selbstverwaltung, S. 112 ff.),而普罗伊斯则认为所有自治都是"团体性"的(Preuss, Städt Amtsrecht S. 125 ff.)。

第十七章 市镇的公法权利

权利之间的区别，或者至少没有认识到自治与团体之根本任务之间的目的关系。

只要团体的行政事务，尤其是市镇的行政事务①是为了实现团体目的，并且在这些事务中，团体在国家的监督下依法将国家的统治权力作为团体自己的权利行使，这种行政事务就是自治事务。

法律作为团体统治权的根源以及对团体行政的监督都可以通过这一认识在根本上得到解释：团体的统治权利来自国家的权力领域。市镇在特定的情形下负有的行使统治权力的义务也可以印证这一根源，例如市镇拥有的维持市场秩序的权利在另一方面也是市镇的义务。如果某团体不履行这种义务，那么国家权力的手段最终就会暂时地介入。国家通过自己的机关承担了本应由市镇完成的管理任务，由此可以证明，国家只是出借了自己的权利，而不曾完全让渡自己的权利。因此，自治有其特殊的标志，其虽为团体的一项权利，但团体同时也负有行使这项权利的义务。团体的自由的不负义务的权利不在于是否进行统治，而在于如何进行统治，当然只能在法律规定的范围内进行统治。

国家为了实现市镇的目的将国家的权利赋予市镇的行为是纯粹公法性的，因为国家无疑拥有为了共同利益通过法律途径安排、限制或扩展市镇之自治权限的职权。市镇的任何"取得"权利都不构成对国家意志的限制，但这绝不是说国家可以恣意地对待市镇。必须坚决反对国家法文献中一再出现的对国家自由与国家恣意的

---

① 过去在格奈斯特的影响下，人们对自治和地方管理的认识是非常狭隘的。事实上所有主动公法团体都拥有此处所指的自治权限，这一点已经被广泛认可。

混淆。国家意志的伦理和政治内容是由国家的人民、国家的任务和目标以及特定历史条件下的整个社会状态所决定的。实现国家的目的是国家固有的法律自由,基于这种自由国家才能在历史发展的进程中把握先机或者跟上历史的进程。法律自由是纯粹形式上的自由,决定国家运用这种自由之方式的因素不是法学认识的对象。国家意志也可能受到形式上的限制,但这种限制只能是相对的。我曾一再尝试揭示这一点。如果谁仍然主张国家意志受到绝对的限制,那他就剥夺了国家依靠自己的、自主的法律权力使国家秩序顺应被统治民众之发展的历史潮流的可能性,他就无意识地作出了使国家最终陷入僵化的决定。[①]

由于高级地方团体的产生历史,涉及低级市镇的争议不会在高级地方团体那里发生。大多数的高级地方团体都不是自然形成的,而是由国家创设的。创设团体的行为是出于国家意志本身,因此向团体授予统治权力的行为也是如此。

基于已经获得的结论,市镇的事务范围可以被分为三个方面。首先,市镇与任何团体一样,都拥有专属于自己的任务,例如设立自己的机关、接纳新的成员、管理财务、管理特殊的地方情况所导致的事务。其次,因为在广阔的领土上,只在个人或者团体的行政活动无力完成这些任务的情况下,国家的行政活动才会介入。所以,为了更好地完成那些也为国家利益而存在任务,国家向市镇赋予了应按义务行使的统治权力。此种统治权力在所有地方事务的管理中都有所体现。可靠地区分市镇自身的团体权利和借来的国

[①] 普罗伊斯反对主权观念的观点最终会导致这种后果的产生(Preuss, Gemeinde, Staat S. 100 ff.)。

家权力是完全不可能的，如同在国家的行政事务中，统治权力也表现为行政手段的一种。二者之间的内在区别主要表现为经济性自治与统治性自治的对立，但这种对立并非完全正确。市镇的经济活动也需要统治行为的支持。此外，市镇的经济活动也不能被纳入自治的法律概念，否则所有个人的经济活动都应被认定为自治行为，自治这一概念中所有确切的和有用的内容都被掏空了。① 统治性的行政行为并非市镇管理事务的一个特殊的分支，它是市镇行政事务的一个固有因素。

市镇事务的第三个方面是市镇履行的国家义务，确切地说是对国家行政事务的辅助义务。在此种情形中，市镇行使的不是自身的权利而是国家的权利。市镇在这层意义上成为了国家机关。因此，相关行政任务从严格意义上来说应被视作市镇自身的事务。如果存在一种不为市镇设定义务的国家组织形式，那么市镇的主要事务领域就是市镇能够进行自治的事务领域。

在现今的社会形态中，是否授予市镇此种自治的领域应取决于国家的利益。国家在其制度安排之中践行了这一原则：应使个人和团体自身的活动发挥主要作用，仅在个人和团体的手段不能胜任时，国家才凭借其统治手段和权力手段介入事务的管理。因此，只要国家认为由团体承担某一行政任务比通过自己的权力完成这一任务更好更可靠，那么国家就必须赋予团体必要的行政事务的统治权限。

---

① 如同勒斯勒尔在其时代所做的那样（H. Rösler, Das soziale Verwaltungsrecht I, S. 43 ff.）。

第十八章　国家联合体之成员的公法权利

现在应研究有组织的政治性的国家联合体(Staatenverbindungen)，即我所认为的由国家构成的持续性联合体。它们包括联邦(Bundesstaat)、邦联(Staatenbund)和政合国(Realunion)。

第一节　联邦

联邦是主权国家，它是由非主权国家依据宪法构成的统一体，这些非主权国家参与联邦意志的形成，是联邦国家的成员国。与非主权国家参与形成联邦意志的情形不同，被宗主国统治的诸侯国不能主动参与宗主国的事务。

联邦宪法并未指派联邦实现所有国家目的。联邦宪法通过限制中央国家任务为成员国确定了以国家身份开展活动、通过独立的不源于联邦的统治权力实现国家目的之可能性和必要性。成员国统治着未被联邦占据的领域，因为成员国能够使用自己的、非从他人处借来的权力手段贯彻并执行自己的、非从他人处得来的意志。

成员国是联邦的成员。凭借这一身份其必然能够获得任何人格人基于共同体之成员资格均会获得的各种地位。

成员国服从联邦的权力。这种服从状态所及之处,服从者的人格被排除了,服从者的国家属性也由此被排除了。处于被动地位的个人不是权利主体,只是义务主体,成员国的情形也是如此。剥夺这一领域内的权利能力甚至能够导致成员国丧失其意志能力。这就意味着,不是由成员国通过其机关完成相关的国家任务,而是由联邦国家运用自己的手段和力量完成这些任务。在这一领域内,成员国的国家属性完全消失,它们至多具有担负联邦职能的独立区域性部门之属性,成员国成了联邦管理的区域、市镇联合和省,例如德意志帝国、合众国、瑞士在邮政管理事务上的情形。

联邦职能的第二个领域是不由联邦自己履行而由成员国履行的联邦任务。在这些任务中,联邦的成员国实现的不是自己的意志,而是联邦的意志。只要联邦法律规定成员国负有履行特定联邦职能的义务,就存在这种领域。承担这种义务的程度可能被划分为很多层次。成员国或是有义务施行现有的联邦法律,或是可能在特定的方面被赋予自由。这种自由或是表现为成员国在联邦法的框架下制定特别规范,或是表现为成员国在施行联邦法的方式上获得一定程度的自由。如果成员国有义务按照联邦法律从事行政活动,并且联邦通过自己的监督权限保障联邦法律的实施,那么便是后一种情形。在此情形中,行政事务本身虽然是由联邦赋予成员国的事务,但成员国基于法律也相对于联邦拥有该事务的管理权。成员国在此种情形中表现出与单一制国家中的市镇相同的属性。它们一方面应履行国家强加的义务,另一方面也享有作为国家的法定机关参与国家行政事务的法律请求权。因此,成员国家的被动地位产生了双重的义务。第一种义务是对特定领域内人格剥夺之容忍义务，第二种义务是作为构成联邦的高级地方团体执行联邦职能的服从义务。因此，被动地位赋予成员国双重身份。它或者完全否定了成员国的权利主体资格，使其成为纯粹义务主体；它或者虽然允许成员国保留权利主体资格，却将成员国的资格从国家降为地方团体。因此，被动地位或是剥夺了成员国的人格或是贬损了它的人格。

297　　成员国也拥有一个完全排除联邦权力的领域，即自由地位。与其他服从国家的法人一样，成员国的经济管理事务和在具体的联邦法设定的不同程度的限制范围内自由组织的权力属于这一领域。成员国的自由领域远远大于所有私法团体以及国家中的公法自治团体的自由领域，它还包括那些联邦宪法未加规定的领域。成员国家在这些领域中依据自己的、非由联邦法律确定其内容的决定制定法律，运用自己的、非由联邦授予的统治权力从事行政管理。成员国可以在不受联邦权力支配的领域内主张高权，因此成员国与地方团体具有本质上的差异。地方团体只拥有被授予统治权力，而无自己的统治权力。加入联邦不会使成员国的统治权力被联邦完全吸收，允许在至今完全受到联邦权力支配的领土上建立新的成员国就等于允许新的独立的统治权力之产生。地方团体在其消极地位上是私法权利的主体，而成员国在其消极地位上则是公法权利的主体。地方团体的这种领域虽然也与成员国的这种领域有相似之处，但这种领域对成员国而言主要是公法性的，因为成员国的经济管理权是其固有的国家统治权力，而地方团体则必须通过国家的委托获得这种权力。此外，成员国的机关——恰恰因为它们是成员国的机关——是直接的国家机关，而地方组织程序则因地方机关依据国家法获得的间接国家机关的资格仅仅具有间接的公法属性。当然，成员国的国家机关因其在联邦法上拥有的联邦机关的属性也与地方机关具有相似性。即使在这一方面成员国的国家机关与地方机关之间也存在着广泛的区别，下文将对这些区别进行部分地阐述。

只要联邦宪法没有明确地禁止，成员国家也可以作为国际法上的主体开展活动。只有国家才能拥有的进行这种活动的可能性同样也是成员国之消极的联邦法律地位的内容。

成员国作为联邦的成员拥有第三种地位，即积极地位。一系列请求权都产生于这一地位。第一类请求权是前文阐述过的要求承认的请求权，确切地说是要求承认赋予成员国权利之地位的请求权，即承认联邦法不得干预的国家领域。这一领域包括不作为的请求权和撤销违法扩张服从关系之联邦法律的请求权。要求承认的内容还包括为成员国的利益而确立的针对联邦之作为的积极请求权，以及参与联邦的国家事务的请求权。第二类请求权是针对服务于成员国利益的具体给付之请求权。这种请求权主要是法律保护请求权。该法律保护具有双重属性——成员国内救济和成员国外救济。在成员国内部，联邦运用自己的权力手段维护成员国的宪法，在可能的情况下通过联邦的审理机关裁决宪法争议；在成员国外部，联邦应避免成员国之间的私力救济，以和平和法律的手段解决成员国之间的纠纷。[①] 最后，还存在对抗违宪的损害成员国权利的联邦行为的法律请求权，虽然这类法律请求权并未在各方面被相应

---

① Vgl. Const. of the U. St. Art. IV, sect. 4; Schweiz, Bundesverf. Art. 5, 6; Reichsverf. Art. 76, Straf G.B. §§ 81, 105, 106.

的法律制度予以广泛的保障。这种请求权类似于国家的臣民被行政诉讼保障的请求权。

积极地位还包含哪些内容,只能在具体的、不断变化的联邦法律中探查。深入地阐述这一地位的内容不是一般理论的任务。然而,大部分被认为属于积极地位之基本内容的请求权都不具有这种法律属性。如果德意志帝国的成员国被赋予了要求保障其福利的请求权,并且所有帝国的行政机关都服务于这一请求权,[①]那么这种做法显然混淆了客观法之反射作用和主观权利。必须首先通过一系列法律和成员国条约在内容上以及范围上确定此种由帝国行使的职能。任何一个服从国家之人格人的主观请求权都不能以颁布法律和缔结国家条约为内容。客观规范能够使法律受到法律的约束,也能使立法机关负担立法职能的义务,但永远都不能由此产生一个法律服从者的个人请求权。不仅基于一般的国家法原理,即便从事理出发,在法律上实现这种请求权也是绝对不可能的。因此,任何德意志帝国的成员都不享有要求颁布促进其福利的帝国法律[②]的请求权。一项要求帝国按照法律为了成员国的利益进行给付的请求权之存在,只有基于已被颁布的法律本身,但这一请求权完全不依赖于作为该法律之基础的促进福利的目的。帝国立法和帝国行政的客观规范为:应该为所有成员国家的平等利益开展帝国立法

[①] Laband I, S. 103(参见该页注释 3。在此处,拉班德对我的观点有所妥协), H. Schulze, Deutsches St.R. II, S. 12.

[②] 如果帝国宪法含有在成员国提出提案的情况下制定法律的规定(z. B. E. G. z. Ger.Verf.G. §§15, 17),那么提案只是制定法律的条件,而不是实现相关成员国在法律上应被满足的请求权的条件。

第十八章 国家联合体之成员的公法权利

和帝国行政。与所有的行政行为一样，帝国的行政行为也应服务于共同利益。但当下业已明了的是，这种行政行为有益于成员国的结果主要是客观法的反射和帝国的自由国家行为。

因此，只有在成员国的个体利益本身被明确地承认且成员国凭借被赋予的法律保护请求权能够主张这一利益的情况下，才存在一个以给付为内容的主观请求权。这种请求权只能是成员国以公法为基础要求德意志帝国进行经济给付的请求权。此外，鉴于成员国在帝国宪法中的积极地位，其法律保护请求权极不完善，以至于在可能情况下极难区分法律的反射作用和法律请求权。如果按照事理无法在数量和质量上确定以给付为内容的请求权，那么就无法确定一个具体的请求权。通常被列举在国家权利列表中的针对外国的外交保护请求权和军事保护请求权就属于此种情形。这种所谓的权利是比照个人要求国际法上之保护的请求权创设的，此种保护不过是国际法所承认的帝国的自卫行为，因为任何外国对某个德意志成员国的侵犯都不只是对成员国的侵犯，也是对帝国本身的侵犯。

最后，联邦的成员国还拥有要求参与形成和行使联邦权力的请求权。这是认定是否存在一个独特的、作为原则上权利平等的成员国家之联合的联邦的根本标准。联邦的成员国拥有主动地位，它现在两个不同的方面。在那些成员国在被动地位上具有地方团体属性的联邦中，成员国基于这一身份，拥有要求承认其联邦法上的地位以及所有由此产生的所有请求权的请求权。在所有的联邦中，成员国作为国家都拥有要求机关资格的请求权。确切地说，这一请求权类似于个人源自其主动市民地位的、要求承认其作为国家职能之承担者的请求权。对成员国而言，这些职能不是成员国的职能而是联邦的职能，并且职能的主体也绝不是成员国而永远是联邦。① 在联邦参议院拥有六票表决权的不是巴伐利亚政府本身，而是作为帝国机关的巴伐利亚。作为成员国的巴伐利亚根本不能对完全处于巴伐利亚的国家职权范围之外的事务进行有效的表决。帝国宪法规定普鲁士的君主在帝国元首机关的身份上使用德意志皇帝的头衔，如此一来，成员国的权利和联邦的机关资格之间的区别就通过头衔这一外在形式得到了体现。事实上，成员国拥有的作为帝国机关的主动资格和成员国自己的权利之间的关系也是如此。② 因此，联邦参议院是一个不能被等同于成员国家的政府之总和的机关，③ 联邦参议院代表着成员国政府的统一体。如果用卢梭著名的术语来表达，联邦参议院的意志就是公意，而非所有意志的总合。如果

---

① 梅耶为反对拉班德（Laband I, S. 92 ff.）而提出"帝国权力的承担者不是各成员国，而是各成员国的政府"之主张，在国家法上是没有任何根据的（G. Meyer, St.R. S. 430; Laband I, S. 92 ff.）。政府的所有权利都是其国家的权利。一项不以国家为主体的政府之特别权利是不可想象的。否则，人们必须将国家撕裂为两个不同的主体。因此，无论将国家称为帝国成员，还将政府称为帝国成员，在结果上并无不同。国家只能通过其机关进行活动，因此也只能通过其机关参与帝国权力。作为主体的政府只能意味着通过政府实施行为的国家。梅耶用联邦参议院中无代表席位的劳恩堡证明其观点是不能令人信服的。因为劳恩堡在联邦议院的全体大会上根本没有议席。

② 拉班德认为联邦参议院具有双重属性（Laband I, S. 214 f.），它一方面有助于成员国行使和主张其成员资格权，另一方面作为帝国机关发挥作用。这种成员资格权完全植根于帝国的组织结构，并毫无例外地赋予各成员国作为帝国机关行使职权的能力。

③ 拉班德的观点可以体现出对于这一重大事实的错误认识会导致何种后果（Laband I, S. 220.）。他认为成员国无权利也无义务为帝国行动。对于他而言，联邦参议院作为一个整体自然是一个帝国机关。但是人们依据他的观点必然得出这一结论：共同构成帝国机关各成员国的意志既是独立的人格人的意志，又是机关的意志。

第十八章 国家联合体之成员的公法权利

成员国政府被授予了要求承认其帝国权力承担者之资格的请求权,并以成员国政府的身份成为帝国的统治机关,那就意味着德意志联邦被消灭了,取而代之的是一个邦联。因为,在此种条件下联邦参议院就不再是帝国的机关,而是各个德意志国家的机关,其在法律构造上与以前的邦联议会没有区别。①

同理,合众国参议院也不是美利坚各成员国的共同机关,而是联邦的机关,尽管通常它被认为可以依据各成员国立法机关的指令开展活动。② 同样,瑞士的参议院也是瑞士联邦的议会机关。即使成员国在其立法会议或者全体会议上决定修改宪法,或瑞士的联邦州要求进行全民公决或者对宪法修正案进行表决,③ 它们也是作为联邦的机关而不是作为独立的人格人进行活动。因此,相应的联邦宪法规范规定的不是主观权利,而是联邦的机关职权,所以是纯粹的客观法。具有主观权利属性的只是成员国要求被视为联邦机关的请求权,依据这一请求权,应承认它们的联邦机关的承担者资格并许可其行使宪法职能和职权。

成员国的联邦成员资格在各方面都是一种纯粹的地位,因为这

---

① 这一观点不是就联邦参议院中的表决和州法律之间的关系而言的。对帝国而言,成员国政府以何种方式向成员国代表作出指令是无足轻重的,只有基于指令在联邦参议院中进行的表决才是涉法的(vgl. Laband I, S. 224 ff.)。梅耶认为(G. Meyer, St.R. S. 431 Note 10; vgl. auch H.Schulze, Deutsches St.R. II, S. 52; Zorn I, S. 132 ff., 168 u.a.),这种指令在州法上不应取决于州议会的同意,因为在联邦参议院中拥有议席的只是州政府。这一主张并不正确,因为州议会不能通过其立法活动共享君主的代表权。从梅耶的观点出发,人们同样可以主张议会对国家条约的批准行为侵犯了君主在国际上代表国家的权利。

② Vgl. Rüttingmann a. a. O. I, S. 172.

③ Schweizer, Bundesverf. Art. 89, 121.

一资格完全独立于其此刻被赋予的具体内容。一切内容上的变化都不能改变成员国和联邦之间的固定关系，但这些内容却与所有公法规范一样受到主权国家独有的绝对支配。即使内容的改变需要成员国的同意，这种同意的性质也只是提高修宪难度的一种形式。联邦的职权只受到自己的目的、自己的权力和自己的法律形式之限制。在规定其成员国的成员地位上，联邦不受绝对的法律限制。如同在任何公法领域中一样，联邦法中同样没有"取得"权利的容身之地。成员国的成员国身份永远不能摆脱联邦改变权利和地位之意志的影响。①

在成员国的国家领域所及之处，即在成员国的消极地位上，成员国之间以及成员国和联邦之间的关系都是国际法上的关系。这意味着，成员国的条约是在这一领域内规定双方权利义务的形式。在某些方面被剥夺的成员国的国家属性由此得到体现。因为在单一制国家中，不论是国家与其组成部分之间，还是国家的组成部分之间，一般而言都不能缔结以国家职权为对象的条约。在宪法的框架下，成员国缔结条约的权利是完全自由的，是国际法上的权利，只是条约履行的保障具有不同于国际法的形式。联邦作为一个和约联合体拥有处理成员之间纠纷的审理机关。审理机关的判决在保障条约的实现上排除了国际法手段的适用，并且只有联邦才有权对第三国使用武力。

成员国的特别权利。美利坚和瑞士联邦均以成员国权利的绝对平等原则为基础，但在德意志帝国的宪法中却存在着成员国在联

---

① 参见我的论述：Staatenverbindungen S. 304 ff. und Staatslehre Kap. XXI.

邦地位上的不平等。这种不平等具有两种形式。它或是表现为对成员国的消极地位的优待，或是表现为某个成员国享有的与其他成员国不同的机关地位。消极地位的优待体现为某成员国比其他成员国更少地承担对帝国的服从义务。该成员国的国家领域较大，与此相应，该国要求承认这一领域的请求权也具有更为广泛的内容。①第二种不平等是作为帝国机关的成员国的不平等。例如，在联邦参议院中，成员国作为帝国机关拥有数目不等的表决票、个别成员国依据宪法对联邦参议院常设委员会的参与、普鲁士国王作为德意志皇帝这一机关在帝国宪法上拥有的职权、巴伐利亚的外交官代表帝国的外交官拥有的职权。所有这些权限不是意味着成员国的特权，而是意味着相应的帝国机关被提升了的职权。

这一认识也具有一个重要的实践上的后果的产生。《帝国宪法》第78条第2款规定："经成员国同意方可修改帝国宪法中关于成员国在成员国与联邦之间的关系中享有之特定权利的规定。"按照正确的理解，这里所指的权利只能被理解为第一类的权利，而非第二类的帝国宪法上的职权。任何关于帝国之组织的宪法修正都只需以普通的宪法性立法的形式进行。② 相反，改变和撤销特权应通过一个特殊的宪法修正形式进行，必须征得作为帝国机关的享有特权的成员国对宪法修改的同意。

---

① 在某些情形中，也存在对个别成员国积极地位的优待。例如，巴伐利亚依据1870年11月23日条约之最后议定书第8条，享有要求合理补偿其外交人员花费的请求权。

② Vgl. G. Meyer, St.R., S. 594 ff., Zorn, a. a. O. I, S. 92, Anschütz in der Enzykl. S. 520 f.; Ed. Lönig, Grundzüge der Verfassung des Deutschen Reiches 1901 S. 42. 与之相反的观点都是基于将政府理解为联邦参议院部分机关的错误认识。

除了宪法规定的特权,还可能存在通过其他方式(通过法律和联邦参议员的决议)产生的个别成员国的特殊地位。[1] 即使在这一方面帝国也与其他联邦不同。在其他联邦中,基于特殊的法律规定变动成员国的地位是完全不可能的,或者只是罕见的例外情形。[2]

第二节　邦联

邦联是条约建立的、具有持续政治目的和持续性联合组织的国家联合体。邦联在联合起来的国家之间建立了一种联合关系,但并未创设高于各国的统治权力。因此,在邦联中保有主权的国家基本上不具有被动地位。邦联义务其实是国际法上的义务。也就是说,它们不以更高级权力之命令的约束性为基础,而是基于对源自国际联合体之性质的、平等地规范所有国家的、通过国家权力的自我限制实现的规范的承认。邦联成员不是在服从地位上而是在受限地位上承担邦联义务。后一地位虽然与前一地位具有相似性,却在其法律结构上与前者有着本质上的区别。免于邦联义务的自由和对邦联的请求权也具有与消极地位和积极地位的相似性,但这些自由和请求权都表现为针对全体邦联成员的请求权。这些请求权与其他国际法上的请求权的不同之处在于,它们不是源自国际法上的个别义务的总和,而是源自一个总括的义务。基于邦联条约,所有邦

---

[1]　拉班德基于一个非国家法上的推理认为《帝国宪法》第 78 条第 2 款的规定也应对其适用(Laband I, S. 105 ff.)。梅耶恰当地反驳了拉班德的观点(G. Meyer, S. 594 Nr. 19)。

[2]　这种例外见于《瑞士联邦宪法》第 30 条第 3 款、第 4 款。

第十八章　国家联合体之成员的公法权利

联成员都对邦联全体承担邦联性的作为和不作为义务，而邦联全体也对每个邦联成员承担同样的义务。邦联成员的参与形成邦联意志的权利与主动地位也有相似之处，但这一权利与联邦成员国要求承认其作为联邦机关承担者的请求权有着本质上的区别。邦联中邦联权力的承担者不是一个较高整体的机关，因此未被剥夺人格。事实上，邦联成员是以国家身份去参与邦联之集体意志形成的。在德意志邦联的时代，作为主权国家的奥地利、普鲁士、巴伐利亚等国，不是通过立法而是通过条约作出不高于各国意志却表达了各国之共同意志的邦联决议。① 因此，所有对邦联法的基本规定的修改都需要邦联成员一致同意，但依据有效的基础条约可以采用多数表决原则，这与私法团体中的情形相类似。然而，在实践之中也可能存在与联邦极为近似的表决形式。因为邦联不是权利主体，所以当邦联成员以整体的名义行动时，邦联成员依然具有权利主体的属性。整体的法律人格必然剥夺机关的法律人格，但在整体只是人格人的联合体的情形中，整体本身不具有人格。

基于联邦的属性，联邦中的个人拥有双重资格，它们分别被联邦权力和成员国权力赋予。而在邦联中，个人只可能具有单一的资格。即使邦联条约规定了邦联权力对个人的直接统治权，这种统治权作为邦联的成员国的产物也只能从各国的权力中获得正当性。

---

① Vgl. meine Lehre v. d. Staatenverbindngen S.177 ff. 翁格尔（Unger, Jahrbücher für Dogm. XXII, S. 220 N. 30）正确地反驳了与我观点相反的布里的邦联人格理论（Brie, Grünhuts Zeitschr. XI, S. 43 ff und Theorie der Staatenverbindungen S. 83 ff.）。此外，还参见贝尔纳茨克对具有集体统一性团体的论述（Bernatzik, Archiv S. 228 ff.）。在此，我必须停止对国家联合体学说中争议问题的深入研究。

邦联之成员国的权力可能联结在一起,但对臣民而言,它们不会融合成一个统一体。

第三节 政合国

在如今以及未来的国家世界中,政合国是建立在条约基础上的、由两个或者多个君主制国家结成的一种持续的政治联合体。这些君主制国家的统治者是同一个自然人,可能还因此存在统一行使主权的规定。① 在其他的国家联合的形式中,不存在一个国家机关被其他国家赋予资格的情形,而这一情形却是政合国的法律核心。在政合国中,任何成员国都拥有要求其他成员国以相同方式向其君主赋予资格的请求权。在联合程度较深的政合国中,还存在要求赋予共同机关同等资格的请求权。共同机关的共同性在于相同的机关之承担者为同一自然人。机关承担者是同一自然人这一特性体现了政合国特有的政治效果。此种同一性只能基于宪法和法律之规定产生,这些内国法的规范保证了约定的机关承担者之同一性。因此,政合国中存在一个要求其他成员国在国家法上进行立法活动的请求权,这是政合国的本质特征。这种源于条约的法律请求权主

---

① Vgl. Staatenverbindungen S. 211 ff. 布里和迈耶认为,基于帝国的意志可以在将来被升格为国家的帝国区域和普鲁士之间构建一个政合国(Brie, Grünhuts Zeitschr. S. 53 N. 156; O. Mayer, Deutsche Juristenzeitung 1905, S. 372)。这种观点是完全错误的。帝国没有职权无视两个国家的意志而将二者联合在一起,因此在这种情况下只可能存在君合国。我已经强调过,以前存在其他可能导致政合国产生的原因,但我认为在过去的封建领主关系和现代的国家关系上构建一个国家法上的上位概念是徒劳无功的经院哲学的做法。

要通过宪法规定得以实现。因此，乍看之下，政合国似乎是国家法上的联合，而不是国际法上的联合。但是通过法律分析可以发现它最初应是国际法上的联合，因为政合国以拥有主权、互不从属且在联合中保留了独立性之国家的条约为基础。这一请求权也体现出政合国与邦联之间明显的区别。在由君主制成员国构成的联邦中，成员国拥有要求承认其君主为联邦机关的请求权，而在政合国中存在的却是要求承认某一成员国的君主为另一成员国的机关的请求权。当然，除了这些请求权，还可能存在其他与邦联国家的请求权相似的请求权。

在政合国与邦联中，成员国基于和约联盟的联合体属性拥有要求互不侵犯的请求权。任何联合条约都必然包括放弃国际法允许使用之强制手段的条款。也就是说，在双方交往中放弃使用超越了纯粹报复性措施的私力救济手段。国家联合体在违抗自己的成员国身上贯彻国家联合法的意志时，不能使用国家在不服从的臣民身上施加的手段。即便在联邦，情形也是如此。在这种情形中，司法的执行往往不能发挥作用，联邦权力没有国家相对于市镇代表机关享有的废黜政府、解散议会的权利。因此，通过军事权力手段进行的联邦权力的联邦执行（Bundesexekution）是一种独特的强制手段。国际法上虽然也存在类似的手段，但却具有与之完全不同的属性，因为这种手段的运用在联邦中一般是由宪法规定的。因此，成员国的违法行为是执行的原因，以强制手段恢复合乎联邦法律的状态是执行的最终目的。

邦联的情形与之相似。因为邦联的成员保留了主权，所以将一个成员从邦联中开除的执行手段（尽管可能是违反邦联法律的）有可能演变为国际法上的战争。相反，在联邦中执行者和被执行者之间的事实上的权力关系则可能导致内战。对于联邦而言，内战的最终目的是使对方重新服从联邦法律，也就是回复到战前状态。任何对重新服从的成员国之战前地位的改变都只能通过联邦宪法本身的改变得以实现。① 在政合国中，由于统治者是共同的，不存在任何形式的一个国家针对另外一个国家的直接的强制手段。② 政合国中一个国家能对另一国家实施的手段最多是报复性措施或保留应给付的款项。在政合国中，调停是解决联合法上纠纷的唯一可能的方式。只有在违反联合法、解散政合国时，例如一个国家拥立了不同的君主，才可能存在关于恢复政合国的纠纷。然而这种纠纷是国际法意义上的战争，并会导致所有战争后果的产生。

---

① 美国南北战争就体现了这种情形。在战争结束后，反叛国又重新服从了所有联邦的宪法性法律。

② 在君合国中也不可能发生成员之间的战争(Jellinek, Staatenverb. S. 87)。布里和霍尔岑道夫所设想的君合国成员之间的战争只存在于法学概念的世界中(Brie, Grünhuts Zeitschr. S. 21; v. Holtzendorff, Handbuch des Völkerrechts II, S. 226 N. 5)。乌尔曼对文中观点也持赞同意见(Ullmann, Völkerrecht im H.B. des öff. R. 1898, S. 44)。

第十九章　国际联合体中的国家权利

尽管关于国际法的文献已经非常丰富，但关于国际法之法律基础的认识仍然极不明确，甚至是混乱的。至今仍缺乏对国际法上之主观权利的清楚和深入的研究。如不正确认识这一问题，人们不仅无法在理论上认识国际法，也很难在实践中解决疑难问题。

关于国家权利的主流学说未加辨别地接受了 18 世纪全面发展出来的古老的自然法学派之人格人的绝对权利（absolutes Recht）和假定权利（hypothetisches Recht）的理论，而完全没有思考绝对人格理论的内在正当性。在所有其他法律领域内，人们早已发现"权利主体与权利和义务之创设都是基于一个先于实在法并主宰着实在法的法律秩序"这一教条是站不住脚的。然而在国际法中，古老的自然法学派仍然大行其道。自然法的狂欢虽然偶尔被"国际法的否认者"粗暴地打断，但总会立刻重新上演。

我将尝试认识国际联合体（Staatengemeinschaft）中的国家之主观权利的基础和种类。这一尝试在主观公法权利的体系之中是不可或缺的。这一研究的出发点一方面是国家的性质，另一方面是国际联合体的属性。①

---

① 海尔伯恩对我接下来的论述进行了深入的、肯定的批判性研究（接下页注释）

站在法学研究的立场上,国家在我们面前表现为一个建立在领土上的共同体。服务于统一、持续、特定目的之国家组织使国家表现为法律意义上的人格人。这个人格人必须在各个方面拥有自己的统治权利,方能以国家身份存在。也就是说,它必须在法律上独立地进行统治。此处仅以主权国家为研究对象。一般而言,国家享有主权。也就是说,国家不服从任何更高级的权力,只由自己的意志决定并通过自己的意志承担义务。因此,主权国家不可能加入一个更高级的具有独立意志的组织体。

然而,基于以单个国家自身手段无法单独完成的任务,基于历史中作用着的力量,主要是基于超越国界的共同文化,文明国家均置身于通过相互间的不断交往表现出来的国际联合体中。[①] 国际联合体建立在共同文化和共同利益的基础上,其产生由历史的总体发展决定,不取决于单个成员国的自身意志,正如国家的持续性存在不取决于个人以此为内容的意志。不能从单个国家的性质之中推导出国际联合体,正如不能从孤立的个人之性质中推导出国家。对于文明国家而言,国际联合体是一个法律属性亟待研究的既定事实。

我们将有助于实现多数人追求的、持续的、必要的、共同目的的组织称为联合体(Gemeinschaft)。联合体概念的核心是追求着无法由个体的孤立意志实现之目的的人格人的群体。共同体

(接上页注释)(Heilborn, Das System des Völkerrechts entwickelt aus den völkerrechtlichen Begriffen 1896 S. 306 ff.)。

① 普罗伊斯引人入胜地阐述了这一问题(Preuss, Das Völkerrecht im Dienste des Wirschaftlebens)。

(Gemeinwesen)是联合体的下位概念。共同体是一个有组织的、拥有高于其成员之独立意志的联合体。国际联合体不属于这一下位概念，它不是共同体，而是联合体。毋庸多言，单个文明国家必然是国际联合体的成员。现代国家必然拥有主权，但主权不能使国家自给自足。国家享有最高权力，但这并不足以创造一切国家之所需。因此国家需要一个既不统治又不被统治的事物——国际联合体。

只有当成员之意志由共同目的决定时，联合体才可能存在。这种决定性或产生于更高级之权威机构的命令，或产生于对特定的、服务于共同利益的作为或不作为之必要性的承认。统治者的命令和承认是法律最终的形式上的渊源，并且因为统治者命令之效力最终也是以承认为基础的，所以承认是所有法律规范之效力的共同基础。

国际联合体中不存在统治者的命令，却存在着规范。这些规范一方面使国际联合体的存在成为可能，另一方面为联合体的发展提供基础。因此，它们是实质上的法律。通过承认，它们被提升为对各国有效的法律。

对法律规范的承认是联合体的所有成员被联合在一起的前提。通过对服务于共同目的之共同规范的承认，事实上的联合体成为了法律意义上的联合体。

这种承认具有习惯上的承认和明确承认两种形式。习惯上的承认或者表现为未经事先约定的、在现实中被践行的规范，或者表现为在个别国家之间的条约中反复出现的相同条款。而明确地承认一个规范为国际联合体之客观法，则以将该规范约定为缔约国未来之行为规范为条件。这种协议就其性质而言不是条约，因为其创设的不是缔约国之间的法，而是超缔约国的法。这就是说，其表达了一种共同的法律信条，其非为双边的法律行为，而是不可撤销的共同意思表示。这种协议包括《巴黎海战宣言》《日内瓦公约》《圣彼得堡宣言》和《柏林会议总议定书》，它们都是不附期限的、不可终止的。违反此种协议的行为使其他共同缔约国获得了对违约国宣告约定对其失效的权利。①

314　　因为国际法上的规范并非源于在法律上超越国家的渊源，所以国家在国际联合体中获得资格的方式与个人在国家中的方式不同。不存在需要国际联合体承认的国家地位，因为国际联合体不具有法律人格，无权利能力和行为能力。国家的所有权利和义务都是所有国家针对所有国家的权利和义务。也就是说，它们是源自客观国际法的权利，而非个别国家之间特别约定的内容。

如此就产生了一种假象：人们时常听到的"国家和国家之间的双边关系与个人和个人之间的相互关系是相同的，因此应该按照私法去理解国际法"的主张似乎是基于一种不可动摇的事实。深入的研究却表明，国际法即便在形式上也不是国家之间的私法。尽管它与私法有某些相似之处，但其具有完全的、鲜明的公法属性。尤其是国际法上的一般规范创设的不是国家的私法权利，而是国家的公

---

① 因此可以对违反协议的国家采取制裁措施。如果这些举措实现了其目的，那么被违反的规定自动恢复对所有缔约国的约束力，绝对没有必要作出新的约定。最近出现的一些重要的协议（例如《伯尔尼公约》和1899年的《海牙公约》）虽然规定了缔约国退出协议的可能性，但异于常规的是，这些协议在有缔约国退出的情况下仍对其他缔约国继续有效。

法资格，以及以这些资格为基础的请求权。

主观公法权利的形式标准在于，它不是承认一种业已存在的天然行为之可能性，而是创设一种新的行为之可能性，其内容不是可为，而是能为。所有源自客观国际法的规范，只要它们不是对国家之行为能力的单纯限制，便都是这种授予权力的规范。这种规范必然以一个国家对其他国家享有的请求权为内容。因为这种请求权不受一个更高等级之权力的保障，所以它只能通过所有国家的承认获得法律上的保障。非天然的、被法律赋予和承认的能为构成了所有主观国际法权利的内容。严格地说，在国际法中根本不存在许可这一范畴，因为许可以一个有禁止能力的权力为前提。既然在主权国家之上不存在具有禁止能力的权威机构，那么也就不存在能够对主权国家进行许可的机构。一个国家只能被另外一个国家授权和拒绝，却不能被许可和禁止。人们也不应将国家之间的相互授权理解为国家相互承认彼此的天然行为自由，因为天然的行为自由只有天然的界限。对于国家而言，此种界限是其他国家的权力。当然，此种权力并不一定是有形的权力。只有实际结果才能表明，在具体情形中是否存在天然的行为自由。尽管受到法律的重重限制，战争依然是不受任何法律评价的有形权力。在国家间的法制中，授权和承认是唯一可使一个国家对另一个国家的请求权获得依据的法律形式。即使表面上在国家之自主决定中存在着对另一个国家的许可，事实上这也只是授权，而非许可。相反的观点必然会认为，任何一个国家都有谋求成为世界统治者的天然的行为自由，能够阻碍国家实现这一企图的只有国家对禁止这一行为之国际法的承认。

所有国际法上的请求权都是公法性的，因为它们是由承认国际法的国家意志创设的，都毫无例外地表现为要求承认或授权的请求权。

权利只能在权利主体之间存在。因此，任何国家都必然针对其他国家享有要求承认其为权利主体的请求权，也就是承认其人格的请求权。确切地说，承认国家为国家性权利主体也就意味着被承认的国家行使着一个国家必要的所有职能。这种承认包含着对一种自由领域的承认，这一领域是不受其他国家妨碍或影响的事务领域。对其他国家而言，这种承认使一个国家从纯粹的权力实体提升为国际联合体的成员。尽管一个国家实质上可以在特定条件下要求另一个国家的承认，但承认在形式上始终是一个国家的自由行为。通过形式上自由的承认，任何国家都相对于承认它的所有国家被赋予了资格，因为这种承认意味着一个国家相对于其他国家表现为特定权利和义务的承担者，并因此被赋予了为自己的利益要求其他国家为或不为特定行为的能力。

承认只涉及国家本身，也就是说国家被承认为国家。国家的所有行为也由此得到完全的承认，只要它们不触及其他国家的权利领域。表面上看，直接产生于国家的性质和目的的职能被提升为国际法上的国家权利。对此种所谓的权利的深入研究却表明，它们类似于国家中的个人的各种自由权，其作用只是在于限制和否定统治权力。人们拟定了一个国家在国际法上的基本权利清单，但这不过是一种同义反复。这个清单只能表明，国家拥有作为国家的权利，基于对国家的承认，任何国家都没有妨碍另外一个国家履行其必要职能的权利。主权、领土主权、自卫的权利、要求尊重的权利、对等交往的权利都是这一清单上的主要内容。所有这些所谓的权利展示的不过是不受限制性的国际法规范，以及由此产生的请求权干预自由领域的具体方面。这一自由领域可以被近似地视为处于相互关系中的国家在国际法上的自由地位。因此，确定此种准地位（Quasi-Status）的法律内涵是一种徒劳。这种努力不会有成效，即便有成效，也只具有举出被禁止的人类行为的微乎其微的科学价值。在国家法的科学研究的初始阶段，人们曾进行过这种尝试，但如今谁若重复莫尔式的尝试，全面地阐述国家法所确定的人之自由的全部内容，只会贻笑大方。① 在国际法的体系中，有人可笑地从国家的独立主权中推出"未经相关国家许可，外国公证人、医生和助产士不得执业"的结论；② 更有人从自卫权利中推导出国家帮助国民对抗瘟疫的权利和建筑碉堡的权利。③ 此外，通常不能可靠地将各种国家请求权归入某个古老的自然法范畴。由此可知，列举这些请求权是毫无法学价值的。例如④ 人们能够同样确定地从自卫权利、主权权利以及对等交往权利中推出禁止伪造外币的禁令。

---

① 参见莫尔关于思想自由内容的论述（Mohl, Württemb. Staatsr. I, § 72）。从莫尔的这一阐述中可以推出，可以要求一个在剧院里违背观众意志、打断音乐演奏和戏剧演出的讲演者保持沉默，但当每个人都愿意听他演讲时，则不能要求其保持沉默。

② Rivier, Lehrbuch des Völkerrechts 2. Aufl. S. 228. 同样还是在这个作者的著作中（Rivier, Principes du droit des gens, I），对外国助产士执业禁止的推导先是基于与国家自卫权相关的领土权利，而后又基于国家的独立主权。遗憾的是，有趣的违反国际法的接生问题却未被提及（Vgl. Heffter-Geffcken, Das Europ. Völkerrecht § 29 N. 2）。

③ v. Holtzendorff in seinem Handbuch des V.R. II, S. 54; F. v. Martens, Völkerrecht übers. Von Bergbohm I, S. 294, Rivier, Lehrbuch, S. 227.

④ 加赖斯从自卫权利中推导出了禁止外国入侵领土和干预司法独立的禁令（Gareis, Institutionen des Völkerrechts 2. Aufl. S. 93）。这种司法独立性被加赖斯称为特殊的基本权利。稍后，他又从要求尊重的权利中得出了不得侵犯边界的禁令，因为"对国家的尊重必然涵盖领土主权"。试问侵犯边界到底触及了哪项"基本权利"呢？

只有国际法规定的对主权性人格人在相互关系中的行为自由之限制才是涉法的。具有国际法意义的不是国家的自由,而是对自由的限制。因此,所有对"国家基本权利"的研究、主张和鼓吹在法学上都可以被归结为这样一句话:除非基于法律规定,任何国家都不能在法律上向其他国家要求什么或合法地强制其他国家做什么。任何具体的国际法问题永远是对这一问题的判断:有益于他国的对国家自由的限制在特定的情形中是否合理。虽然有人从基本权利①中推导出要求某国为他国利益进行直接的积极给付的特定的请求权,但这是一种过于随意的做法。因为从对国家自身的承认之中,也就是从对国家作为单个的国家人格人的承认之中,②只能推出要求他国不作为的请求权。

因为国际法上的承认之对象不是国家行为的某个特定内容,而是确定行为内容的自由,所以任何形式的有利于第三方的对行为自由之限制在国际法上都不是毫无约束力的。任何对国家职能的行使的广泛限制或放弃都能基于国家的处分能力产生。这种处分能力是应予承认、不受妨碍且只能基于对第三方利益之照顾才得以

---

① 基本上接受了上述关于"基本权利"的观点的有:Heilborn, Das System des Völkerrechts 1896, S. 279 ff.; Ullmann, Völkerrecht, S. 79, Triepel a. a. O. S. 211 Note 1. 也有人尝试拯救此种理论(Pillet, Recherches sur les droits fondamentaux des États, Paris 1899, Gareis, S. 93 Note, v. Liszt, Völkerrecht S. 57),还有学者试图用不可行的手段使那些权利重获新生。

② 在本书的第一版中,我在此处使用了"孤立"的国家人格人的表述。按照本书的体系,我只能将孤立的人格人理解为一个联合体的成员,正如我在本书第93页中认为,所有私法权利都是社会权利。人格人只在追求被共同利益认可的个人利益这层意义上是孤立的。因此,我也可以将个人的自由领域与个人的国家成员资格对立起来,而不必担心引起任何误解。如此一来,海尔伯恩的异议就被化解了(Heilborn, a. a. O. S. 311 f.)。

削弱的。因此,依据基本权利之不可让与性,认为意在限制这些权利①的自主决定具有可撤销性甚至无效性不仅是错误的,更是对国际法的否定,因为国家对他国的任何授权都必然导致基本权利中包含的自由行为之总体受到一定的削减。

被认为是国际法基础的法律平等原则也源自承认这一根本性的事实。因为主权国家只能被承认为主权国家,所以主权国家拥有与任何其他国家相同的人格。因此,平等的权利能力源于国际法对平等人格的承认。

他国对一国的承认不仅是宣告被承认的国家共同体对承认国而言拥有人格,也意味着承认国的意志必然相对于被承认国受到某些规范的限制。这些规范是指所有基于主导性法律信条和国际上的法律意识在国家间相互行为中约束并限制国家意志的规范。人格一旦被承认,所有依据历史的具体观念被认为是侵犯和否定人格的行为都是不得从事的。在国际法上,对国家之权利主体资格的承认仅仅意味着对上述规范的承认,这些规范并未赋予国家针对他国的具体请求权,它们创设的只是不含任何主观权利因素的纯粹的客观法。

对国家的承认还赋予了国家与前述资格相分离的第二种资格。国家不仅被承认为个体的权利主体,也必然被承认为国际联合体的成员。因为国家也追求着那些只能通过共同行为达成的目的,所以

---

① F. v. Martens, a. a. O. I, S. 293 f. 卢梭从自由的不可转让性中推导出了任何不符合社会契约原则之宪法的非法性。较为审慎的观点,参见: v. Holzendorff, a. a. O. S. 48 ff.; v. Bulmmerincq, Völkerrecht in Marquardsens Handbuch S. 202; Gareis, Völkerrecht, S. 92 und Rivier, Lehrbuch § 20, I.

在以共同目的之存在为基础的国际联合体中也产生了一种类似于积极地位的成员地位。以自然法的方式从国家概念中推导出国际联合体是不可能的。曾经有一个时代,国家与国家虽然并存、对立,却不曾形成由它们组成的联合体,在伦理和政治上也未形成对国际联合体之存在必要性的确信。国际联合体是整个历史发展进程的产物。直到晚近的时代,直到我们这个世纪,国际联合体才露出全貌。法学的分析应该从特定历史条件下的联合体出发,确认国家在其中的地位。

在国际联合体的成员资格上产生了一系列具有前文阐述的公法请求权属性的请求权。它们是针对成员全体的请求权。但如今,成员的全体仍仅表现为并未联结在一起的个体的总和,而非共同体。

第一类基本的请求权包括要求他国在被承认的人格范围内不得侵害本国人格的请求权,以及由此种侵害行为引起的要求积极作为的请求权。后者包括撤销侵害行为的请求权,以及消除侵害行为所导致的损害后果的请求权。此外,基于当时国际法的发展状况,任何国家都拥有的要求他国作为的请求权也在此列,例如外交豁免权的赋予和条约义务的履行。这些基本的请求权作为直接产生于国际联合体的成员资格的请求权是不可让与不可放弃的,除非拥有权利的国家遭受了人格的贬损。

考察国际法规范的法律含义就会发现,此种请求权的数量相对较少,尤其是其中的积极请求权。它们都可以毫无例外地被归结为要求遵守有利于提出请求权的国家之国际法规范的请求权。此种一般性的客观国际法数量如今依然很少,绝大多数充当国际法的都

第十九章　国际联合体中的国家权利

不是此种国际法规范。人们可以认为，十分之九的传统国际法规范都不是客观国际法。

绝大多数国际法上的请求权都不以客观国际法为基础，而以法律行为为依据。一般而言，这些法律行为表现为协议性和条约性的明确约定。在法律行为的广阔领域内，国家近似地表现为私法上的人格人。然而，必须强调"近似"这一表述，因为此种法律行为在其目的上与私法上的法律行为并不相同。与私法上的法律行为相比，源于此种法律行为的请求权与请求权人之人格之间的关系更为紧密，在大多数情况下都不能对这种请求权进行让与、代理和授权。只有在国家人格消灭或者领土发生变化的情况下，权利和义务才能基于国家的继承关系正式地向权利继受人移转。以此种方式取得的权利与私法权利的相似性尤其突出地表现为权利可以和权利人的人格相分离，而原权利人的人格不会因此改变。无论一个国家放弃多少条约权利，它依然保留与先前一样的国际法上的人格。因此，此种主观权利与源自国家联合体之成员资格权利的不同之处在于，此种主观权利完全不会在任何方面导致与国家人格人的资格相类似的东西产生。

认识国家和国家之间非纯粹临时性约定对认识客观国际法规范具有重要意义。一方面，人们可以从中得知国家与国家之关系的一般形式，正如对实际中的交易关系的了解有助于在法学上认识私法上的法律行为之种类。此外，如前所述，同样内容的条款以相同的形式反复出现是一个一般国际法观念的标志。因此，国际上相同的权利意味着国际法权利。另一方面，由于国际联合体的成员为数不多，并且国家间的协议非常重要，协议的内容具有重大的意义。

首先，这些内容能够起到补充国家法的作用，因为一个国家对另一个国家的权利和义务的总体构成了这个国家的外部国家法。其次，这些内容也起到规范和修正一个国家全部国际行为的作用。就这一点而言，国际法是一门独特的法律学科。在其他法律部门中，仅仅认识某一类型的法律上的行为或法律行为的全部内容也将是一个不可能的任务。因此，形式上的要素在国际法中的地位远逊于实质上的内容。实质内容在国际法中影响如此巨大，以至于在许多作者的文献中不存在法律思维，或者法律思维被淹没于众多的事实因素之中。因此，没有哪个法律部门比这一部门更能让半吊子法学家们大展拳脚了。

另一类的法律请求权不能被归入迄今为止阐述过的任何请求权的类型。国家进行报复以及发动战争的权利既不属于业已阐述的任何一类成员请求权，也不属于由法律行为创设的主观权利。它们与前者的区别在于它们不具有能为的属性，并不增加国家的权力，只具有天然的、以有形权力为界限的行为自由的属性。它们与后者的区别在于，后者与国际法上的人格不可分离。

可以由此解释这一现象：这些权利是国际法上的统治权力之替代物。因为不存在能够提供法律保护的超越国家的中央权力，所以必须承认危险和不可控的私力救济为其替代物。这种私力救济不仅是保护权利的手段，在利益不具有法律利益的资格时，它也是该利益的保护手段。私力救济权是一种成员权，它一方面类似于源自主动地位的请求权，另一方面又类似于源自国家统治权力的个别统治权限。基于源自私力救济的要求承认的请求权，私力救济表现为一种成员权利。此种要求承认的请求权具有重要的后果：不能依照刑法，而应该依照国际法对实施国家性私力救济的人格人进行评价。此外，国家性私力救济权还因战争状态赋予第三国之中立国的反射属性以及源自这一属性的义务和请求权表现为成员权利。私力救济以实施有形权力而非法律赋予的权力为内容。基于这一事实，私力救济权也具有其他种类的权利的特点。就此而言，私力救济权含有类似于可为的内容。

当然，国际联合体中虽不存在真正的机关资格权利，但确实存在一个暂时性组织体的雏形，这种雏形寓于大会、会议以及仲裁法庭之中。《和平解决国际争端公约》是国际性组织体的巨大进步。尽管如此，支配着前一种临时性组织和后一种常设机构的法律仍极不稳固，不足以从中推导出普遍有效和无争议的法律规范。这些组织和机构仍在很大程度上以创设缔约国之间的主观权利的协议为基础。在这些协议上不会产生向成员赋予特殊资格的客观法。仅在对国际法规范作出约定时，各国才不仅表现为个体，也表现为国际联合体本身的机关。在此种情形中，创设法律的联合体与法律服从者的全体发生了重合，因为在国际联合体中多数决的表决方式是不被许可的，任何一个国家必须至少在附加议定书中特意就协议表达同意态度。只有当一个新的国家产生时，才存在这一问题：这个新国家是否应受到由他国的约定批准、未经其同意设定的国际法之约束？这个问题的答案必然是肯定的，因为倘若某个规范被宣布为共同的法律信条，那么其对于所有国际联合体的成员都是有效的。任何国家都不能摆脱这些规范的约束，这些规范也约束所有将来的成员。

最后还需要回答一个重要的问题。在国际法中能够产生个人的权利和义务吗？回答基本上是否定性的。国际法作为国家之间的法仅仅为国家而不为隶属于国家的个人和团体设定权利和义务。[①] 然而，对国际法规范的内容尤其是国际条约的内容稍作了解，人们就会发现这一观念至少在表面上未被彻底贯彻。君主的权利、外交人员的权利、领事权利，以及涉及商事、航海、迁徙、经营等的外国人权利在国际法文献和外交实践中被反复提及。大部分国际法上的协定都具有为缔约国的臣民提供法律上的便利的目的，这种便利仅仅是国际法规定的反射吗？难道就不包含任何个人权利的因素吗？

创设国际法交往中的机关特权主要不是为了特权人的个人利益，而是为了国家自身的利益。它们是国家自身的权利，任何国家都可以依据一般国际法或特别规定向他国主张这种权利，损害这种权利就是损害相关的特权机关所属的国家本身。然而，仅仅明确这一点尚不足以解答这个问题，因为这些特权也毫无疑问地有利于国家之代表人的个人利益。类似于有关议会成员的特权的规定，这些特权赋予了相关人员异于常规的地位。在诉讼中主张治外法权的外交人员行使的不是国家权利，而是外交人员自身的权利。因此，在此种情形中似乎在事实上存在个人的、直接从国际法中推导出来

---

① 马腾斯自相矛盾地认为个人是源自国际关系特定权利的主体（F. v. Martens a. a. O. I, 87）。施特克正确地批判了这一观点（Störk, Holzendorffs Handb, II, S. 587），但是他本人却提出了一个没有任何法律意义的国际法上的国籍概念（S. 588）。加赖斯与斯特尔克的观点一致（Gareis, Völkerrecht, §§ 53, 56）。法国和意大利的国际法文献中充斥着将个人视作国际法主体的错误学说（Vgl. Bonfils, Lehrbuch des Völkerrechtes übersetzt von Grah, 1904, S. 81）。在德意志，最近由考夫曼秉承了这一观点，但他没有获得任何支持（Kaufmann, Die Rechtskraft des internationalen Rechts, 1899）。

的请求权。

然而，这种个人的权利与国际法的性质的矛盾极易得到解决。相互竞合的国家的请求权和国家机关中的个体人格人的请求权具有完全不同的法律基础。法官完全不受只为国家设定义务的国际法之约束，仅仅受到内国法的约束。内国法必须规定关于治外法权的规定，以使个人能有效地主张这一权利。① 如果相关规范没有实现他国要求的对其机关进行豁免的请求权，那么这种国家法上有争议的规定或不作为就会导致一个违反国际法之行为的产生。德意志的法官不是依据国际法，而是依据《德意志法院组织法》第18条受到出使德意志皇帝的意大利大使之治外法权的限制。制定并保有一个针对德意志法官的法律指示，是意大利自身的请求权。外国国家的请求权是国际法请求权，代表国家的个体人格人的请求权则是国家法请求权。在一个极为有趣的案例中，《德意志邦联宪法》的第14条与奥地利国家法鲜明地展示了国际法上的请求权与个人请求权相互分离的情形。② 因此，外交人员的特权以及新近以条约的方式创设的领事豁免权都是通过国际法义务之履行赋予个人之请求权，这些请求权以外国授予的机关资格为基础。

外国臣民基于国际法规定获得个人权利的问题也由此得到了

---

① 这种规范也可能是习惯法，表现为此种情形的主要是君主的治外法权。
② 温迪施格雷茨侯爵家族的一位成员以其当时帝国直属家族成员的身份援引《德意志邦联宪法》第14条第3款要求免除所有兵役，但这一主张被行政法院驳回。随后，他在帝国法院提出的上诉也被驳回。帝国法院在判决中首先确认了《德意志联邦宪法》在奥地利从未被完整地颁布过；在此基础上，法院得出了一个完全正确的结论："奥地利的法官不能将《德意志联邦宪法》作为法官认知的判断依据。"（Hye, Sammlung Nr.55 II, S. 259.）

解决。法律意义上的这种权利只可能基于内国法和国家法而存在,因为作为法律或法规被颁布的国际条约只要不是单纯的有关政府之权利和义务的规定,那么就可能在这些条约中产生具有国家法属性的个人请求权。由此,外国人的消极地位和积极地位就被这些国家条约规定了。相反,如果这种国际条约只具有维护外国人利益的目的,而没有为相应的人创设请求权,那么在形式上就只存在客观法的反射。国际法的发展趋势是越来越多的反射作用变为主观权利。

已经得到的答案也可以用来解答个人的国际法义务是否存在的问题。个人不可能直接违反国际法,能被个人违反的永远只是内国法的规定。[①] 如果相关国家因为容忍或不处罚(或是故意的,或是无能力行使自己的权威)业已发生的违法行为而应对触及内国秩序的行为以及这一行为的损害后果负责,那么这种违反内国法的行为就可能引起一个违反国际法的行为。在这些情形中,承担了国际法上的法定义务的主体只是国家,国家有义务以其在国家法上可以支配的手段确保国家权力范围内的臣民不实施侵害外国的行为。即使不能将过错归责于国家,国家也应承担类似准侵权行为的责任。[②] 相反,违反所谓的直接以外国臣民为对象的国际法规范的行

---

① 这一观点必然来自"只有国家才是国际法上的主体"这一原理。在所有认识到这一原理的人中,这一观点成为主流观点(Vgl. Triepel, a. a. O. S. 324 ff.)。

② 因此禁止臣民作出这种行为是任何一个国家的义务。依据《美国宪法》第 1 条第 8 款第九句,国会有权"界定和惩罚海盗罪和在公海上所犯的重罪以及违反国际法的犯罪行为"。国际法由此转化为内国法。基于《瑞士联邦宪法》第 112 条第 2 项,瑞士的联邦法院有权审理"违反国际法的违法行为和犯罪行为的案件"。至于这些不法行为都涉及哪些种类,人们可以从《瑞士联邦宪法》第 39 条至 43 条中得知(Vgl. Blumer-Morel, a. a. O. III, S. 198)。因此在具体情形中,个人违反的法律和法官(接下页注释)

为，事实上只能违反单个国家依据国际法有权作出的规定。只要关于走私品、敌国货物、禁运、封锁以及处理海上战利品的军事法庭等的战时治安规定对敌国和中立国臣民有效，那么它们在具体的案件中就是国家法上的规定。这些规定中的国际法因素只表现为，交战国有权依据国际法在特定情形中将其统治权力扩展到外国臣民身上，扩展的范围和内容是由国际习惯法、协议和条约规定的。因此，实际上是国际法确定了这些规定的法律内容和实质因素。然而，在个人进入他国国家权力的统治区域时，这些规定在个人面前表现为他国国家权力的命令。[①] 超出国际法允许范围的国家性规定会导致对该国家性规定针对的臣民所属之国家的侵害，并赋予被侵害的国家违反国际法之行为引起的全部请求权。所有由个人实施的违反前述规定的行为都不具有国际法属性，只具有国家法属性。申言之，只具有战时治安法属性。因此，这些情形中的所有司法活动都是国家法的司法活动，处理海上战利品之军事法庭的司法活动也是如此。然而，由于缺乏特殊的规定，这些法庭经常适用国际法上的规范，但法官适用的只是国际法的实质内容，而不是形式上的国际法，因为形式上的国际法只在国家之间发生效力，并且只有国家才能要求国际法上的判决。

（接上页注释）适用的法律不是国际法规范而是瑞士联邦的刑法规定。在某些国家中，所谓"违反国际法的行为"就是刑法典中关于叛乱、针对友国的敌对行为和侮辱等行为的章节中所规定的带有刑罚后果的不法行为。

① 一般而言，这些规定以本国的公告为条件，即该国宣布不能在出境的情况下保护其臣民(Vgl. Despagnet, Cours de droit international public, 2e ed. 1899 p. 693; Rivier, Droit des gens II, p. 379 ff.)。

第三编 尾论

第二十章 公法权利的创设、消灭和变更

第一节 公法权利的创设

一、国家与公法团体的公法权利的创设

国家或公法团体对隶属于它们的人格人所享有的权利是由法律创设的,也在有限的范围内由习惯法创设。此外,也可以通过处分行为创设这种权利。在这种情形中,或者法律仅仅规定了一种法律请求权的可能性,必须由一个特别的行政行为或司法行为将相关请求权个体化、具体化;或者一个已经基于法律规定被个体化、具体化的请求权必须通过某个处分行为之进一步限定和补充才能得以实现。① 因此,必须对服从地位上的被动资格和主动资格加以区

---

① 我在下文使用"公法权利通过法律产生和终止"这种简略的表述形式时,设定了一个理所当然的前提:与权利的取得和丧失相联结的不是法律本身,而是由法律规定的构成要件。

分。基于法律，任何一个满足法律规定的所有条件之人都负有兵役义务、作证义务和陪审义务。然而，直到在具体情形中产生了一项特别指向个人的国家请求权之前，这些义务都只是潜在的义务。因此，兵役义务人仅仅是纯粹被动的服务义务人，通过处分行为被征召入伍的人才是主动服务义务人。在国防义务上已经得到的结论，一般也适用于所有服从者在公法上的作为义务。[1] 任何按照诉讼当事人的观点可以作出有诉讼上的意义的陈述之人都是被动作证义务人，而被法庭传唤的证人才是主动作证义务人。任何一个被登记入陪审员或陪审法官名单的人都是被动陪审员义务人或者陪审法官义务人，只有被指定为陪审员或陪审法官的人才是主动的陪审员义务人或者陪审法官义务人。任何通过劳务获得收入的人都是被动的所得税义务人，而当个人在某一时段的收入被确定下来，并且以此为依据个人被规定了特定的纳税额时，个人才成为主动的所得税义务人。相反，源自服从关系的要求不作为的请求权往往随着禁止性法律规定的颁布而直接生效，尽管就另一个方面而言，在此种情形中被创设的通常只是作为统治客体的被动资格。这种被动资格向主动资格的转化需要进一步的尤其是治安处分行为的限定。然而，处分行为在所有情形中都只能嗣后地对基于法律规定业已存在的一般性义务进行进一步的限定。原初的、法律之外的处分权是不存在的，支持其存在的观点有悖于服从者与现代法治国关系的最高原则相抵触。依据这一原则，任何人只能按照法律承担服从义务。

---

[1] Vgl. oben S. 185.

国家和公法团体的公法请求权的另一个产生基础是公法合同。公法合同创设了一种个人对一个特殊的国家权力或公法团体之权力的服从，这种服从并不源自于法定的服从关系。这种合同权利具有法律上的条件和限制。与任何国家行为一样，这种权利只能在法律的框架内自由行使。此外，缔结这些合同权利的范围为法律的明文规定或预算项目所限制。

最后一种国家对个人享有的公法权利产生于个人的不法行为。在这种不法行为上产生了应在刑事判决被进一步确定的国家要求刑罚的请求权。

联邦针对成员国以及成员国针对联邦的公法权利一般具有联邦法上的产生基础，即宪法、法律、联邦法规、成员国的不法行为（联邦执行）。只有在成员国排除联邦权力的自由领域中，成员国与联邦才可能通过条约建立法律关系。

国家对他国享有的具有国际法属性的公法权利或是直接产生于一般的国际法规范，或是通过协议、条约、不法行为或者其他具有国际法后果的事实情况产生。

二、个人权利的创设

服从者（个人或私法团体）的公法地位或请求权是由习惯法或法律创设的。正如义务人的被动资格向主动资格的转化通常需要一个专门的指向义务人的行为一样，权利人的被动资格向主动资格的转化也通常需要一个处分行为。消极地位本身根本不赋予主动资格，这在前文已有阐述。消极地位上的主动资格之产生，即请求权之产生必然以违法地扩张服从地位的行政处分为前提。

许多消极地位和积极地位的请求权之扩展都以赋予请求权的特别国家处分为前提。这些处分行为可能表现为形式各异的赋予、许可和授权。这种赋予请求权的处分行为与创设主动义务的处分行为的不同之处在于，前者不像后者那样以许可性或者命令性的法律为必要前提，处分机关可以通过裁量自由地作出这种处分行为。当个人享有要求成分机关作出处分行为的请求权时，① 处分行为才受到法律的约束。源自主动地位的请求权是由法律、任命和选举创设的。后两种请求权的创设既不以法律为基础也不以合同为基础。在这些请求权上也应对主动资格和被动资格进行区分，这两种资格在外观上通常互不相同。②

第二节 公法权利的消灭

一、国家和公法团体的公法权利的消灭

与其取得一样，国家和团体的公法权利之丧失，也主要以法律或习惯法为基础（在国际法上以协议和条约为基础）。在某些情形中，国家或公法团体可以自由裁量决定是否主张自己的请求权。因此，放弃（Verzicht）也是统治性团体之公法权利的终止原因。就现行法而言，国家在个案中放弃权利的行为实质上永远是一种行政

---

① 例如要求颁发特许状和专利证书的请求权、要求颁发法律证书的请求权、迁居时的入籍请求权，以及满足法定条件下要求脱离国家的请求权。

② 关于时效取得作为一种公法请求权例外的产生基础，参见：F. F. Mayer, a. a. O. S. 441; Löning, V.R. S. 17.

行为，并因此受到规范行政行为之法律规定的约束。一般而言，个案中权利放弃行为的目的是为了个人利益并间接为了共同利益实现个案的正义，但是权利放弃行为也可能仅仅是出于共同利益的缘故，例如为了国家安全终止某个刑事诉讼程序，为了降低征收成本免除未缴税金等。放弃行为可能涉及个别的请求权，也可能涉及向上级共同体赋予权利的个人地位。后者涉及国籍和市镇成员资格。根据特别法，在这些情形中放弃这些地位赋予国家的权利需要政府部门作出决定。请求权之放弃的主要形式是狭义的放弃，例如免除、豁免和赦免。① 当国家放弃了其所享有的请求权，并且个人的权利领域并不因此受到直接的影响时，就产生了狭义的放弃。这种放弃主要表现为行政机关在具体情形中不欲行使特定的职权，例如行政机关作出决定，不行使向特定会议派遣特派员的法定权限；国家公诉人员放弃获取和宣读文件或询问证人。免除涉及的始终是公法上的财产性给付；豁免涉及的始终是通过放弃适用限制性规范对个人的权利领域进行的其他形式的扩展；赦免涉及的始终是国家的刑罚权。

任何形式的放弃权利之行为都只能以法律规定的明确许可为

---

① 关于后者，参见：Binding, Handbuch des Strafr. I, S. 873; Merkel, Strafrecht S. 247. 拉班德反对将赦免理解为权利的放弃（Laband, II, S. 247），他认为赦免是行政行为。这种认识是完全正确的，但并不与权利放弃理论相冲突，因为国家通常通过行政行为放弃权利。行政行为是一般的法律形式，这种形式可能具有相互差别极大的内容。赦免具有的多种效力也与权利放弃理论并不矛盾，因为任何一种放弃行为在具体情形中都可能具有一系列的法律后果。以改判为形式的赦免是部分的放弃行为。在这种情形中，刑罚执行令不是赦免的构成部分，而是以赦免为基础的法院的刑罚执行令的修正形态。帝国法院采纳了这种理论（Entsch, in Strafs. 33, S. 204 ff. Vgl. auch Heimberger, Das Landesherrliche Abolitionsrecht 1901, S. 10 ff.）。

前提，因为只要法律没有其他规定，主张公法请求权就是国家的义务。这些针对个人的权利，同时也是政府向代表共同利益之国家承担的公法义务。职权作为特定种类的国家行为之抽象可能性自然是不可放弃的。相反，国家基于国际法对他国享有的请求权是可以放弃的，这种请求权之放弃不存在任何界限，甚至通过放弃减损国际法上的地位（主权国家变为非主权国家）在法律上也是可能的。此外，在很多情形中，国家可以通过自由裁量决定将被动的义务资格转化为主动的义务资格。然而，不进行这种转化并不是一种放弃行为，而是纯粹的不行使请求权的行为。

诸如诉讼时效、除斥期间等其他请求权消灭的情形作为消灭权利之事实的一般种类并无特别之处，因此在此无须赘述。

二、个人权利的消灭

对个人而言，法律也是消灭赋予个人资格之地位以及源自这种地位之请求权的首要原因。深入研究未经个人同意的个人地位之减损和请求权之丧失会引出一个具有极为重要实践意义的问题：公法中是否存在取得权利？如果存在，应在何种程度上对其进行保护？

取得权利的概念来源于自然法学的思想。[①] 最初它被用来表示天赋权利的对立物。如今天赋权利的理论被认为是错误的理论。不存在没有特定的取得基础的权利，不存在未被法制规定为特定构成要件之后果的权利。人们基于出生取得权利，因此权利并非天

---

① 关于取得权利的各种学说，参见阿福尔特的深入论述（Fr. Affolter, Das intertemporale Privatrecht, I, S. 606 ff.）。

赋。被很多人认为是取得权利之对立物的所谓法定权利也是如此。法定权利的取得也是以法律规定的构成要件为基础的。因此,任何权利都是取得权利。① 因此,取得权保障只意味着国家不得违背个人意志减损个人当前所拥有的权利。

在涉及私法权利的情形中已经存在这一被写入许多宪法的原则的例外情形。在所有共同利益与个人利益发生冲突的情形中,共同利益都基于其属性强于个人利益。因此,这个原则的效力只局限在现行法中,而立法者则必须确定这一原则的某些例外情形。在征收的情形中,被保护的不是具体权利之存续,而是财产本身。对被征收人的全额补偿不能使对取得权利之侵犯不复存在。

国家权力不可能永远都通过全额赔偿的方式弥补对私法权利的侵犯。具有损毁财产之反射作用的国家紧急状态(例如战争)和主权的合法行使并不会为被牵涉的个人创设请求权。② 许多行政法上限制所有权的规定不包含任何赔偿,但它们并不因而显得有违正义。因此,财产的不可侵犯性只在契合于国家的更高目的③时才为法律所承认。在中世纪不成熟的国家中,除了在刑事案件中,古日耳曼法上的财产不可侵犯法则的适用几乎不受任何限制。随着国

---

① So schon G. v. Struve (Affolter, S. 607), von neueren Zivilisten; Reglesberger, Pandekten, I, S. 440; Dernburg, Pandekten, I, 4. Aufl. S. 98; von Publizisten Löning, V.R., S. 17f.; ferner G. Meyer, Der Staat und die erworbenen Rechte (Jellinek-Meyer, Abhandlungen I, 2), S. 13; Anschütz, Der Ersatzanspruch aus Vermögensbeschädigungen durch rechtmässige Handhabung der Staatsgewalt, Verwaltungsarchiv V, 1897, S. 10; Schücking in der deutschen Juristenzeitung 1902, S. 315.

② Vgl. auch O.Mayer, Deutsches V.R. II, S. 358, 363 ff.

③ Vgl. A. Menger, Das bürgerliche Recht und die besitzlosen Volksklassen S. 81 ff.

家观念的进步，法律容许国家权力侵犯个人权利领域之可能性具有越发重要的价值和意义。

适用于私法权利的基本原则也同样适用于个人的公法权利。如果适用的结果在这两个法律部门中有所不同，那么差异的根源不在于原则本身，而在于这些原则所适用的事实。

个人的主观公法权利与主观私法权利的区别还在于，就个人的主观公法权利而言，承认个人的意志权力主要是出于共同利益的缘故。共同利益在具体情形中可能要求创设个人对抗国家的请求权。假如共同利益的取向发生了变化，那么就没有必要继续承认个人利益了，共同利益能够通过改变法制消灭个人权利。

然而，在此种情形中也存在一个尽可能地保全业已存在的个人权利领域的原则。如果不存在迫不得已的必要性，就不应使个人的权利领域受到任何损害，这一原则经历了四百多年的发展在现代国家中已经深入人心。

在任何时候都可以为了共同利益改革法制，对这一可能性之承认是不可动摇的，下文列举的原则可以使这一可能性与第二个原则相互协调。

任何已经存在的指向国家的积极财产性请求权之财产价值都不能被侵犯。因此，国家不得削减由法律保障的已经录用之官员的工资和退休金。然而，没有什么能够阻止国家按照自己的考虑对诸如将来的工资关系进行调整，即使此种工资关系是已被录用之官员将来承担的更高职位上的工资关系，因为维持先前工资关系之权利是不存在的。除了通过刑罚，不可被剥夺的权利还有拥有国家性身份、使用国家性头衔以及佩戴国家性勋章的权利，除非对这些权利的剥夺是被法律或法规允许的,或者与这些权利相应的制度被宣告与公法制度本身绝不相容,正如某些共和国的宪法中的情形。① 个人通过国家性考试获得的资格也不能被剥夺,除非适用于此种资格的制度被废除或者被显著地改变了。

相反,针对国家的消极请求权则由立法者自由支配,即使它们具有财产权利的属性。这种请求权之限制国家职权的内容始终有利于个人。然而,立法者不得绝对地放弃国家统治权力,即使赋予一种在实质上不可剥夺的财产性请求权也是对国家高权的绝对的放弃。因此,所有对个人的公法给付义务的免除(如免税、免除兵役、免除劳役)并不创设任何"取得"的权利。这些义务的免除在任何时候都可以被无偿取消。② 基于事理,在很多情形中进行补偿也

---

① 关于这个问题,参见: E. Braun, Die Zurückziehung von Titeln, Orden und Ehrenzeichen nach dem Verwaltungsrecht Preußens, Archiv f. öff. R. XVI (1901) S. 528 ff. 布劳恩在(该书)第 545 页中认为,此种权利基本上随时都可以为了公共利益的缘故而被剥夺。此种观点应该在未来法的层面被加以考量。但我想象不出,向不适合的人颁发勋章和头衔的行政行为如何能够严重地损害公共福利。当然,不同个人在这一点上可能对公共福利有着差异极大的看法。

② 这一点在学理及实践中极不明确。通常认为,基于单行法的普遍性免除对立法者不构成任何限制。持这一看法的有: Zachariä a. a. O. II, S. 113, H. Schulze, Preuss. St.R. II, S. 49, Entscheidung des Reichsgerichts in Zivilsachen vom 3. Februar 1887, XVII, S. 55. 但对个人的优待却被认为可以成为补偿请求权的基础。立法部门、行政部门以及法学文献中的意见通常赞同对国家进行广泛的限制。属于这种情形的大部分案件都来自领主制国家转化为现代宪法国家的过渡时期。然而,在现代宪法国家中永远都不能建构一个要求不得进行立法行为的私人权利。此种权利是将个人义务的免除视为依法取得的权利之理论的最终后果。1869 年 6 月 5 日的《北德意志邦联邮资免除法》第 6 条在邮资减免问题上适用了正确的原则。依据该法,仅在作为免除基础的州法上的私法权利使补偿具有必要性时,才应对免除的取消和限制进行补偿。另外一个问题则为,在具体的情形中(例如在普鲁士,贵族家族的免税权被 1891 年 6 月 24 日的《所得税法》第 49 条和 1892 年 7 月 18 日的《取消免征普通人头税权利的补偿(接下页注释)

是不可能的。免除的取消与任何其他法律对既存服从义务的规定具有相同的法律属性。任何规定新税额的法律都是对服从者的财产的侵犯，但并不能因此就认为这是对权利领域不正当的侵犯。①

源于主动地位的要求承认的请求权同样也受到国家自由立法活动的支配。在创设这些请求权时，对共同利益的照顾占据了极为重要的地位，以至于对立法者支配能力的绝对限制将会构成对国家之发展以及共同利益之实现最为严重的威胁。所以改变这些请求权无须顾及私人利益。因此，国家可以不加补偿地将所有封建高权据为己有。因为对大多数这种权利进行价值评估是不可能的，所以根本无法对它们进行补偿。因此，它们可以被取消或者被变更，且个人不能获得任何形式的请求权。这不是公法权利独有的特征，非财产性的私法权利也是如此。国家可以毫不顾及原先的权利人在立法上对父亲和监护人的地位、公司的全权代理人的代理权、股份公司的组织结构进行不利于权利人的变更。

如果国家基于某种理由将一个迄今为止交由私人活动支配的领域宣布为国家独有的领域（创设国家性垄断，建立一个新的国家行政的分支），而由此扩展了自己的职权，那么对原先的权利人进行补偿就是理所当然的。因为，国家在此种情形中不是在行使一个已经属于自身的权利，而是占领了一个新的统治领域。任何此种占领都必然伴随着对先前之权利人的征收、对私人的征收，因此，在

（接上页注释）法》所取消），公正性是否要求对个人利益进行合理的照顾。将来，此种免除的主要形式可能为，基于个人、社团和团体对共同利益的作用而给予他们暂时性的、带有经济目的的公法优待。

① Vgl. auch Christiansen, Über erworbene Rechte S. 77.

此种情形中应该遵循财产保障原则。

只要涉及的是个人权利与法律的关系，业已阐述的法律原则就绝不会赋予个人任何主观权利，① 它们是关于国家立法活动的宪法规范。如前所述，这些规范永远不能创设个人的请求权。如果依据现行法应保护私法权利免受国家的恣意侵害，那么由此产生的要求不为侵害性国家行为的请求权就具有消极地位的功能。

另一个重要且值得研究的问题为：个人的公法权利在何种程度上是可以放弃的？

个人的地位关系与国家的地位关系一样，原则上都具有不可放弃性，因为出于共同利益而被创设、被规范的关系只能基于极为特殊的原因让步于个人利益。当个人面对国家可以消极地不作为时，个人所处的地位关系就是绝对不可放弃的。也就是说，这种地位关系不包含公法义务。因此，源于消极和积极地位的关系是不可放弃的。对个人而言，不存在任何一种行使源自这两个地位之请求权的义务。主动地位上的情形则有所不同。如果法律规定个人可以自由地运用这种地位，并且这种运用本身只要求临时的、短暂的作为，那么这种地位就同样是不可放弃的。因此，所有表决权和选举权都带有此种不可磨灭的属性。而在地位不仅赋予权利也设定义务的情形中，在服务于国家利益的持续性活动直接或间接地以地位为条件的情形中，情况则完全不同。一方面，鉴于个人利益的个案正义，

---

① 除非立法者本身为司法活动所监督，例如瑞士联邦州的立法者受到瑞士联邦法院司法活动的监督。关于这种情形的一个值得研究的案件，参见：G. Vogt, Rechtsgutachten betreffend die Aufhebung von Steuerprivilegien im Kanton Freiburg, Zürich 1890.

应存在一种放弃的可能性；另一方面，国家既然要求相对人全身心地投入任务中去，就应给予对方放弃的可能性。因此，应由个人自主决定，是否愿意拥有或保留国家成员或国家机关的身份。因此，要求国籍和延续性活动的机关地位是可以放弃的。因此，公职、议会成员资格、共和国的总统职务以及赋予最高资格的君主地位都是可以放弃的。① 如前所述，国家机关资格的不完全形态也是可以放弃的，例如业已讨论的贵族头衔和官衔的使用以及勋章的佩戴，② 因为至少按照统治者阶层的观点，这些不完全形态是与特定的持续性事务活动相关的，即便这种联系的程度极低。源自公法团体的从属资格之间接的公法上的地位关系也是如此。但是一般而言，资格的丧失在这种情形中往往是法律规定之其他行为的结果，但也可能是自主放弃的结果（例如名誉市民权）。只要不存在公职强制，间接国家公职与直接国家公职在这方面的情况就是相同的。

依照实在法，放弃的形式是极为多样的，例如告知相关机关的单方面的放弃、相关机关对放弃的同意、通过决定性的行政行为导致的机关地位的终止。深入地探讨各种情形是值得赞许的，相关文献尚无关于这一点的研究。

---

① 表面上看来如此简单的关于放弃王位的理论尚需深入的比较法上的研究。尤其值得探讨的是，如何才能完成王位的放弃。例如在匈牙利，放弃王位的意思表示必须以法律的形式作出。在萨拉丁，卡尔·阿尔伯特国王于1849年当众宣告退位，有一位部长在场。稍后他又通过一个公证人制作的文书宣告退位。若干天后，议会才获知这一文书（Vgl. Morelli, Il Re, Bologna 1889, p. 286 f.）。那么，卡尔·阿尔伯特国王是何时退位的呢？

② 与此相关的一个不必在此处讨论的争议问题是：此种放弃是否具有拘束性？关于这一问题文献，参见：G. Mayer § 91.

342　　与公法地位关系一样,源于公法地位的各种请求权也分为不可放弃的和可放弃的。抽象请求权的可能性永远都不可放弃,只要这一可能性的基础是一个不可放弃的地位。而即便作为基础的地位是可以放弃的,只要地位本身没有被放弃,并且根据法律所有产生于该地位的结果都没有因为放弃而消失,那么抽象的请求权可能性就仍是不可放弃的。相反,只要法律没有明确的相反规定,任何现有的请求权都是可以放弃的。因此,个人在具体的诉讼中享有的任何法律手段、源自公职关系的请求权和任何要求实物支付的请求权都是可以放弃的。要求被列入特定选举之选举名单的请求权可以通过在法定期限内不提出异议的方式被放弃;要求参与选举的请求权可以通过在具体的选举中不行使选举权的方式被放弃。只有当公共利益要求不可放弃请求权时,才存在请求权的不可放弃性。议员要求每日津贴和差旅费的请求权通常是不可放弃的,此外官员要求使用官衔、议员要求豁免的请求权也是不可放弃的。所有取得性的、与人身不可分离的资格都不能被放弃,因为是否使用这些资格完全取决于个人的自由意志。所有国家机关本身享有的权限都是不可放弃的,因为它们不是个人的权利,而是国家的职权,除非相关的机关可以裁量决定是否行使某项职权。法律通常规定一个部门有权利而非有义务监督个人或团体的活动,因此在具体情形中放弃这种职权是被允许的。如果一种职能本身包含了机关承担者的公职义务,那么这一职能就不能被放弃。由此可见,在议会中或者在委员会式的行政部门中基本上不得投弃权票,除非法律有相反的明文规定。反射权利是一种个人权利的假象,反射权利依照事理是不可放弃的。否则,从放弃的可能性中就可直接得出存在一个真正

343

的法律请求权的结论。因此，不为一种可以产生反射作用的行为也不能被认为是放弃，这只是一种不涉法的不作为。

在国家不能确保一个由国家设定的义务被忠实地履行的情形中，在国家使个人陷入义务冲突的情形中，或者基于其他原因，国家通常会赋予个人不履行一项义务的权利。这种权利的赋予包含着一个潜在国家的放弃，相关个人的消极地位也由此被扩展。例如，国家赋予个人不履行作证义务、陪审员和陪审法官义务、监护义务、市镇公职义务的权利。同样，国家照顾机关承担者的个人情况将公职义务的履行交由个人裁量决定也属于这种情形。

除了法律、习惯法和放弃，个人请求权的消灭原因还包括除斥期间和诉讼时效[①]、判决和行政行为的剥夺以及权利人的消灭。权利人的消灭可能表现为人格的消灭（死亡和社团的解散），也可能表现为与请求权相关联的法律地位的改变。在公法中不存在依照私法上的继承关系构建出的权利继承，即使私法上的继承会引起公法上的法律后果。[②] 相反，公法权利总是在权利人的人格上新产生的权利。关于王位继承权现在已经明了的是，王位继承权不是继承权，因为权利不会随着前任君主的消灭转移到继任人身上，由法律预先规定的人直接依据宪法获得了要求承认其为君主的请求权。但在实在法中也存在这一原则的例外情形，在新近的立法中存在一个显著的例子：丧偶的女性和未成年的继承人享有要求通过有资质

---

① 例如诉讼手段的诉讼时效期满，以及六个月并未移民所导致的解除国籍的文件丧失法律效力的情形等。

② Löning, V.R. S. 17; v. Stengel, V.R. S. 17.

的代理人行使经营许可权的请求权。①

第三节 公法权利的变更

公法权利是以权利人之人身属性为基础的权利,在本质上不是法律上的交易和私人处分的对象。至少在原则上,公法权利不能直接从一个人格人移转到另一人格人身上。②在国家身上存在着这一原则的例外情形。国家既可以在国际交往中向他国移转权利,也可以在内部向服从国家的个人和团体移转权利。然而,处分国家职权的行为一般而言不是对现有权利的处分,而是权利的创设行为,所以不能将其归入对现有权利的处分这一概念中。即使国际法上的法律行为通常也不能被完全地视为对现有权利的处分。任何对他国公法上的授权都必然包含着对本国的现行国家法制的变动,任何单方面的授权和通过国际条约进行的授权只能通过内国的权利创设行为得以实现。此外,能够通过职务强制、法定继承或公法合同等方式进行的国家机关的创设根本不能被归入公法权利的处分的范畴,因为这些创设行为只要能够在法律上被定性,就应被归入权利创设的概念。国家意志在此过程中创设了一项个人请求权,而未

---

① R. Gewerbe. Ordn. § 46. Vgl. Löning, V.R. S. 17; Rehm, Gewerbekonzession S. 46. ff.; A. A. O. Mayer I, 117 N. 24. 迈耶认为在此种情形中存在的不是一个主观权利,而是对自由限制的废除。然而被扩张的自由领域与侵害自由领域的行为一样,都会导致要求承认的请求权的产生(Vgl. oben S. 105)。

② 如果一项公法请求权以一项私法权利为条件并与之不可分离,那么这个公法权利就会随着私法权利的移转被间接地移转。例如要求颁发专利证书的请求权(vgl. Patent-G vom 7. April 1891 § 6)。

转移请求权，创设机关的行为本身永远都是基于法律或通过行政行为在国家人格内部进行的过程。由此可见，国家对自身拥有的法律权力的处分权只在极小范围内存在。

公法机关地位的承担者原则上不能处分应由其行使的机关职权。也就是说，任何机关都只能亲自行使被指定的职权。只能通过立法的方式规定这一原则的例外情形。例如，法律可以规定以行政法规的方式创设权利。职权的代理行使也只能依据法律规定或机关的法规进行。在被如此规定的代理行为中，不存在对公法权利的处分，只存在由一个机关取代另一个机关的国家规定。这一过程完全发生在国家人格人内部。只要代理在被代理的国家机关和国家之间建立了新的关系，那么永远都不能适用私法上的类似规范对这种关系加以判断，而应根据调整官员或其他承担机关资格的人格人之关系的一般原则进行判断，所以应按照相关的部门规范对一个委员会式部门的副主席与主席之间的关系、首长制部门成员的代理权限加以判断。如果认为这些情形涉及权利的处分，那么将会产生关于这些大多没有法律意义之关系的错误认识。

一个机关委托另一个机关行使之职权的法律基础是唯一具有重要的国家法意义的问题。如果君主不是由一个基于宪法规范产生的摄政王代理，而是由一个行使被指派的权限的、对君主负责的其他种类的代理人代理时，那么在君主身上就存在这一问题。只要法律①未将此种代理交由君主的自由裁量决定，这种代理始终以一个授权性的法律为前提。与此相反的观点基于对公法权利的属性的根本上的错误认识。

---

① 或者通过毫无异议的实践（vgl. Allg. Staatslehre S. 18）。

根据法制的目的应由机关地位承担者亲自实施的机关行为基本上不能基于相关人格人的处分由他人代理。为产生人民意志或人民意志的代表机关而创设的投票权和选举权就是如此。议会成员的活动也是不可代理的，因为基于人民代表制的理念，代表人与被代表人必须在同一个创设活动中确定下来。议会成员或议会本身不能基于自身的权力赋予某人人民代表的身份，或者授予某个成员代表多数人投票的权利。

在如今各国的实在法中，仍存在这一原则的某些例外情形。德意志的某些上议院中仍存在法定代表制或者允许对世袭成员的代理。① 如果原则上不承认妇女的直接投票权，那么例外地享有投票权的妇女就可能负有通过代理人投票的义务。② 英国议会上院的成员通过同一党派的人行使其表决权的权利作为中世纪陈旧观念之残余具有独特的性质，在代理投票的过程中，代理权人不必与被代理人投相同票。③ 在奥地利，大地产者的选举权可以通过代理人行使，④ 因为奥地利《国家基本法》是以1848年之前的等级关系为出发点的。现代的人民代表观念在国家法律制度中体现得越鲜明，此处提到的等级关系就显得越反常，以至于选民和当选者的权利的绝对不可代理性在任何地方都成了显而易见的法制发展的最终目标。

---

① Stellvertretung in Sachsen Verf. § 64; Baden Verf. §§ 28, 30 (G. vom 24. August 1904); Hessen, G. v. 8.Nov. 1872 Art. $2^{4,5,6}$, Art. 49; Bevollmächtigung in Württemberg Verf. § 156.

② Böhmisches Landesgesetz vom 9. Januar 1873 L.G.B. I, § 10.

③ Vgl. Fischel a. a. O. S. 383, May; Law of Parliament 10th ed. p. 350. 这种权利尽管没有被明文废除，但自1867年起，依据上议院的议事规程这种权利不能再被行使。

④ Reichsratswalordnung § 13. 那时在巴登和符腾堡也存在代理行使选举权的规定（Wahlordnung vom 23. Dezember 1818 § 7, § 22, Württemberg, Verf. § 143）。

第二十章　公法权利的创设、消灭和变更

公法权利可能在特定范围内通过这一方式发生其他的变更：将进一步确定公法义务或公法权利的权力赋予私人、公法团体或国家单方面的意志或达成一致的意思表示。也就是说，以法律行为对公法权利进行补充。① 只有通过这种方式才可能切实地照顾到各种法律关系中的具体差别。国家在义务之履行的方式上赋予臣民选择权的所有做法都属于这一情形。协议与合同将更为广泛地被用于公法义务和请求权的变更形式。例如在济困团体和学区间分配财产、清偿税款和延期缴税、国家和地方团体之间关于建立和维护公共设施之经费的合同。关于这种协议，我在其他地方已有论述。此处所讨论的合同也是公法性的，但与先前所讨论过的服从合同有着根本的不同。这种合同在形式上与私法合同相同，但与私法合同在内容上有着显著的差异，因为公法权利永远都不是私法上的法律行为之客体。相对于服从合同，人们可以将此种合同称为行政合同，这两种合同构成了国家法上的合同的两个类型。②

因为个人和国家之间的关系创设了个人人格并将资格赋予个人资格，所以源自积极地位的请求权一般不能被移转或代理，在另一方面，源自消极地位的义务也应由义务人亲自履行。毋庸多言，人格上的资格不能被处分，但源自主动地位的要求实物给付的请求权却能够被处分，例如公职人员的薪金请求权。然而，实在法通过禁止性规定对处分这种请求权的可能性进行了限制。即使法律规范许可公职人员在具体情形中将薪金请求权转让或者抵押，也不存

---

① 对此种情形进行的深入阐述，参见：Radnitzky, a. a. O. S. 42 ff.
② Vgl. auch v. Stengel in seinem Wörterbuch des V. R. II, S. 703. 斯滕格尔虽然同意这种观点，但没有在他的书中举出这两种合同类型的不同。

在真正的对公法权利的处分,因为法律上交易的客体事实上不是请求权本身,而是以请求权为基础取得的、已进入取得人的私法权利领域的权利。

法律保护和利益保护请求权可以被代理,在某些情况下甚至必须被代理,这是上述原则的一个最为重要的例外情形。为了个人利益进行这种代理在原则上是被允许的。出于对共同利益和个人利益的考虑,只要存在强制性的律师代理,法律保护请求权的代理就是必要的。然而,不能认为这种法定代理是对公法权利的处分,事实上公法请求权的行使与行使公职职能的第三人的代理在这种情形中自始就被联结在一起。

基于民事诉讼与私法权利的内在联系,个人在民事诉讼中拥有较大的处分请求权之自由。在关于法院所在地或仲裁的约定、关于取消某一期限的约定、关于延长或者缩短期间的约定、关于中止诉讼的约定以及关于鉴定人的约定中都存在着法律行为对公法权利的限定。①

尽管"公法权利不能被私人的自由意志变更"是一种原则,但也允许存在广泛的例外情形。此处也与法制中的其他地方一样,安排法制之细节的不是抽象的逻辑,而是不拘泥于对称性和和谐性的实际需要。

---

① Vgl. Bülow, Dispositives Zivilprozessrecht, Archiv f. ziv. Praxis 64. Bd. S. 1 ff. 尤为值得关注的是(该书)第 108 页中关于个人处分意志与法制之间关系的精彩论述(Ferner, Kohler, Über prozessrechtliche Verträge und Kreationen, Beiträge zur Erläuterung des deutschen Rechts 1887 S. 276)。

第二十一章　公法权利的法律保护

只有被法律承认的意志权力才能通过指向某个具体的利益创设一项权利。法律的承认包含着对被承认之事物加以保护的观念。因此，被法律保护与被法律承认一般被认为是等同的。很多人认为法律保护仅仅是国家强制（绝对和强制性的）提供的保障，以至于强制在今天仍和在自然法时代一样，被很多法学学者当作法的本质特征。如此一来，只要公法涉及服从者针对国家享有的请求权、国家的宪法秩序以及国家与国家之间的关系，就不再属于法的范畴了。将法律规范等同于强制规范的理论最终不仅会否认国际法的存在，也会否认宪法和绝大多数行政法的存在，因为无论人们如何理解都不能将后二者归入强制的范畴，毕竟自我强制是匪夷所思的。

这一广泛传播的学说将强制与保障混为一谈。诚然，必须存在某种能够实现法制之一般意愿的保证，因为仅仅指引着纯粹的理想状态的规范没有支配现实的能力，不能被称为法律规范。然而，能够实现法制所欲求之效果的手段绝不仅仅局限于强制。在相互间既层层交叠又彼此促进之利益的作用中已经存在了一种法律之实现的保障，否则习惯法将不可能形成。仅仅建立在道德信条、利益共同体以及权力关系上的保障并非绝对有效的保障，其他看上去很可靠的保障在有限的范围内也不能发挥绝对的保障作用。诚然，如果国家的强制执行能够被实现，权利就能够得到最好的保护，但较低程度的保护也应被视为保障。因此，存在着受保护程度较高的权利和受保护程度较低的权利。人们可以发现这样一个过程，受保护程度较低的权利逐渐获得了较高程度的保护。在私法中存在着受到完全保护的权利与受到不完全保护的权利的区别，这种区别在公法中更为普遍。

国际法的保护是不完全的保护。通过国际会议和大会的召开、仲裁法庭的组建、第三国为条约或状况提供的特别保障，原本仅由国家之间的权力关系和紧张关系决定的极不完善的国际法保障获得了提升。法律保障的不断进步也同样在国家法上表现出来。法律保障就其性质而言，只在涉及保护国家针对其服从者的请求权时才表现为强制。

由此可见，虽然有效的法律保护始终是个人权利的形式特征，但不能因为缺少完善的法律保护或法律保护未被完全落实就认定不存在个人请求权。科学的研究必须在此种情形中确定，是否存在能被法律保护的个人利益。在这些情形中存在着形式上被承认的利益与实质上存在的利益的区别，这种区别对将来法具有极为重要的意义。如果不能确定相对于行政行为应被法律保护的利益，那么也就不会产生这种保护。然而，人们无法在这一问题中划出精确的界限。因此，在具体情形中是否只应从共同利益出发或者也应从个人利益出发解决这一问题，应视各国的法制以及各国的公法发展阶段而定。

国家公法权利的保障包含着两个层面。首先，其为对国家享有的针对服从者的请求权的保障。其次，这一保障也是对国家法制本身之存续的保障。因此，作为共同利益之代表的国家享有要求作为意志主体和行为主体之国家通过其行为实现客观法的请求权。对第一种请求权的保障是应依法行使的国家权力本身。国家权力能够通过命令和禁止，在被抗拒的情况下通过国家性请求权的强制执行发挥保障作用。对第二种请求权的保障是以此为目的将职权分配给不同的国家机关。将国家职能分配给特定国家机关之目的在于确保作为行为主体的国家遵守法律的限制。

首先，最重要的对国家公法权利的保障是上级机关对下级机关的行政和财政监督，以及上级法官依职权对下级法官所作决定和判决进行的司法监督；其次，被实在法设定了多种限制的法官在审查法律和法规方面被赋予的职权也属于这种保障；最后，议会对全部行政行为的监督职权以及弹劾部长的职权也在此列。最后一个职权是共同利益保障法制之贯彻执行的最强保障手段。对共和国家而言，只有针对国家首脑的弹劾权意味着保障程度的提高。

部门的组织形式中包含着对公法权利的另一种保障。人们曾经认为行政部门委员会式的组织形式能够最好地保证法制得到全面并且独立的保护。部长负责制所必然引起的大部分行政部门向首长制部门的转化使这种保障在很长时期内不再是一种常态。建立这种保障的替代机制并确保排除政府的不当干预，是创建新的委员会制部门的目的之一。在委员会制部门中，由相关部门在辖区中任命或由地方团体派遣的名誉官员参与了行政事务的处理。陪审法庭和刑事陪审法庭在司法领域内也服务于相似的目的。

保障公法团体（主要是主动公法团体）实现公法权利的手段与上述各种方式不同。国家不可能将适用于私法团体的权力手段适用于公法团体。如果私法团体不服从国家,国家可以将其解散。但如果一个团体本身履行着法定的国家职能,那么不仅这一团体对国家负有完成特定任务的义务,国家也负有维持这一团体存在、使其不被取代的义务。因此,在这种情形下国家不能对这种团体行使消灭权。由于这种团体是独立于国家并依照法定形式被组建的,所以行政监督权不足以保障这种团体之公法权利的实现,其实现的主要保障是纪律权力。然而,纪律监督权不能对独立团体行使,并只能在有限的范围内对这种团体的机关行使。因此,国家为了保障法制保留了针对这种团体的、替代纪律权而与纪律权类似的权力手段。这种权力手段包括市长和市镇首长的提名权或批准权、对这些团体内的机关承担者的罢免权、决议撤销权、解散地方代表机构的权利,以及国家对公法团体事务的临时代管权。

因为对国家本身而言,职权的分配已经是对国家的权利的重要保障,所以积极职权冲突的解决机制也服务于这一目的。虽然国家元首享有的解散选举产生的议会的职权之目的主要是解决在不同的国家职权的个人承担者之间可能产生的实际利益冲突,但也可以被用作调解政府和议会之间的职权冲突的手段。迄今只存在于少数国家的宪法法院制度基于其独特特征具有冲突调解法院的属性。[①] 如果行政法院审理的不是主观权利而是客观法,那么它也同

---

① Z. B. in Sachsen, Verf. § 153; Oldenburg, Verf. Art. 203; Braunschweig, Neue Landschaftsordnung § 231; vgl. ferner Reichsgesetz vom 14. März 1881 betr. die Zuständigkeit des Reichsgerichts für Streitfragen zwischen dem Senat und der Bürgerschaft der Freien und Hansestadt Hamburg.

样具有冲突调解法院的属性。①

个人针对国家的法律请求权的主要保障手段是由全部国家机关合义务的活动提供的。实现被法律承认的个人请求权是所有国家机关之机关承担者的国家任务。假如国家秩序与自然秩序一样，能够在其机关之中发挥着绝对、必然的作用，那么对个人法律请求权进行其他方式的保护就是多余的。即使因为个人意志向符合法律的机关意志之转化的不可靠性而为个人法律请求权设置了其他保障，国家机关合义务的活动依然是保障个人公法请求权的最强有力的手段。对国家而言，国家通过一系列权力手段保护国家机关合义务的活动也是对国家法制的基本保障。

然而，如果国家希望维持法制，那么国家必须在所有情形中也在一定程度上承认个人的意志是国家法律保护行为的条件。如果对私法权利的保护仅仅取决于法律规定的前提，那么整个现存的社会秩序将被完全颠覆，人们将被置于国家的绝对管束之中。在私法中，一般只在个人意志本身要求通过法律保护实现自己的目的时，个人意志才被保护。必然可以由此得出这一原理：对私人利益的保护不是直接基于国家的意志，而是基于利益人自身的意愿。基于这一原理，公法诉讼能力得到了承认，这种能力作为法律保护请求权构成了积极地位最重要的功能。

这种法律保护不仅包含为了自身的利益按照法定构成要件启

---

① Preussisches Gesetz über die Organisation der allg. Landesverwaltung vom 26. Juli 1880 § 60; Kreisordnung § 178; Provinzialordnung § 118; ferner G. Meyer, V.R. I, S. 53 f.

动一个国家行为的请求权，还包含撤销司法决定和判决的请求权。各种法律手段已经提供了对国家的意志行为进行审查的法律上的可能性。这种可能性不仅服务于国家在正确和公正的司法活动上的利益，也服务于权利的存续由司法活动决定之人的个人利益。较高审级的法官在满足法律保护请求权的过程中，不仅审查私法上的状态和权利，也必然审查下级法官的司法行为的合法性。由此，法院系统内的职权分配已经实现了法律保护请求权。基于这种职权分配，裁判性的国家行为受到国家性司法审查的监督。

在普通刑事诉讼程序中，启动对裁判行为的司法审查的请求权是一种具有特殊形式的更强的请求权。民事诉讼涉及的主要是个人的权利，在不利的判决中，个人对国家命令的服从是为了满足其他个人的目的。在刑事诉讼中，法官判决的则是国家要求个人承担或容忍刑罚的请求权。在对被告人的申请进行裁决时，法官应顾及两种利益，即国家查明真相的利益和个人免于刑罚处罚的利益。上诉和法律审程序已经体现了个人要求对判给国家权利进行裁判的法律请求权。职权的分配甚至可以使某个法院有能力同时为了共同利益和个人利益消灭某个已经被确定的国家的法律请求权。因此，通过将职权分配给不同审级的法院，法律保护请求权得以实现和保障。这种保障既体现为不同种类的诉讼程序，又体现为司法职能在法官之间的分配上。这些法官在司法上彼此独立，并由统一的法院体系结合在一起。

国家事务是服务于共同目的的事务。不属于立法和法律保护的国家事务是行政事务。行政机关必然会涉及个人以及个人的利益。行政机关可能被赋予使其有能力并且有义务仅仅为了共同利益实施行为的职权,这就意味着与共同利益相抵触的个人利益完全不应被顾及。在另一方面,行政机关往往只能通过干涉个人的法律地位(确切地说,提高个人的权利状态)实现自身的目的。个人对此可能完全消极不作为,以至于行政机关的行为单方面导致了个人权利的扩展,这种扩展虽然可能以参与人的申请为基础,但这种扩展不是在实现法律请求权的而是在关照基于共同利益应予促进的个人利益。行政机关也可能通过服务于共同利益的行为创设并促进局部利益,这是行政行为有意或无意的反射作用。如果开办了一所大学,那么就为所在城市的居民创设了新的利益;如果决定建设一条铁路,那么未来处于铁路沿线城市的利益就被显著地促进了,尽管促进这种利益绝不是建设铁路的原因。此外,行政机关也可能触及个人的法律请求权。行政机关在这一方面的最高原则为:行政机关受到法律的限制,不能向个人提出任何要求和命令,除非行政机关被法律明确地授权。另一方面,个人也被赋予了针对行政行为的积极请求权。此种请求权主要在下列情形中存在:个人的行为能力出于共同利益的缘故受到了原则性的限制,而个人在特定的情形中有权要求行政行为解除此种限制;国家能够确保对国家设施之使用满足了国家设定的目的,因而个人有权要求国家出具特定资的证明;行政机关出于公共监督的缘故对个人的涉法状态进行登记。

在所有行政机关触及个人权利的情形中,个人权利将首先受到行政部门合义务之行为的保护。直到近代,个人利益的整个保护体系在大部分国家中都是以这样的方式被建立起来的。国家利益和被关照的个人利益都曾通过在不同国家机关间按级别分配职权、委员会制的组织形式以及上级部门对下级部门的监督权获得保护。

然而，此种保护在过去并未得到充分的发展。如果行政机关考虑的主要是共同利益，那么在心理层面上，个人利益在有争议的情形中将很可能不会获得法制所要求或允许的关照。在这种情形中，个人虽然原则上享有针对行政机关的请求权，却不具有以法律手段实现请求权的能力。虽然行政诉愿会启动对案件的重新审查（可能由同一机关进行，也可能由上级机关进行），但其通常只是启动行政机关内部的国家监督手段，而非按照法律诉讼的形式和原则对行政行为进行重新审查的动因。尽管如此，在这种条件下还是能够将个人的法律请求权从个人要求关照纯粹事实上利益的请求中区分出来。法律保护之提升不创设权利。个人针对行政机关的公法权利不是通过引入行政诉讼和个人权利性的行政诉愿才产生的。然而，被给予的保护在这些情形中通常不是对法律请求权的满足，而是客观法的反射作用，正如给予个人的刑法上的保护是一种纯粹法的反射。

但是，行政诉讼制度的引入使情况发生了变化。基于职权的分立，个人的法律请求权在不同国家以不同的（此处不做进一步阐述）的方式在不同程度上被赋予了这种保护：个人被赋予了使行政决定受到司法审查的法律权力，正如在民事或刑事诉讼中已被赋予的司法审查的权力。基于这种审查，法院将会按照实在法规定在诉愿成立时作出撤销或变更的判决。如果法院作出了无司法管辖权的宣告，那么作为拒绝或迟延判决之诉愿的特殊形式的消极职权冲突解决机制首先通过行政机关、然后通过行政法院保护了个人要求作出裁判的请求权。

虽然行政诉讼制度保障的主要是个人的权利领域，但其同样也保障了国家通过国家机关实现法律的利益。就这层意义而言，行政

第二十一章 公法权利的法律保护

诉讼是国家通过国家制度保障法制的最后一环。[①] 并非所有国家都有行政诉讼制度，在有行政诉讼制度的国家中也并非所有法律事务均由行政法院管辖。这一事实是驳斥"直到形式上的诉权被赋予时，权利本身才能产生"的观点的最有力证据。深入的、对将来法有重要意义的研究的任务恰恰在于，查明被法制认为可予保护的个人请求权在何种程度上存在于现有的提供行政司法保护的法律之中，以便据此提出立法上的要求。

一般而言，要求承认被委以机关资格的请求权是不完全保护请求权。在某些国家里，审查议会选举的正当性（可能涉及选民，也可能涉及当选者）的权利仅由议会本身所享有，或者行政诉愿最多只能在主张选举权利受到侵害的情况下被提起。在这些国家里，一种如前所述的、毫无疑问地存在着的且极为重要的公法请求权缺乏可靠的实现保障。如此一来，不仅个人利益，就连国家利益也未被充分地保护。认识到此处存在个人请求权，是要求（基于法律的逻辑，在此种认识之上必然出现这一要求）给予此种请求权更高程度的保障条件，因为对个人请求权提供尽可能的、强有力的和全面的保障是法制的最终和最高目标之一。法制由此保障了自身的稳固，并保障了只能通过法制并在法制内达成之目的的实现。

[①] 格奈斯特的观点与主流观点相悖，他认为行政法院只能对客观法进行裁判（Gneist, Rechtsstaat 2. Aufl. S. 270），伯恩哈克接受了这一观点（Bornhak, a. a. O II, S. 413 ff.）。这种观点无力解释行政诉讼中当事人权限的纯粹个人性，尤其不能解释整个诉讼程序对被损害的当事人之诉的依赖性。这导致了对主观公法权利的否认或者对主观权利本质属性的错误认识。格奈斯特在该著作中关于刑事诉讼中当事人权利的阐述已经体现了这一点（S. 271）。关于这一问题，参见迈耶的正确论述（O. Mayer, I, 181 ff.）。

360　　　一般而言，公法团体的主动地位比个人的主动地位受到更强的保障。公法团体的机关资格请求权与个人对行政机关的请求权常常获得方式相同的保护。在法律上将本身含有服从元素的主动地位赋予公法团体，是这种团体的公法属性的根源。正是在这一法律请求权上产生了保障机关关系的要求。这种要求针对的是国家通过行政行为削弱相关的机关权利并将其据为己有的企图。另一方面，个人作为这种团体的成员获得了对抗不合规范之机关意志的法律保护请求权，只要这种意志触及了个人领域。前面已经强调过，间接的主动地位获得的法律保护一般比直接主动地位被赋予的法律保护更为全面。

　　由不存在诉讼程序推导出不存在个人请求权的做法是错误的，联邦国家中的成员国的主动地位为此提供了决定性的证据。就这一点而言，保障成员国的消极地位无疑是可能的，并且在美国，联邦法院享有的审查国会法案的合宪性的职权也事实上提供了这种保障。① 在德意志帝国和瑞士缺乏相应的规定，但请求权之存在却并不因此应该被理所当然地否定掉。这种情形恰恰为宪法之完善指明了方向。

　　联邦的成员国家之机关地位请求权未被赋予个人请求权上的保障。与其他领域相比，在国家组织领域存在的可靠保障最少。国361家的组织不能通过强制手段实现，因为国家的组织活动是所有国家活动的前提。假如法国议会拒绝在联合会议上选举总统，何种法

---

　　①　Vgl. Story, Commentaries on the Const. of the United States (ed. By Coolley, Bosten 1873) § 1575 squ.

律手段可以保障这一合宪的要求呢？所有这种根本性的组织行为都是依据组织性要素的常态意志（kraft des normalen Willens）开展的。如果缺乏这种意志，法制便走到了尽头，随之而来的就是政变或革命。对此，法律的保障无能为力。因此，联邦法中的组织性规范之实现完全取决于全部联邦国家机关的法律意志。尽管如此，于这些规范之中还是产生了成员国家的请求权，这一点可能不会有人怀疑。

术语索引

(索引页码为原书页码,即本书边码)

A

Abgeordnete 议员 166 及以下诸页
Ablehnung von Auszeichnungen 表彰的拒绝 192, 218
Absolute Königtum 专制君主制 287
Adel 贵族 190 及下页
Administration discrétionnaire 行政裁量 202
Ärzte 医生 246
Agnaten 父系亲属 148, 187 及下页
Aktive öffentlich-rechtliche Verbände 主动公法团体 268
Aktive Qualifikation 主动资格 141 及以下诸页, 330 及下页
Amerikanische Rechtsprechung 美国的判决 101
Amtstitel 官衔 191
Anerkennung 承认 106 及以下诸页, 122 及以下诸页, 261 及以下诸页
Anspruch 请求权 54 及以下诸页, 86 及以下诸页
Anspruch auf Anerkennung 承认请求权 121 及以下诸页
Ansprüche an die Gesetzgebung 立法请求权 72, 80 及下页, 299 及下页, 339 及下页
Ansprüche auf Organschaft 机关资格请求权 141 及以下诸页, 359 及以下诸页
Anstalt 机构 224, 256
Anstellung 招聘 213
Anzeige strafbarer Handlungen 犯罪告发权 72 及下页
Arbeiter 雇员 215, 254
Arbeiterfürsorge 劳动者保障 254, 268 及下页, 276
Arbeitsgeber 雇主 254
Arbeitsordnung 劳动守则 254
Auflösung von Subjektionsverhältnissen 服从关系的解除 213
Ausübung staatlicher Rechte 国家权利的行使 200

Ausübung staatlicher Rechte durch Private 国家权利的私人行使 255 及以下诸页

B

Badische Erste Kammer 巴登上院 176

Bahnpolizei 铁路治安 246

Beamte öffentlich-rechtlicher Verbände 官员，公法团体的 186

Beamte, republikanische 官员，共和国的 173

Befähigungsnachweis 能力证书 111, 337

Beförderung 升职 213

Begnadigung 赦免 333

Begründung öffentlicher Rechte 公法权利的创设 329 及以下诸页

Begründung von Organverhältnissen 机关关系的创设 209 及下页

Behörden 部门 224

Berufsgenossenschaften 行业协会 268

Berufsrechte 职业权利 246

Betriebskrankenkassen 企业医疗基金 253

Börsenbesucher 交易所客户 216

Bürgerliche Rechte 市民权 134

Bundesexekution 联邦执行 309 及下页

Bundesrat, deutscher 联邦参议院，德意志 301 及下页

Bundesstaat 联邦国家 295 及以下诸页

C

Contrat administratif 行政合同 62, 221

D

Delikte gegen Behörden 针对部门的侵权行为 230

Deliktfähigkeit der Verbände 团体的违法行为能力 258 及以下诸页

Dienstbote 雇工 215

Dienstpflichtige 公职义务人 184

Dienstvertrag, öffentlich-rechtlicher 公职合同，公法 177, 180, 209 及以下诸页

Dienstzwang 强制性职务 184

Dispensation 豁免 110, 218, 333

Dispositives Zivilprozessrecht 可处分的民事诉讼权利 349

Disziplinargewalt 纪律权力 173, 214 及以下诸页, 353

Dürfen, rechtliches 法律上的可为 46 及以下诸页

E

Ehe 婚姻 88

Ehrenbeamte 名誉官员 183 及下页

Ehrenrechte des Monarchen 君主的荣誉权 151 及下页

Eigener Wirkungskreis der Gemeinden 市镇的自有事务范围 277 及以下诸页, 289 及以下诸页

Einheit 统一体 21 及以下诸页

Einspruchsrecht bei Wahlen 选举申诉权 165

Empirismus, juristischer 法学经验主义 26 及以下诸页

Enteignung 征收 64

Entschädigung 赔偿 335 及以下诸页

Erblichkeit öffentlicher Rechte 公法权利的可继承性 343 及以下页

Erbliche Kammermitglieder 世袭议员 174 及下页

Erfüllungsmittel des öffentlich-rechtlichen Anspruchs 公法请求权的实现手段 66

Erklärung der Rechte 权利宣言 2 及以下诸页, 94

Erlass 免除 333

Ernannte Kammermitglieder 被委任的议会成员 174

Errichtung eines Amtes 公职的设立 194

Erworbene Rechte 取得权利 335 及以下诸页

Exterritorialität 治外法权 189 及下页, 326

F

Familie 家庭 59, 88 及以下诸页

Familienmitglieder der Gesandt 外交人员的家属 188

Feststellungsanspruch 确认请求权 126

Feudale Hoheitsrechte 封建统治权 339

Fiktion 虚构 17, 29, 31

Finanzgewalt der Gemeinde 市镇的财政权力 276, 289

Fiskus 国库 60 及下页, 209

Französisches Verwaltungsrecht 法国行政法 3

Freies Ermessen 自由裁量 202 及下页

Freiheitsrechte 自由权 94 及以下诸页

G

Garantie der Rechte 权利保障 349 及下页

Gebietshoheit 领土主权 77 及下页

Gebietskörperschaften 区域性团体 275

Gebühren 费用 219 及下页

Gehaltsansprüche der Beamten 公职

人员的薪金请求权　181 及以下诸页
Gehorsam　服从　197, 214 及下页
Gemeinde　市镇　275 及以下诸页, 297 及下页
Gemeindebeamte　市镇公职人员　186 及下页
Gemeindeorgane　市镇机关　186
Gemeininteresse　市镇利益　53 及下页, 68 及以下诸页, 114 及以下诸页, 234 及以下诸页
Gemeinschaft　联合体　312
Gemeinwesen　共同体　312
Genossenschaftstheorie　社团理论　7, 283 及以下诸页
Gerichtsvollzieher　法院执行官　250 及下页
Gesandte　外交人员　326
Geschworene　陪审员　184
Gewählte　当选者　166 及以下诸页
Gewerbekonzession　经营许可　110 及下页
Grenze zwischen mittelbar publizistischen und privatrechtlichen Ansprüchen　间接公法请求权与私法请求权的界限　270
Grenze zwischen Privat- und öffentlichem Recht　私法权利和公法权利的界限　59 及以下诸页
Grenze der Verbandstätigkeit　团体事务的范围　262

Grundrechte der Staaten　国家的基本权利　316 及以下诸页
Gut　益　43

H

Haftung des Staates　国家责任　244 及下页
Hausgesetzgebung　王室法立法　187
Herrenhaus, preußisches　普鲁士上议院　175
Herrschaftsrechte　统治权　283
Herrschen　统治　284 及以下诸页
Herrschergewalt　统治者权力　219 及以下诸页, 266
Herrschertheorie　统治者理论　26 及以下诸页, 34 及下页

I

Immunität der Kammermitglieder　议员的豁免权　170 及下页
Impeachment　弹劾　203
Individualinteresse　个人利益　52 及下页
Interesse　利益　43 及以下诸页
Interessenbefriedigungsanpruch　利益满足请求权　128 及以下诸页
Interessenberücksichitigungsanspruch　利益关照请求权　130 及以下诸页
Interessenbeschwerde　利益诉愿　131

Irrelevantes Handeln 不涉法的行为 50, 55 及下页

Juristische Erkenntnis 法学认识 13 及以下诸页

Juristische Person 法人 28 及以下诸页, 256 及下页

K

Kammern siehe Parlament 议院。参见 Parlament

Kirche 教会 272 及以下诸页

Kirchenrecht 教会权利 274 及下页

Kollegialbehörden 委员会式部门 232

Kollegiengeld 听课费 248 及以下诸页

Kommunalverbände, höhere 高级地方团体 293

Kompetenz 职权 227 及以下诸页

Kompetenzkonflikt 职权冲突 353, 358

Kompetenzüberschreitung 越权 241 及以下诸页

Konfessionswechsel 改宗 105

Kongresse 代表大会 324

König, englischer 英国国王 229 及下页

Können, rechtliches 法律上的能为 47 及以下诸页

Kontrahierungszwang 强制缔约 75

Konzessionen 特许 110 及下页, 218

Körperschaft 社团法人 256, 284 及下页

Körperschaftliche Gewalt 社团权力 285 及以下诸页

Krankenkassen 医疗保险公司 268

Kriegspolizei 战时治安 328 及下页

Kriegsrecht 战争权 323

Krieg unierter Staaten 政合国成员之间的战争 310

L

Lehrling 学徒 215

Leugnung des subj. Öffentlichen Rechtes 对公法权利的否认 5 及下页, 10 及以下诸页

Löhnung 饷金 73, 185

M

Methode, juristische 法学方法 15 及以下诸页

Militärpersonen 军事人员 178

Ministerverantwortlichkeit 部长责任 203, 231, 233, 239

Mitglieder der Dynastie 王室成员 147, 187 及下页

Mitgliedschaft am Bundesstaate 联邦成员资格 303

Mittelalterlicher Staat 中世纪国家 287

Mittelbare Staatsbeamte 间接国家公

职人员　186及下页

Mittelbar publizistische Ansprüche　间接公法请求权　93, 269及下页

Modifikation öffentlicher Rechte　公法权利的变更　344及以下诸页

Monarch　君主　143及以下诸页, 231, 233, 237

Monarchenrecht　君主权利　140及以下诸页, 147及以下诸页

Munizipalsystem, französisches　法国市镇体制　279

N

Nationalitäten, Gleichberechtigung　民族, 平等　99及以下诸页

Naturalisation　赋予国籍　209, 212, 221

Naturrecht　自然法　1及下页

Nordamerikanische Gliedstaaten　美国的联邦州　176

Notare　公证人　216, 249

Notwehr　正当防卫　247

O

Oberlandesgericht　州高等法院　258

Objektives Vertragsrecht　客观合同法　222及下页

Oeffentliche Anstalten　公立机构　75及以下诸页, 224

Oeffentliche Sachen　公共事务　75及以下诸页

Oeffentliche Verbände　公法团体　263及以下诸页, 329及下页

Oeffentliches Vermögensrecht　公法财产权　122

Oeffentlichkeit　公共性　73及下页

Oesterreichisches Reichsgericht　奥地利帝国法院　99及下页, 123及下页, 136, 160及下页, 161, 282, 326

Orden　勋章　191及下页, 207, 337

Organe　机关　80及以下诸页

Organisation der Behörden　部委的组织　238及以下诸页, 352及下页

Organisationsverordnungen　组织规章　240及下页

Organische Staatslehre　有机体国家学说　35及以下诸页

Organismus　有机体　35及以下诸页

Organträger　机关承担者　224

Ortsfremde　外地人　285

Ortspolizei　地方警察　276

P

Parlament　议会　236及以下诸页

Parlamentarische Disziplinargewalt　议会的纪律权力　171及下页

Parlamentarische Geschäftsordnung　关于议会议事章程的规定　169

Passive öffentliche Verbände　被动公法团体　268

Passive Qualifikation 被动资格 134 及以下诸页, 330, 332

Patent 专利权 344

Persönlichkeit des Individuums 个人的人格 57, 81 及以下诸页

Persönlichkeit des Staates 国家的人格 28 及以下诸页

Persönlichkeit der Verbände 团体的人格 244 及以下诸页

Personeneinheit 人的统一体 25 及以下诸页

Petitionsrecht 请愿权 131 及下页

Pflicht 义务 196 及下页

Pflichtsubjekt 义务主体 82

Politische Rechte 政治权利 136 及以下诸页

Portofreiheit 邮资免除 338

Postanstalt 邮政机构 221

Postverwaltung 邮政管理 295

Postverwaltungsakte 邮政管理行为 221

Pouvoir municipal 市镇权力 278, 280

Präsident der Republik 共和国总统 156, 209, 361

Prisengerichte 处理海上战利品的军事法庭 329

Privatankläger 私人起诉人 252

Privatbeamte 非公职职员 213 及下页

Privilegien 优待 338

Privilegien, völkerrechtliche 优待, 国际法 325 及以下诸页

Privilegierter Status 被优待的地位 107 及以下诸页, 133 及下页, 147, 169 及以下诸页

Prüfungstaxen 考试费 248

Publizistische Ansprüche zwischen Verbänden 团体间的公法请求权 270 及以下诸页

R

Realunion 政合国 307 及以下诸页

Recht auf das Amt 职务请求权 177 及下页

Rechte an der eigenen Person 人格上的权利 83 及下页

Rechtsanwälte 律师 249 及下页

Rechtsbegründende Verwaltungsakte 创设权利的行政行为 109 及以下诸页

Rechtsdogmatik 法教义学 18 及下页

Rechtsfähigkeit 权利能力 81

Rechtsgleichheit 法律平等 97 及下页, 134 及下页, 319

Rechtsmittel 法律手段 128, 355

Rechtspflicht 法律义务 196 及下页

Rechtsschutz 法律保护 349 及以下诸页, 354 及以下诸页

Rechtsschutzanspruch 法律保护请

求权　124 及以下诸页, 261

Rechtssubjekt　权利主体　28 及以下诸页, 194 及下页, 266

Reflexrecht　反射权利　67 及以下诸页, 137 及下页, 109, 119 及下页

Regent　摄政王　153 及下页

Regierung　政府　236

Reichsgericht　帝国法院　251, 333

Relative Rechtsordnung　相对法制　255 及下页

Religion juristischer Personen　宗教法人　257 及下页

Reliktenansprüche　抚恤请求权　189

Repräsentant　代表　153 及下页, 186

Represalien　报复性措施　323

Republikanische Staatshäupter　共和国国家元首　154 及以下诸页

Retorsion　报复　310, 323

Richter　法官　158 及下页

Richterliche Pflichten　司法义务　239

Rudimente des aktiven Status　主动地位的残余　189 及以下诸页

Rückforderung von Steuern　税金返还请求权　63

Rückwirkung des aktiven Status　主动地位对他人的作用　187 及以下诸页

S

Sache　物　23 及下页

Sakrament　圣餐　222

Schiffspolizei　船舶治安权　246

Schöffen　陪审法官　185

Schweizerisches Bundesgericht　瑞士联邦法院　72, 98 及下页, 176, 235

Seemann　海员　214

Selbstverpflichtung des Staates　国家的自我设定义务　195 及以下诸页, 234 及以下诸页

Selbstverwaltung　自治　290 及以下诸页

Senat der Vereinigten Staaten　合众国参议院　302

Soldaten　士兵　185, 189 及下页

Sonderrechte der Gliedstaaten　成员国的特别权利　304 及以下诸页

Souveränität　主权　78

Sozialpolitische Gesetze　社会政策性法律　253 及下页

Sozialrecht　社会权利　92 及下页

Sporteln　手续费　248

Staat　国家　12 及以下诸页

Staatenbund　邦联　306 及下页

Staatengemeinschaft　国际联合体　312 及以下诸页

Staatenverbindungen　国家联合体　294 及以下诸页

Staatenangehörigkeit　国籍　116 及以下诸页, 193 及下页

Staatsanwaltschaft　国家公诉机关

236
Staatsbeamte 国家公职人员 183
Staatsdiener 国家公务员 177 及以下诸页
Staatskirchentum 国家教会 272 及下页
Staatsorgane 国家机关 223 及以下诸页
Staatswissenschaft 国家科学 18 及以下诸页
Staatszweck 国家目的 38 及下页
Standesherren 贵族 189 及下页, 326
Status 地位 116 及以下诸页
Status, aktiver 地位, 主动的 87, 136 及以下诸页, 262, 289 及以下诸页, 300 及以下诸页
Status, negative 地位, 消极的 87, 94 及以下诸页, 289, 297
Status, passive 地位, 被动的 186, 288, 296
Status, positive 地位, 积极的 87, 114 及以下诸页, 289, 298 及以下诸页
Stellvertretung 代理 345 及下页
Steuerbefreiung 免税 338
Stimmrecht 表决权 176
Strafantrag 自诉 252
Strafe 刑罚 112 及下页
Strafrecht, Arten 刑法, 种类 216

及下页
Strafurteil 刑事判决 107
Studenten 大学生 216, 218
Subjektionsvertrag 服从合同 211 及下页
Subsidiaranklage 辅助起诉 252

T

Taggelder 津贴 171, 342
Thronfolge 王位继承 147 及下页, 343 及下页
Thronstreit 关于王位的纠纷 148
Thronverzicht 王位放弃 341
Titel 头衔 191, 337
Träger der Reichsgewalt 帝国权力承担者 302
Träger der Staatsgewalt 国家权力承担者 148 及下页
Trennung des Staates von der Kirche 国家和教会的分离 272
Treupflicht 忠诚义务 198, 202

U

Übertragener Wirkungskreis der Gemeinde 被让与的市镇的事务范围 277 及以下诸页, 288 及下页
Unabsetzbarkeit der Richter 法官的不可免职性 179
Ungarisches Oberhaus 上议院 175 及下页

Ungehorsam als Verbandsdelikt 作为团体违法行为的不服从行为 259 及下页

Unmittelbare Demokratie 直接民主 176

Unmittelbar publizistische Ansprüche 直接公法请求权 93

Untergang öffentlicher Rechte 公法权利的消灭 334 及以下诸页

Unverantwortlichkeit 免责权 150 及下页, 157

Unzuständigkeit 无职权 241

Urlaub der Kammermitglieder 议员的假期 172 及下页

V

Verantwortlichkeit 责任 156 及下页

Verbände 团体 91 及以下诸页, 255 及以下诸页

Vereinbarung 协议 204 及以下诸页, 321

Verfassungsgelöbnis 宪法宣誓 173

Verfassungsgerichtshöfe 宪法法院 353 及下页

Verfügung 处分行为 204

Verletzung des negativen Status 消极地位的侵害 113 及下页

Vermögensrecht 财产权 59 及下页

Versetzung 调动 219

Versicherungsanstalten 保险机构 268

Vertrag 合同 204

Verwaltungsbeschwerde 行政诉愿 129 及下页, 357 及下页

Verwaltungsgerichte 行政法院 101, 106 及下页, 161, 163, 249, 258, 358

Verwaltungsnormen 行政法规范 240

Verwaltungsverordnung 行政规定 241

Verwaltungsverträge, staatsrechtliche 行政合同, 国家法的 348

Verzicht 放弃 175 及下页, 332 及以下诸页, 340 及以下诸页

Völkerrecht 国际法 206 及下页, 242 及下页, 310 及以下诸页

Völkerrechtliche Ansprüche 国际法请求权 314 及以下诸页

Völkerrechtliche Pflichten der Individuen 个人的国际法义务 327 及以下诸页

Völkerrechtliche Rechte der Individuen 国际法上的个人权利 324 及以下诸页

Völkerrechtliche Rechtsgeschäfte 国际法律行为 321 及以下诸页

Völkerrechtlicher Schutz 国际法保护 119 及下页

Vorläufige Festnahme 临时逮捕 247

Vorzugsrechte der Staatsangehörigen 国民优待 109

W

Wahl 选举 159

Wahlanfechtung 选举的撤销 163 及下页

Wahlfähigkeit 选举能力 164

Wahlen in Behörden und die Vertretung öffentlich-rechtlicher Verbände 行政机关以及公法团体的代表机关的选举 163

Wahlgerichtshöfe 选举审查法庭 168

Wahlpflicht 选举义务 184

Wahlprüfungen 选举审查 168 及以下诸页

Wahlrecht 选举权 136 及以下诸页, 159 及以下诸页, 176 及以下诸页, 262

Willenstheorie 意思理论 42 及以下诸页, 226

Z

Zivilliste 年俸 153

Zivilurteil 民事判决 107

Züchtigungsrecht 体罚权 248

Zustandstheorie 统治状态理论 27, 34

Zwang 强制 349 及下页

Zwangsvollstreckung 强制执行 250 及下页

修订译本后记

有机会在商务印书馆出版《主观公法权利体系》的修订译本，我们极为欣喜。译作获得更大范围的传播机会，自然令人快慰；而我们更看重的地方在于，此次出版不仅能弥补先前译本翻译方式所导致的些许缺憾，更使译文朝着精准转译的方向再进一步。

首次翻译此书时，我们并未采用各自承担部分章节的分工方式，而是以共同锤炼的方式译出文本。从头至尾，我们两人都是先分别译出同一部分内容，然后摆在一起相互比对。在随后的讨论中，我们共同确定段落的语句组织和句子的表述方式，一字、一句、一段地形成新的译文。此种翻译方式虽意味着加倍的耗时，但收获也是加倍的。由于所有的字句都是我们共同锤炼出的，因此在总体上能够确保用语的统一和风格的一致。而且，共同锤炼字句的翻译方式必然伴随着理解差异所导致的争论以及或顺利或艰巨的相互说服过程。这就意味着，我们在翻译的过程中互为读者，在出版前我们就在某种程度上引入了读者的视域，使得自身的偏狭、错漏提前暴露，也为克服它们提供了具体的可能。这是一种极为强烈和收益巨大的学术体验。这样的翻译方式当然也有其弊端。过于繁琐的翻译流程使得差错的可能也随之增大，错字、错误标点、语句重复等在该译本中多有所现。译文越是传播日广，我们越为新发现的舛错而汗颜。

这次修订译本的推出，使我们获得了全方位精细打磨译文的机会。之前我们只是大体上在精准传达文意这个方向上努力，而在本次修订工作中想力争做到所有文本要素与原著文本丝丝入扣的精准对应。这就意味着，我们不仅要一再检查、优化译文的语句和字词，还要在令原著中所有的出版要素在译文中的准确呈现、注释里的中文字段与外文字段共处方式的合理安排等方面纠正原译文的缺憾。兼顾维度的增多使得修订工作经常陷入顾此失彼的困境，故一处妥帖的修正往往要通过反复的尝试才得以达成。本次译本修订的精细之处体现于我们采用了更为细微的错误辨别尺度。例如法语字母上重音符号的方向、希腊字母的书写形式正确与否等问题，在原译文中根本没有顾及，而在此次修订中，此类对于我们而言几乎是肉眼难以辨识错误，也在务求避免之列。因要努力达成此种要求之艰辛远远超出了预期，故而修订工作持续了三年之久。

但无论如何，我们都是幸运的。这种幸运不仅体现在当我们初出茅庐时便可翻译法学大家的经典之作，还体现在原译本自 2012 年推出以来，既因张翔老师的精辟评论[1]引起广泛注意，又因赵宏老师的相关研究[2]而得到持续关注，且翻译的瑕疵也被读者宽容待之，而我们此次又获得了改进优化的机会。在此，我们向先前推介本书的诸位老师和读者表示诚挚的谢意，并力争呈现一个更为理想的中文译本。

---

[1] 参见张翔：《走出"方法论的杂糅主义"——读耶里内克〈主观公法权利体系〉》，《中国法律评论》2014 年第 1 期。

[2] 赵宏：《主观公权利的历史嬗变与当代价值》，《中外法学》2019 年第 3 期。

图书在版编目(CIP)数据

主观公法权利体系:修订译本/(德)格奥尔格·耶里内克 著;曾韬,赵天书译.—北京:商务印书馆,2022
(公法名著译丛)
ISBN 978-7-100-20816-1

Ⅰ.①主… Ⅱ.①格…②曾…③赵… Ⅲ.①公法—研究 Ⅳ.①D90

中国版本图书馆 CIP 数据核字(2022)第 038625 号

权利保留,侵权必究。

公法名著译丛
主观公法权利体系
(修订译本)
〔德〕格奥尔格·耶里内克 著
曾韬 赵天书 译

商 务 印 书 馆 出 版
(北京王府井大街36号 邮政编码100710)
商 务 印 书 馆 发 行
北京市十月印刷有限公司印刷
ISBN 978-7-100-20816-1

2022年7月第1版 开本 880×1230 1/32
2022年7月北京第1次印刷 印张 11⅜
定价:63.00元